rowohlt

Martin Walser *Die*

Aufsätze *Verwaltung des Nichts*

Rowohlt

1. Auflage September 2004

Satz Stempel Garamond PostScript Pagemaker
bei Pinkuin Satz und Datentechnik, Berlin
Druck und Bindung Clausen & Bosse, Leck
Printed in Germany
ISBN 3 498 07354 0

Inhalt

Für Heribert Tenschert

Meine Seele ist, wie ein Fisch aus ihrem Elemente auf den Ufersand geworfen und windet sich und wirft sich umher, bis sie vertrocknet in der Hitze des Tages.

Friedrich Hölderlin

Was soll ich mit den Gefühlen anfangen, als sie wie Fische im Sand der Sprache zappeln und sterben zu lassen?

Robert Walser

Gestern und heute ein wenig geschrieben … Es ist trotz aller Wahrheit böse, pedantisch, mechanisch, auf einer Sandbank ein noch knapp atmender Fisch.

Franz Kafka

I. Die Verwaltung des Nichts

Mehrere Vorreden zur Verwaltung des Nichts

> Der Roman ist aus dem Mangel der Geschichte entstanden.
>
> *Novalis*

1.

Wer zur Zeit nach dem Herkommen fragt, der erfährt, wenn er die Naturwissenschaft fragt, zwei Milliarden Jahre lang seien Nukleinsäuren und Proteinbausteine aufeinander gestoßen, ohne daß dadurch eine lebende Zelle zustande gekommen sei. Dann aber, nach zwei Milliarden Jahren, klappte es, die erste Zelle, die lebendig genannt werden darf, entstand: Fortpflanzung war möglich geworden. Evolution konnte beginnen. Jetzt dauerte es nur noch eine Milliarde Jahre, bis der Mensch entstand. Es habe aber ungeheurer Zufälle bedurft, daß es so weit kam. Der Mensch sei das äußerste Unwahrscheinliche gewesen. Die Zufälle, die das Entstehen des Menschen begünstigten, werden bezeichnet als Ablesefehler bei der Codierung der Proteinbausteine durch die Nukleinsäuresequenzen.

Der Mensch hat sein Herkommen zuerst nur bildlich gefaßt. Mit Schöpfungsmythen der wunderbarsten Art hat er auf die Unwahrscheinlichkeit seines Zur-Welt-Kommens reagiert. Die Mutanten-Abenteuer und Evolutionseskapaden waren da nur mit Gott und Göttern zu fassen. Der Mensch war damals ein Dichter. Und ist es geblieben. Allerdings ist er dann empfindlich geworden gegenüber den wunderbaren Geschichten, mit denen er sein

Dasein erklärt bekam. Nehmen wir gleich Hölderlin, er war einer der frömmsten Dichter überhaupt, aber auch einer der empfindlichsten. Und schrieb in seinem ‹Hyperion›: «O ihr Armen, die ihr das fühlt, die ihr auch nicht sprechen mögt von menschlicher Bestimmung, die ihr auch so durch und durch ergriffen seid vom Nichts, das über uns waltet, ... so gründlich einseht, daß wir geboren werden für Nichts, daß wir lieben ein Nichts, glauben an Nichts, uns abarbeiten für Nichts, um mählich überzugehen ins Nichts – was kann ich dafür, daß euch die Knie brechen, wenn ihrs ernstlich bedenkt? ... Wenn ich hinsehe ins Leben, was ist das Letzte von allem? Nichts. Wenn ich aufsteige im Geiste, was ist das Höchste von allem? Nichts.» Hölderlin verwendet *Nichts* am liebsten ohne bestimmten Artikel. Seine Sprachempfindlichkeit hätte es offenbar nicht erlaubt zu sagen: das Nichts. Auch wenn wir inzwischen abgebrüht genug, das heißt unempfindlich genug sind, fort und fort *das Nichts* zu sagen, sollten wir wenigstens manchmal daran denken, daß es besser und schöner wäre, vom Nichts artikellos zu sprechen. Das heißt vom Nichts sprechen, ohne es dem Vokabular auszuliefern, in dem Un-Wörter wie Nihilismus gang und gäbe sind. «So ist denn alles nichts», läßt Goethe gelegentlich seinen Wilhelm Meister empfinden.

2.

In mehr als einem feinen Haus bin ich dem Satz begegnet: *Es gibt kein richtiges Leben im falschen.* Da jetzt alles zählbar ist, könnte sicher durch richtigen Knopfdruck festgestellt werden, daß dieser Satz nicht nur Adornos am häufigsten zitierter Satz ist, sondern vielleicht überhaupt der am häufigsten zitierte Satz seit 1951. Da ist er erschienen, in den ‹Minima Moralia›. Ich bin noch keinem begegnet, der diesen Satz auf sich, auf sein eigenes Leben angewendet hätte. Wer immer den Satz verwendet, er meint immer mich oder dich, aber nie sich. Das heißt, er ist im richtigeren Leben als ich und du. Wir, ich und du, sind im falscheren. Und der Satz klingt so gesetzmäßig, daß er, wo er eingesetzt wird, einschüchternd bis drohend wirkt.

Gelegentlich habe ich den Satz in feinen Zimmern auch hinter Glas und eingerahmt gesehen. Ich habe natürlich gegen diesen Satz nicht das geringste einzuwenden, ich rede nur davon, wie er gebraucht wird, also davon, wie er mir begegnet. Dazu darf allerdings daran erinnert werden, daß der Satz bei Adorno einen Abschnitt beschließt, der überschrieben ist: «Asyl für Obdachlose». Und der erste Satz heißt da: «Wie es mit dem Privatleben heute bestellt ist, zeigt sein Schauplatz an.» Der zweite Satz: «Eigentlich kann man überhaupt nicht mehr wohnen.» Und so geht es weiter: «Die traditionellen Wohnungen, in denen wir groß geworden sind, haben etwas Unerträgliches angenommen: jeder Zug des Behagens darin ist mit Verrat an Erkenntnis, jede Spur der Geborgenheit mit der muffigen Interessengemeinschaft der Familie bezahlt.» Aber das Gegenteil dieses Wohnstils kommt nicht besser weg: «Die neusachlichen, die tabula rasa gemacht haben, sind von Sachverständigen für Banausen angefertigte Etuis, oder Fabrikstätten, die sich in die Konsumsphäre verirrt haben, ohne alle Beziehung zum Bewohner: noch der Sehnsucht nach unabhängiger Existenz, die es ohnehin nicht mehr gibt, schlagen sie ins Gesicht.» Und so weiter, bis zu dem Satz mit dem Häufigkeitsrekord: *Es gibt kein richtiges Leben im falschen.* Ich bezweifle, daß alle, die den Satz so oft gebrauchen, daran denken oder gar wissen, daß es ein Satz ist gegen Wohnungseinrichtungen. «Eigentlich kann man überhaupt nicht mehr wohnen.» Den Satz müßte man, um vor unangemessener Sinnerweiterung sicher zu sein, immer dazuzitieren. (Daß ein Satz von Adorno mit *Eigentlich* anfängt, ist ohnehin merkenswert.)

Die sozusagen kritische Grundhaltung gegenüber Wohnungseinrichtungen ist uns allen bekannt. Wer die Möbelmoden eine Zeit lang hat wechseln sehen, der hat auch mitgekriegt, wie Leute nach ihren Einrichtungen beurteilt werden. Leute, die es sich geschmacklich und überhaupt leisten können, drehen ja, bevor etwas drauf ist, die Teller um, murmeln den Herstellernamen und nikken anerkennend. Wenn die Teller nicht ihrem Niveau entsprächen, würden sie die natürlich gar nicht erst umdrehen, sondern sich ihren Teil denken und nachher auf dem Nachhauseweg zum Partner, zur Partnerin sagen: Hättest du das gedacht, daß die von so was essen! Aus diesem Milieu stammt der Satz: *Es gibt kein richtiges Leben im falschen.* Der Kulturphilosoph drückt wortradikal aus, was jeder Bürger und Kleinbürger empfindet, wenn er einem Geschmack begegnet, der nicht der seine ist. Der kulturradikale Satz meint nicht nur, daß man unter unseren Umständen keinen guten Geschmack mehr haben kann, er bezieht seine Radikalität auch von dem Widerspruch, daß man besitzen will, aber nicht mehr darf, also mit schlechtem Gewissen besitzt. Wenn das Zitat kritisch kursiert, bleibt von dem ohnehin wirklichkeitsarmen Gerechtigkeitsbedürfnis nur noch diese Formel übrig, die sich, dank ihrer heftig negativen Gestik, als Kritik einsetzen läßt. Die krasse Alternative falsch/richtig ist aber zugleich ein Marx/Engels-Echo; die haben gesetzhaft statuiert, ein Bewußtsein, das den *Überbau* nicht als ein Ergebnis der gesamtgesellschaftlichen Bedingung erkenne, sei ein *falsches Bewußtsein.*

Warum wurde der Adorno-Satz, der in ein kritisches Editorial von ‹Schöner wohnen› passen würde, so zum wahrhaft geflügelten Wort? Es muß die kritische, die negierende Potenz sein. Die vollkommene Absprechung einer Lebensmöglichkeit, ohne daß gesagt wird, was das richtige Leben wäre und was das falsche Leben ist. Also eine Passepartout-Kritik. Eine Formel für jede beliebige Verneinung. Über die dialektikabweisende Trennung in ein Falsches und ein Richtiges darf man sich wundern. Bei Adorno. Hegel, zum Beispiel, sagt in der ‹Phänomenologie des Geistes›: «… es gibt ein Falsches so wenig es ein Böses gibt».

Adorno hat, wie es bei Kulturphilosophen üblich ist, etwas, was er für einen Sachverhalt hielt, gesellschaftskritisch bündig und radikal formuliert. Dann aber der unmäßige Gebrauch, den wir davon machen. Das kann heißen, wir sind kritisch gesinnt, verneinungslüstern aufgelegt, und dafür brauchen wir Sprache, deren wir uns bedienen können. Nicht zu vergessen: immer über beziehungsweise gegen andere. Wir brauchen die Negation. Ich vermute, wir spüren uns selber deutlicher, wenn wir einen anderen kritisieren. Einen anderen kritisierend steigern wir unser Selbstgefühl. Gerade hat ein Kritiker den Patron seiner Branche, Walter Benjamin, zitiert: «Nur wer vernichten kann, kann kritisieren.» Aber was fehlt uns eigentlich, daß wir das brauchen, dieses Absprechen, Verurteilen, Verneinen? Zu Nietzsches Immerwiederkehrendem gehört es, daß das Leben nicht in *richtig* und *falsch, wahr* und *unwahr* zerschnitten werden soll, daß «Verzichtleisten auf falsche Urteile ein Verzichtleisten auf Leben, eine Verneinung des Lebens wäre». Das lese ich gern, weil es schon einmal hilft, diese Richtig/Falsch-Einteilung zu schwächen.

Mit zwei unmäßig ausführlichen Zitaten soll jetzt dokumentiert sein, wie Nietzsche selber verfährt, ganz unwillkürlich verfährt. Beide Zitate aus ‹Jenseits von Gut und Böse›, das erste Zitat beginnt auf S. 624, das zweite auf S. 646 (Ausgabe Karl Schlechta, Bd. II). Und dieses ziemlich direkte Aufeinanderfolgen gehört zum Augenöffnenden selbst.

Auf S. 624 heißt es: «Und die Starken zerbrechen, die großen Hoffnungen ankränkeln, das Glück in der Schönheit verdächtigen, alles Selbstherrliche, Männliche, Erobernde, Herrschsüchtige, alle Instinkte, welche dem höchsten und wohlgeratensten Typus ‹Mensch› zu eigen sind, in Unsicherheit, Gewissens-Not, Selbstzerstörung umknicken, ja die ganze Liebe zum Irdischen und zur Herrschaft über die Erde in Haß gegen die Erde und das Irdische verkehren – *das* stellte sich die Kirche zur Aufgabe und mußte es sich stellen, bis für ihre Schätzung endlich *Entweltlichung* und *höherer Mensch* in *ein* Gefühl zusammenschmolzen ... bis endlich eine verkleinerte, fast lächerliche Art, ein Herdentier, etwas Gutwilliges,

Kränkliches und Mittelmäßiges herangezüchtet ist, der heutige Europäer …» Und dann S. 646 ff.: «Die lange Unfreiheit des Geistes, der mißtrauische Zwang in der Mitteilbarkeit der Gedanken, die Zucht, welche sich der Denker auferlegte, innerhalb einer kirchlichen und höfischen Richtschnur oder unter aristotelischen Voraussetzungen zu denken, der lange geistige Wille, alles, was geschieht, nach einem christlichen Schema auszulegen und den christlichen Gott in jedem Zufalle wiederzuentdekken und zu rechtfertigen – all dies Gewaltsame, Willkürliche, Harte, Schauerliche, Widervernünftige hat sich als das Mittel herausgestellt, durch welches dem europäischen Geiste seine Stärke, seine rücksichtslose Neugierde und feine Beweglichkeit angezüchtet wurde … diese Tyrannei, diese Willkür, diese strenge und grandiose Dummheit hat den Geist *erzogen* … Hiermit ist auch ein Wink zur Erklärung jenes Paradoxons gegeben, warum gerade in der christlichsten Periode Europas und überhaupt erst unter dem Druck christlicher Werturteile der Geschlechtstrieb sich bis zur Liebe *(amour-passion)* sublimiert hat.»

Das darf man nicht referieren, das muß zitiert werden. Dann ist aber auch schon alles klar: Wer sich vor solchem Widerspruch hütet, der unterdrückt immer mindestens die Hälfte seines Denkens oder Wissens oder Seins. Der verfährt gegen sich selbst als ein Moralist, der uns, vielleicht um der Normierbarkeit seines Moralisierens willen, eine Konsequenz vorgaukelt, die die Freiheit unseres Geisteslebens auf Widerspruchsfreiheit reduziert. Und das ist von allen Freiheiten die unwichtigste.

Mir sind nicht die Inhalte dieser Nietzsche-Passagen

wichtig, wohl aber sein Beispiel des So-und-so-weit-Gehens. Sein Nichthaltmachen im Beweisbaren. Seine Nachgiebigkeit dem Verführerischen gegenüber. Also seine Bewegbarkeit. Keine erreichte Position verdient es, daß man sie feiere, als habe man sie angestrebt und sei jetzt am Ziel.

3.

Wenn wir einem anderen nachsagen, daß er etwas falsch gemacht hat oder daß er falsch lebt, dann empfinden wir: Ich bin nicht wie du. Diesen Unterschied bewerten wir negativ. Wenn uns an einem anderen etwas gefällt, denken wir nicht: Ich bin nicht wie du. Von dem, was uns gefällt, müssen wir uns nicht gleich unterscheiden, nur was uns mißfällt, weckt unser Unterscheidungsbedürfnis, unsere Kritiklust. Gibt es etwas Günstigeres für das Selbstbewußtsein als die Empörung über einen anderen? Es ist sozusagen Futter für unsere Identität, nicht zu sein wie die, an denen uns etwas mißfällt. Wir erleben den Unterschied und erleben dadurch ganz von selbst, also ohne das bewußt zu konstatieren, daß wir richtig sind, so wie wir sind, daß wir klug sind, schön sind, natürlich auch gut sind. Daß man politisch korrekt ist, erlebt sich wahrscheinlich am deutlichsten, wenn man einem anderen nachweist, daß der das nicht ist. Und es wäre doch viel schöner, zustimmend zu sein, nein, nicht *viel schöner*, sondern überhaupt schön kann nur das Zustimmen sein, das Rühmen und Lieben und Feiern. Das Absprechen und Kritisieren hat keine Schönheits-Chance. Und doch ist die Negation in uns immer auf der Lauer nach einer Gelegenheit, sich in Szene zu setzen. Nietzsche, dem der große Ideengründer Plato des öfteren auf die Nerven ging, hat sich darüber gefreut, daß man unter dem Kopfkissen von Platos Sterbebett keinerlei Bibel fand, also, schreibt er, «nichts Ägyptisches, Pythagoreisches, Platonisches – sondern Aristophanes. Wie hätte auch ein Plato das Leben ausgehalten – ein griechisches Leben, zu dem er Nein sagte – ohne einen Aristophanes!» Also ohne einen vor kritischer Lust andauernd Platzenden.

Adorno läßt den letzten Abschnitt der ‹Minima Moralia›, die er «Reflexionen aus dem beschädigten Leben» nennt, in die *Erlösung* münden: «Philosophie, wie sie im Angesicht der Verzweiflung einzig noch zu verantworten ist, wäre der Versuch, alle Dinge so zu betrachten, wie sie vom Standpunkt der Erlösung aus sich darstellen.» Ich weiß nicht, ob Adorno selbst den Standpunkt je hat einnehmen können. Aber immerhin hat er eine kulturkritische Weltbetrachtung mit diesem Hochsprung abgeschlossen. Eine überraschende Wendung. Aber das hat er zugelassen. Egal, ob wir noch erlösbar sind oder nicht, allein der Gebrauch des Wortes Erlösung ist wenigstens eine Erlösung aus dem Richtig/Falsch-Dilemma. Und was ihn zum Hochsprung befähigte oder nötigte, nennt er *Verzweiflung*. Ich glaube nicht, daß jemand ihm diesen Erlösungssprung nachmacht, aber daß sein Kompendium kritischer Maßnahmen so bedürftig endet, läßt sich lesen als ein Zeichen der Sehnsucht nach einem Ausbruch aus der Routine des Verneinungsgehorsams. Walter Benjamin hat das so gesagt: «Erst der Messias selbst vollendet das historische Geschehen.» Auch das ein Hochsprung, und er landet im Religiösen, also da, wo die Verwaltung des Nichts überhaupt ihren Ursprung hat.

4.

Mir hat ein Fachmann erklärt, wie naiv ich doch sein müsse, daß ich Gerhard Schröders Antikriegshaltung im Sommer 2002 nicht als bloße Wahlkampftaktik durchschaut habe; er, der Fachmann, hat mir erklärt, das alles sei bloße Mache gewesen, Umfragenausbeutung und so weiter. Der Fachmann selber war ein Befürworter des von Amerika angefangenen Irakkriegs, und er hatte gute Gründe für seine Meinung, und ich hatte gegen seine Gründe nichts geltend zu machen als meine Empfindungen. Historisch geschulte Empfindungen, glaube ich. Der Fachmann war keine Sekunde lang in Gefahr, meine Empfindungen ernst zu nehmen. Er war kein Parteigänger des Bundeskanzlers. Er war sicher nicht vorbedacht kritisch, aber er freute sich sichtlich, Schröder etwas uneingeschränkt Negatives nachsagen zu können: Nicht aus Überzeugung gegen den amerikanischen Krieg, sondern aus Wahljahrs-Opportunismus. Quotenpolitik und Stimmenfang. Mein Einwand: Sich nach den Leuten zu richten, und das bei Krieg oder Nichtkrieg, sei doch demokratisch, erntete mitleidiges Lächeln. Es ist keine Überlegung wert, ob Schröder selber nicht gegen diesen Krieg gewesen sein könnte, und wenn man selbst für diesen Krieg war, wird unterstellt, Schröder sei auch dafür gewesen, habe aber, um Stimmen zu fangen, den Kriegsgegner gespielt. Der die Bundeskanzlerhaltung Verneinende verneint nicht aus niederen Beweggründen. Er weiß es besser. Das weiß er, daß er es besser weiß. Es gibt für ihn keine andere Möglichkeit, als für diesen Krieg zu sein; also kann einer, der gegen diesen Krieg ist, entweder naiv sein – das billigte er mir zu –, oder er tut nur so, er spekuliert, ja, er lügt. Unwillkürlich weiß man es dann nicht nur besser, sondern man ist dann auch besser. Und das gehört dann unauflösbar zusammen, wird ein Selbstgefühl.

Stellen wir uns einmal vor, jeder könnte sich morgens hinsetzen, ein Blatt Papier nehmen und darauf schreiben:

Mit gelben Birnen hänget
Und voll mit wilden Rosen
Das Land in den See,
Ihr holden Schwäne,
Und trunken von Küssen
Tunkt ihr das Haupt
Ins heilignüchterne
Wasser.

Das ist auch ein Schlager, auch schon formelhaft präsent wie *Es gibt kein richtiges Leben im falschen*. Und nur, weil wir uns nicht hinsetzen und schreiben können:

Mit gelben Birnen hänget
Und voll mit wilden Rosen
Das Land in den See,

nur deshalb müssen wir schreiben: *Es gibt kein richtiges Leben im falschen.* In mir möchte es auf diesen Satz eben immer antworten: Es gibt kein falsches Leben im richtigen. Das ist genau so unbeweisbar wie das Gegenteil. Wir könnten das genau so häufig als Trost- und Beruhigungsformel hinsagen, wie wir uns mit dem Gegenteil auf kritische Stelzen schwingen. Warum also verfallen wir lieber auf die negativen Sätze? Es ist die Folge eines Mangels. Wir müssen anderen etwas aberkennen, weil uns zu wenig zuerkannt worden ist. Wir erleben uns selber zu wenig als Anerkannte, Bestätigte, Gerechtfertigte, also reagieren wir ganz von selber auf andere so, wie auf uns reagiert wurde, kritisch, verneinend. Mütter sind vielleicht die einzigen Lebewesen, die auf ihre Kinder, wenn sie denen etwas beibringen wollen, bejahend reagieren. Schon Väter neigen dazu, ihre Kinder, wenn die etwas nicht können, was sie können sollten, zu kritisieren. Väter neigen dazu, Kinder spüren zu lassen, daß sie etwas nicht können, was der Vater kann. Daraus wird dann allmählich Autorität. Und der erzogene Mensch, also der Erwachsene, setzt das schlicht fort, er reichert Selbstbewußtsein an dadurch, daß er andere kritisiert.

Dieses unwillkürliche Bessersein und Besserwissen fundiert jede Kritik. Deshalb ist auch Selbstkritik so unglaubwürdig. Ich weiß es doch nicht besser als ich. Vor allem: Ich bin nicht besser als ich. Ich habe mich gelegentlich in Selbstkritik versucht; dabei bin ich mir unseriös vorgekommen. Ist das jetzt eine Selbstkritik? Das einzige, was ich da für feststellbar halte: Jeder Mensch ist immer schon alles, was er sein kann. Und da er sich selber lieben muß, kann er sich nicht selber verneinen. Ohne Selbstliebe kann keiner leben. Und Liebe ist nichts als Zustimmung. Ich rede nicht von Unterhaltungsgepflogenheiten, sondern vom Dasein, vom Leben. Dem Liebenden ist auch das recht, was gegen den Geliebten spricht. Ich erinnere mich an Zeiten, in denen ich eigentlich liebend durch die Welt ging. Von heute aus gesehen, fühlte ich mich ausgestattet mit einer vor nichts Halt machenden Liebesfähigkeit. Ich wollte alle und alles lieben können. Das in der Sprache angebotene Wort für meine damalige Gestimmtheit heißt vielleicht *naiv*. Der Dichter, der mir diese Daseinsstimmung am schönsten ermöglicht hat, war natürlich Hölderlin. Schiller, auch der jüngste, ist schon ein Soll-Verkünder. Hölderlin feiert. Aber Hölderlins feierlich festes JA zu Allem wird immer erreicht in einem Prozeß, der durch jedes Nein und Nichts führt. Nur, der Prozeß macht nirgends Halt. Der Prozeß hat andauernd Angst vor Halt ist gleich Erstarrung ist gleich Nichts. Davon, von dieser Angst, daß Nichts herrsche, leben seine feiernden Tonfolgen. Zum Beispiel:

Versöhnender, der du nimmergeglaubt
Nun da bist

Oder: Komm! Ins Offene, Freund! Zwar glänzt ein
Weniges heute

Oder: Ein Zeichen sind wir, deutungslos ...
Wie aber Liebes? Sonnenschein
Am Boden sehen wir

Oder: Voll Güt ist; keiner aber fasset
Allein Gott.
Wo aber Gefahr ist, wächst
Das Rettende auch.

Das ist es. Das ist der immer angestrebte Gegenton. Das ist das Nichtausruhen im Negativen. Das darf man Dialektik nennen. Das ist die Notwehr, beispielhaft. Nie ist Hölderlins Ton entspannt und ungefährdet. Nie ist er nur Verneinung oder Nichtsalsfeier. Dieser Ton ist schlechthin gezwirnt. Nichts und Gegennichts bewirken ihn gleichermaßen. Das erst bringt Leben hervor. Kühne Anbindung: Bei den Nukleinsäuren und Proteinen war's auch so, erst als aus deren Begegnung höhere Gebilde entstanden, kombinierte Kreise, erst da entstand aus der leblosen Monotonie das Mehrfache, das Leben. Manfred Eigen nennt es «das Problem der Selbstorganisation von Makromolekülen zu autokatalytischen Hyperzyklen». Aber gesichert ist nichts. Die Drohung bleibt. Die Drohung des Rückfalls in die Erstarrung. Ins Nichts.

Der Dichter hat vorgemacht, daß es nicht genügt, ihm nicht genügt, die Erstarrungsdrohung weiterzusagen, die Verneinung gelten zu lassen, das Verhängnis zu propagieren, er hat sich wehren müssen. Das hat er nicht lebenslänglich ausgehalten, dieses Leuchtenmüssen gegen das gemeine Dunkel. Offenbar ist es gesünder, sich im gemeinen Dunkel einzurichten. Sage ich für mich vor mich hin. Dann allerdings gingen wir finsteren Zeiten entgegen. Das aber darf nicht sein. Wir sind doch alle lichtsüchtig, jeder von uns hat ein Blatt Papier, sein Blatt Papier, und jeder setzt sich einmal pro Tag da hin und schreibt:

Mit gelben Birnen hänget
Und voll mit wilden Rosen
Das Land in den See.

Und wenn er einmal nichts Eigenes nötig hätte, weil er gerade nicht das Gefühl hat, er selber müsse mehr Helligkeit produzieren, als dieser bestimmte Tag anbietet, dann stattet er sich aus mit Hölderlin. Es hilft nämlich, sich an Hölderlins gelben Birnen und wilden Rosen zu bedienen. Man fühlt sich da mindestens so deutlich, wie wenn man in die ungefüge Zeit hineinsagt, es gebe kein richtiges Leben im falschen.

5.

Nietzsche vermutet, Schopenhauer sei über der Frage: *Wie ist Willensverneinung möglich?* zum Philosophen geworden. Nietzsche selber schwärmt dagegen von einem, der nichts, was ist und war, verneint, sondern der, heißt es da, «unersättlich da capo» ruft. Das meiste liegt ohnehin an den Wörtern. Sich der Wörter bewußt zu werden hilft. *Einsamkeit*, zum Beispiel. In Nietzsches Briefen ist es das Hauptwort schlechthin. Gäbe es Einsamkeit, wenn wir das Wort nicht hätten?

Sicher ist das Wort die Antwort auf eine Erfahrung. Und es ist aus dieser Erfahrung ein großes, ein schönes Wort geworden. Es sind auch blöde Wörter entstanden, ganz und gar unschöne, wie *Belang, Beziehung, Bewertung.* Aber *Einsamkeit* gehört zu den schöneren. *Loneliness* ist noch schöner. *Solitude* und *soledad* sind unserer Einsamkeit konstruktionsverwandt. Ein solches Wort wirkt auf das, was es sagen, was es ausdrücken soll. Das Wort produziert geradezu das, was es angeblich nur ausdrückt.

Einsamkeit, das ist schon ein Faltenwurf, ein Kostüm, ein Kothurn. Wer einsam wäre und hätte dieses Wort nicht, der wäre elend dran. Der würde tierisch leiden. Der hätte nichts als dieses Unsägliche. Wahrscheinlich müßte er gehen, rennen, pfeifen, singen, schreien bis zur Erschöpfung. Aber es gibt das Wort, er hat das Wort. Sobald das Wort Einsamkeit die Regie übernimmt, gehört der Einsame wieder dazu. Das Wort empfinden heißt, die Einsamkeit mitteilen. Sie ist zur Sprache gebracht. Du hast deine Einsamkeit in der gloriosen Gesellschaft der Einsamen. Du bist einsam wie Nietzsche und andere, wenn es auch – das nebenbei – keinen gibt, der einsamer gewesen sein kann als Nietzsche. Aber er hat sie mitgeteilt, seine Einsamkeit. Zum Glück. Keiner von uns kann Einsamkeit passieren lassen, ohne daß sie ihm nahelegt, sie beim Wort zu nehmen. Die Sprache ist die andauernde Hochzeit von Natur und Geschichte; sie bietet die Wegzehrung für jede noch so dürftige Strecke; in den Wörtern ist immer alles enthalten, was uns fehlen kann. Die Sprache ist in jedem Augenblick so alt wie die ganze Menschheitsgeschichte. Man sieht es ihr nicht an. Was sie andauernd verliert, produziert sie andauernd. In uns.

Keiner, der noch bei Troste ist, kann sagen, er beherrsche die Sprache. Auch sie beherrscht uns nicht. Herrschende Meinung, ja, das gibt es. Das ist die Indienstnahme der Sprache zu etwas, was sie nicht selbst ist, wozu sie aber tauglich gemacht werden kann. Sie wird eingeschränkt auf einen vom Interesse befohlenen Ausschnitt und soll verschweigen, was diesem Interesse nicht dient, und vertuschen, daß sie etwas verschweigt. Diese im Meinungsdienst gehende Sprache ist eine Einschränkung, eine Spezialisierung der persönlichen Sprache. Persönlich hat jeder unendlich viele Verhältnisse mit der Sprache, zur Sprache. Jeder hat seine Sprache. Und er hat nichts, was ihm so eigen ist wie seine Sprache. Die Bewußtseinsbewegung, der Lebensandrang, die Stimmungsfülle, das Daseinsgefühl. In jedem. Das ist seine Sprache. Keiner kann befehlen, was ihm einfallen soll. Er kann Wünsche empfinden. Wünsche wachsen lassen. Vielleicht entspricht die Sprache dann seinen Wünschen. Das hängt davon ab, wie sehr seine Wünsche legitim sind. Ja, das kann man so sagen. Wie gemäß sie mir sind. Mir ungemäße Wünsche lehnt die Sprache ab, beziehungsweise sie erfüllt sie mir so, daß ich erkenne, wie wenig gemäß mir diese Wünsche waren.

Jetzt wünsche ich mir, weil mir danach ist, Berittene. *Berittene*, welch ein Wort. Berittene also, die in einem begrenzten Gelände ihre Pferde genießen. Endlich soll es Reitern und Pferden gleich viel Spaß machen, sich vor uns zu tummeln. Das wäre paradiesisch, also vorsprachlich. Eine vollkommene Reiterei, Pferde und Reiter gleich glücklich, also gleich schön, zeugenlos. Aber zeugenlos ist nichts schön. An sich ist nichts schön. Und in dem Augenblick, in dem wir zuschauen, beginnt die Quälerei. Und die Schönheitsmöglichkeit.

Ich habe gestern auf einem unebenen Waldweg einen Mann beobachtet, der ging am Stock, an einem zierlichen Stock, dann blieb er stehen, nicht ruckartig, sondern allmählich, blieb stehen und hob seinen Stock. Dann bewegte er diesen schwarzglänzenden Stock durch die Luft, und dann, das war überdeutlich, dann wurden seine Bewegungen so bestimmt, daß sie nichts anderes sein konnten als Dirigieren. Der Mann dirigierte eine Musik, dirigierte ein Orchester, ich schaute zu, dann hörte ich zu.

Eine Musik in mehreren Sätzen. Und als er das Finale schon spürte und spüren ließ, als ich mich schon bereit machte, da capo zu rufen, mußte er plötzlich zur Seite springen, na ja, nicht gerade springen, aber sich doch rasch zur Seite bewegen, den Waldweg ziemlich jäh verlassen, was ihm überraschend gut, geradezu elegant gelang. Es sah aus, als gebe er jetzt nicht notgedrungen den Weg frei, weil da diese Reiter hertrabten, schon eher galoppierten als trabten, sondern als rufe er diese Reiter gewissermaßen durch sein elegantes Zurseitetreten erst herbei. Die Reiter, eher Halbwüchsige, Mädchen und Buben, alle mit langen und entsprechend fliegenden Haaren, brausten den Waldweg entlang, Reiter und Pferde in einer unangestrengten, keinem Befehl und keinem Anspruch genügen müssenden Bewegung. Und waren verschwunden. Der Mann ging wieder an seinem Stock den Waldweg weiter. Ich blieb stehen, bis ich ihn nicht mehr sah. Vielleicht müßte ich noch dazusagen, daß dieser Mann einen Schnurrbart hatte, der an Salvador Dalí erinnern sollte.

Ich nagte, als ich weiterging, wieder an meinem Käfig herum. Jeder Satz, der mit Ich beginnt, beschäftigt sich mit meinem Käfig. Vielleicht sollte ich sagen: *Ich* ist überhaupt mein Käfig. Da ich nicht weiß, wie ich aus diesem Käfig je hinauskommen soll, fange ich an zu überlegen, ob ich andere einladen könnte, mir in meinem Käfig Gesellschaft zu leisten. Darüber lasse ich die Sprache nachdenken. Nicht zum ersten Mal.

Das menschliche Ermessen

Sieben Versuche

Und nochmals: es ist leichter, gigantisch zu sein als schön …
Friedrich Nietzsche

1.

Der HERR läßt Saul durch Samuel sagen, Saul solle die Amalekiter schlagen. Samuel bestellt die Botschaft des HERRN.

Schone seiner nicht
sondern tödte beide
Man und Weib
Kinder und Seuglinge ochsen und schafe camel
und esel

Aber Sauls Leute töten trotz dieses göttlich genauen Befehls nur die Menschen, die Tiere lassen sie leben, die wollen sie nämlich dem HERRN opfern. Der HERR reagiert streng, er läßt Saul durch Samuel bestellen, ihm, dem HERRN, sei an Gehorsam mehr gelegen als an Brandopfern. Widerstreben, meldet Samuel, ist Götzendienst. Und der HERR verwirft Saul. Und Samuel schickt er zu Isai. Sieben Knaben läßt sich Samuel vorführen, keiner ist der Erwählte. Sind das die Knaben alle, fragt Samuel. Und erfährt:

Es ist noch uberig der Kleinest
und sihe

er hütet der schaf
Der wird geholt.
Und er war braunlicht mit schönen augen
und guter gestalt

Und der HERR sprach:

Auff und salbe jhn
Denn der ists

So wurde David gefunden und zu Saul gebracht, den er gleich mit Saitenspiel vom bösen Geist befreite.

Dann die Szene, die jeder liest, wie er's braucht: David gegen Goliath. Mir demonstriert diese Szene, daß Goliath nicht nur keinen Sinn für das Schöne hatte, sondern es verächtlich fand, gut auszusehen:

Er sah David an: und veracht jhn
Denn er war ein Knabe braunlicht und schön.

Aber mehr sagt über das ganze legendäre David-Goliath-Gedöns – Steinschleuderknabe besiegt Panzerriesen –, daß der Kleine den Großen gar nicht mit der Steinschleuder besiegt, sondern mit Hilfe des HERRN Zebaoth. David spricht zu Goliath hinauf:

Du kompst zu mir mit schwert
spies und schilt
Ich aber kome zu dir im Namen des HERRN
Zebaoth des Gottes des zeugs Israel.

Daß er den nachher noch mit dem Stein an die Stirn traf und so ihn tötete, ist ein Entgegenkommen des Geschichtspriesters Samuel an die Gruselbedürfnisse seines Publikums. Die ganze Bibel wird ja so erzählt: Alles, was geschichtlich, politisch und überhaupt gut geht, macht der HERR, alles, was falsch läuft, machen die Menschen und müssen dann vom HERRN wieder auf den rechten Weg gebracht werden.

Mit ein wenig Leichtfertigkeit kann man sagen, daß Geschichtsschreibung als Gottesbeweis ihren Reiz ziemlich schnell einbüßt (heute, bitte!), daß aber die bibelfüllenden Tatsächlichkeiten eine Wirkung haben, die über ihre religiöse Dienlichkeit hinausreicht. Und das ist in der David-Geschichte zum Beispiel, daß er braunlicht und schön ist. Und daß er nicht besonders groß ist. Er ist ja noch ein Knabe. Goliath aber ist nicht schön denkbar. Imposant, gewaltig, furchterregend, aber überhaupt nicht schön. Und deshalb kann man heute mit ein bißchen Willkür den HERRN Zebaoth zumindest vorübergehend ersetzen durch das Schöne überhaupt, das dem Gigantischen überlegen ist. Und es bin überhaupt nicht ich, der das, vom Bedürfnis geblendet, behauptet, sondern der Gang der Geschichte tut es dar: An Gott muß man glauben; das Schöne sieht man.

Wenn sich die Europäer an das biblische Bilderverbot gehalten hätten, hätte der importierte Mythus sich nicht gegen alles Einheimische durchsetzen können. Raffael hat der Madonna mehr genützt als alle Theologen. An Raffaels Madonna muß man nicht glauben, die sieht man, erlebt man, begreift man. So muß Religion aussehen, wenn sie uns erreichen will. Also ist das Christentum schon mal darauf angewiesen, als Schönheits-Phänomen gerechtfertigt zu werden: von Raffael bis Bach, Schubert, Bruckner u.s.w. Oder Haydn: ‹Die Sieben letzten Worte unseres Erlösers am Kreuze›. Dann stelle man sich vor, was da auf Golgotha in Wirklichkeit passierte! Ohne Kunst wäre das doch nichts als kindheitsgefährdend. Gerade habe ich in Erich Wolfgang Skwaras rücksichtslos genauem Roman ‹Zerbrechlichkeit› gelesen: «Dabei bin ich mein Leben lang doch nur in die Kirche gegangen, um hemmungslos die Schönheit zu bewundern.»

Wie es zu diesen Schönheitsphänomenen kommt, das nennt man in der Wirtschaft Subsidiarität. Wenn der Import nicht vor Ort produktiv umgesetzt, ja, verwirklicht worden wäre, wäre die römische Hierarchie an sich selbst erstickt. Der Vatikan ist ein Gigant, der davon lebt, daß er, was überall draußen vor Ort mit der Botschaft gemacht wird, nicht rechtzeitig verhindern kann. Zum Beispiel Luther, der der größte Subsidiarist aller Zeiten ist. Er ist natürlich auch der größte David aller Zeiten. Es hat auch innerhalb des gigantischen Vatikans jede Menge Subsidiarität stattgefunden; leuchtendstes Symbol: die Sixtinische Kapelle. Das sind glaubenspendende Taten. Und es sind Taten der Schönheit, also der Kunst. Oder: Es ist das Religiöse vor Ort.

Wenn es Gott gibt, ist die Welt natürlich auch ohne das Schöne auszuhalten beziehungsweise gerechtfertigt. Ohne Gott ist die Welt nur als Schönes zu rechtfertigen. Das Gute ist etwas, das man nicht genauer anschauen darf, weil es sonst nicht mehr das Gute ist. Das Schöne gibt es. Und es ist weniger im Großen als im Kleinen. Das

David-Goliath-Duell ist – man darf sagen: zum Glück – ein anthropologisches Muster.

Ein bißchen menschenselig formuliert: Jeder Goliath provoziert einen David, der ihn dann umlegt. Zum Beispiel: Sebastian Haffners ‹Geschichte eines Deutschen, Erinnerungen von 1914 bis 1933›, fängt so an: «Die Geschichte, die erzählt werden soll, hat zum Gegenstand eine Art Duell. Es ist ein Duell zwischen zwei sehr ungleichen Gegnern: einem überaus mächtigen, starken und rücksichtslosen Staat, und einem kleinen, anonymen, unbekannten Privatmann ... Der Staat ist das Deutsche Reich, der Privatmann bin ich.» Solche Duelle, schreibt Haffner, seien in Deutschland in den Dreißigerjahren «zu Tausenden und Hunderttausenden» ausgefochten worden. Oder: Der Betriebsschlosser Gert Neumann im Keller des Kaufhauses in Leipzig besiegt den Koloß DDR. Beide Taten fanden auf dem Papier statt, unterschieden sich aber dadurch von einander, daß Haffner, was er 1939 in London schrieb, nicht veröffentlichen konnte, es konnte erst im Jahr 2000 erscheinen, als die Geschichte über dieses Deutsche Reich schon gerichtet hatte. Gert Neumanns Roman ‹Elf Uhr› erschien 1981 im Westen, der Autor arbeitete weiter als Schlosser in Leipzig. Er wechselte vom Theater ins Kaufhaus: «Hier, beschloß ich, will ich endlich dem Anspruch der Diktatur, aus der Wirklichkeit ein Kunstwerk gemacht zu haben ... auf der von ihr gewählten Ebene begegnen.» Die DDR hatte nach diesem Buch keine Chance mehr. Keine Legitimität. Die Wirklichkeit brauchte noch ein paar Jahre, bis sie das von Gert Neumann haarklein erzählte Urteil vollzog. Das war ein Kampf eines eher zarten Intellektuellen gegen einen Koloß, der sich für großmächtig hielt.

Man sollte unterscheiden zwischen nachträglicher Geschichtsschreibung und Schreiben im prekären Augenblick, in der Zeit, in der noch alles auf dem Spiel steht. Nachträglich über Luther – da ist man schnell auf der richtigen Seite. Ist Geschichtsschreibung nicht auch etwas Elendes? Dieses geschenkte Rechthaben. Der Geschichtsschreiber beweist auch immer nur den Gott, der jetzt gerade dran ist. Taten kommen schon vor, aber eher selten. Dem Koloß die Legitimität zertrümmern: das ist das historische Verfahren der Davide von Luther bis Neumann. Diese Davide müssen dazu nicht mehr mit dem HERRN Zebaoth anrücken, es genügt Sprache. Und je besser die ist, um so verheerender für den Koloß. Ein so ganz aus dem Keller der Ohnmacht geschriebenes Buch wie ‹Elf Uhr› kann kein Koloß überleben.

2.

In einem der Warteräumchen, mit denen mein Zahnarzt seine Behandlungsarenen umlagert, saß ich ziemlich nah vor einer zierlichen Großmutter, der ein Kleinkind schlafend im Arm lag, sechs Wochen alt, aber von den Schühchen bis zur Mütze komplett angezogen. Das Mädchen in Berufsweiß hatte die sechs Wochen des Knäbleins erfragt, dann staunte sie. Ich auch. Sechs Wochen und so groß. Der Kopf fast so groß wie das übrige. Ja, sagte die zierliche Großmutter, so komme es, wenn man einen zu großen Mann heirate. Die Männer würden ja immer noch größer. Dann gehe es eben nur noch mit Kaiserschnitt. Aber das nächste Mal heirate ihre Tochter sicher einen kleineren. Und korrigierte, um nicht falsch verstanden zu werden: Im nächsten Leben. Und wenn es auch im nächsten Leben nur noch solche Mehroderwenigerriesen gibt?

Ich wollte einmal zwischen Immenstadt und Oberstaufen ein vom bäuerlichen Besitzer aufgegebenes Bauernhaus kaufen, ein Höfle eben, auf zirka 900 m Höhe, zirka 200 Jahre alt, mit einem St. Leonhard im Giebel. Als der Bauer uns ins Innere führen wollte, stellte sich heraus, daß die Türen so klein, so nieder waren, daß man in die Knie gehen mußte. Der Bauer sagte in hochdeutscher Anstrengung: Der Mensch kann sich auch bucken.

Die Allgäuer vor 200 Jahren mußten sich überhaupt nicht bucken, um durch diese Türen zu kommen. Die Menschen werden also immer größer. Hoffentlich nicht nur die Männer. Oder ist es denkbar, daß die Evolution pfuscht und die Männer so groß werden läßt, daß die Frauen sie gar nicht mehr gebären können? Die Saurier sind bekanntlich an ihrem unbeherrschbaren Wachstum eingegangen. Und schöner sind sie durch ihr unflätiges Wachstum auch nicht geworden.

Ich habe eine Zeit lang für das Wort *Entelechie* geschwärmt.

Als ich in der Philosophisch-Theologischen Hochschule in Regensburg drei Semester lang nur Scholastik beziehungsweise Thomas von Aquin aufnehmen durfte, erlebte ich, daß ich als Lebender in dem, was da Philosophie hieß, gar nicht vorkommen sollte. Ich war allmählich scharf auf Organisches. Ich suchte und fand Hans

Driesch. Eine philosophische Auskunft über den Weg vom Einzeller bis zur Zellmyriade Mensch.

Entelechie hieß bei Driesch das «vitale Agens» und stammte von Aristoteles, war aber beim heiligen Thomas ins Stofflose verdampft gewesen. Jetzt wurde En-telos-echei das, was das Ziel, die Erfüllung in sich hat. Wurde bei Driesch die «Individualitätskonstante». Und auch Aristoteles wurde jetzt körperlich zurechnungsfähig. Meine Seele war nicht mehr total stoffscheu, sie war jetzt die Entelechie des Leibes.

Im zweiten Buch über die Seele kommt Aristoteles, nachdem er sich höflich mit den Unzulänglichkeiten seiner Vorgänger beschäftigt hat, dazu, der Seele Materie nicht nur zu gestatten, sondern sie an sie zu binden. Als ihre Form. Es bleibt allerdings überhaupt ungut, wenn man Stoff und Geist zuerst in zwei Wörter spaltet – meist ist ja die Tradition an dieser mehr als Zeit raubenden Operation schuld –, um sie nachher wieder syntaktisch-gedanklich zusammenzuschmelzen. Ich wurde also durch «Naturphilosophie» erlöst von der Stofflosigkeitsdrohung der christlichen Seele. Es hatte natürlich (!) alle Erfahrungen und die aus ihnen genährten Instinkte beleidigt, daß mein Lebendigstes, meine Seele, aus etwas anderem gemacht sein sollte als mein Körper. Schließlich hatte mein christlich gebildetes Gewissen, diese Richterinstanz des Seelischen, oft genug mit Körperlichem zu tun. Und von Nietzsche, der in seinem unbändigen Frühwerk ‹Die Geburt der Tragödie aus dem Geiste der Musik› das Auseinanderdividieren von Körper und Geist eine «unphilosophische Rohheit» nannte, habe ich mich damals noch nicht ermutigen lassen können.

Aristoteles hat vielleicht geglaubt, mit dem Wort Entelechie habe er uns ein für alle Male die Irrwege der Körper-Seele-Trennung erspart. Mit dem Christentum hat er nicht gerechnet.

Entelechie war jetzt also ein Zelluläres, ein Organisches, das seine ganze Entwicklungspotenz von allem Anfang an in sich hat und sich gemäß der ihm innewohnenden Potenz entwickelt. «Geprägte Form, die lebend sich entwickelt», hätte ich gleich bei Goethe lesen können. Weil es sich um Zelluläres handelt oder, heutiger, um Molekulares, gar Genmäßiges, ist die Entwicklung oder Entfaltung nicht als endlos mögliche Differenzierung vorstellbar, die ewig zu immer neuen Anpassungsleistungen führt. Wie groß können Menschen werden, bis zum Gebären auch kein Kaiserschnitt mehr reicht?

Mein Wunschdenken gestattet sich auch eine Portion Willkür. Die Saurier haben's uns gelehrt. Was gigantisch wird, wird häßlich und geht unter. Solange etwas schön ist, verschwindet es nicht von dieser Erde. So will es mein Märchen. An der zunehmenden Unschönheit einer Art läßt sich ihr Untergang abschätzen. Und jetzt der Sprung, der nur möglich ist, wenn es sich um Menschen handelt: Der Untergang wird nicht nur durch Größerwerden des Artgenossen selber vorstellbar, sondern auch durch das Größerwerden dessen, was er entwirft, macht, herstellt, fabriziert, in die Welt setzt. Womit er also die Welt belastet. Sei es Bau oder System, Ding oder Organisation. Die Entelechie wäre dann die erschöpfbare Lebenskraft, die auf einen ihr gemäßen, idealen Zustand der Selbstentfaltung hinwirkt, den erreicht und danach ins Gigantische oder Monströse verschießt. Auf jeden Fall ins Häßliche und Tödliche. Entelechie, das Aristoteleswort, ist durch Darwin nicht obsolet geworden.

Und durch die Gentechnologie? Der Basler Biologe Walter Gehring hat jetzt ein Meister-Gen ausfindig gemacht, ein «master control Gen», das bei der Entwicklung des Auges das Funktionieren von zweitausend anderen Genen in Gang setzt oder – wenn es fehlt – blockiert. Festgestellt hat er, daß bei Mäusen, Fruchtfliegen und Menschen das gleiche Gen gleich funktioniert, deshalb «master control Gen», Gehring ist es offenbar gelungen, der Fruchtfliege damit ein Auge ans Bein zu produzieren, eins auch auf einen Flügel. Das ist keine Spielerei, sondern dient dem Nachweis, daß die Evolution das Auge nur einmal hervorgebracht hat, daß die Entelechie das durch die Evolution erreichte Augen-Ziel von Anfang an in sich hat. Alles, was aus etwas werden kann, ist von Anfang an in ihm enthalten.

Aber es muß eine Entwicklungsstufe geben, die nach menschlichem Ermessen Optimum heißen darf. Ein Maß, dessen Überschreitung die Anpassungsleistungen so vermindert, daß Aussterben vorstellbar wird. Und sei es nur das Aussterben von Menschen. Das Überschreiten dieser Größenordnung ist, abgesehen davon, daß das zum Untergang führen kann oder muß, ästhetisch unangenehm, also häßlich. Um das ästhetische Ermessen muß sich keine Naturwissenschaft kümmern. Aber das ästhetische Ermessen kann auch ohne und mit Rückgriff auf ein paar tausend oder Millionen Jahre Geschichte Untergang oder Aufstieg ankündigen. Untergang leichter als Aufstieg. Es wird Zeit zuzugeben, daß der Welt, der Menschenwelt, wenn sie ihre Rechtfertigung im Schönen suchte und fände, am wenigsten passieren könnte. Ein Axiom dieser Weltanschauung wäre, daß alles, was sein entelechiales Optimum überschreitet, gleichermaßen häßlich beziehungsweise untergangsbedroht ist. Das beste Beispiel sind wir selbst. Wie groß wollen wir, müssen wir, dürfen wir werden? Wenn das neue Bundeskanzleramt in Berlin unser menschliches Ermessen bestimmt, müssen wir noch gewaltig wachsen. Dieses Gebäude ist nicht für Jetzige gebaut. Jeder Heutige, der da hineingeht, wird sofort zum Zwerg. Wenn man selber in diese gebogenen Riesenmaße hineingeht, glaubt man, man spiele in einem Horrorfilm mit, der, was man gerade erlebt, anprangert. Lauter Leere überall. Gigantisch hohl. Man sehnt sich nach London. Engländer sein, das wär's. Staatlich orientiert auf die ewig menschliche Türe Downing Street zehn! Aber selbst Wolkenkratzer, die die menschliche Wohneinheit hundertmal aufeinandertürmen und die Stockwerksstruktur in der Fassade gestehen, sichern unser Maß. Wenn die Fassade das nicht mehr wahrhaben will, entsteht der Koloß, und der ist, was auch immer sich der Architekt einfallen läßt, zumindest monströs. In Amerika, vor allem in Houston, habe ich Wolkenkratzer gesehen, die ganz ganz oben in Dachphantasien auslaufen, die an Traulich-Historisches erinnern und da droben ganz schön grotesk wirken. Wir sollen uns erinnern an Zeiten, in denen Bauten noch kleiner sein konnten. Das Kleine ist das Element des Schönen.

Das Kleine! Hat schon keinen guten Ruf mehr, dieses Wort. Das uns Entsprechende eben. Bei den Domen konnte man noch sagen, sie seien zur Ehre Gottes so groß. Und in Gottes Haus klein zu sein – das ging ja noch. Aber in unseren eigenen Häusern zu verzwergen – das sieht nicht nur komisch aus. Wenn das, was wir machen, uns nicht mehr entspricht, ist es häßlich. Und Ästhetik und Evolution tun sich da zusammen, um die anthropologische Relevanz dieser Häßlichkeit möglichst schrill zum Ausdruck zu bringen.

Warum übrigens hört Natur nicht auf, schön zu sein? Und das ohne religiöse Ableitung oder biologische Einweihung oder zweckhafte Begründung. Das liegt natürlich an unseren Augen. Wir finden Natur schön. Ein Berg kann noch so hoch sein, kann noch so gewaltig wirken, wir finden ihn schön. Etwas schön finden heißt aber, durch das bloße Sehen lebendiger werden. Dieses spürbare Einverstandensein mit dem, was man sieht. Diese unwillkürliche Zustimmung zum Augenblick. Und eben: durch das bloße Erleben lebendiger werden. Das ist sozusagen der ästhetische Nerv, der uns mit Leben versorgt, wenn uns Entsprechendes begegnet. Und es ist der selbe Nerv, der unser Leben mindert, wenn wir konfrontiert werden mit nicht Entsprechendem, mit Häßlichem.

Ist das jetzt so idealistisch oder proportionistisch wie naive Malerei?

3.

Heute gibt es Kriegsberichterstattung, die ist vorweggenommene Geschichtsschreibung, also mehr oder weniger Theodizee. Wenn es da Unterschiede gibt, dann sind das nur Meinungsunterschiede. Auch in der Wirtschaftskriegsberichterstattung. Die Berichterstattung wird besorgt von den Nachfolgern Samuels, den Intellektuellen. Sie liefern dem, was geschieht, die Rechtmäßigkeit oder Legitimation. Sie nennen es aber Information. Die findet statt, gleichgültig, welche Meinung jeweils den Ton bestimmt.

Eine Saison lang werden uns zwei Kämpfer in erbittertem Zweikampf vorgeführt. Keiner David, beide Goliath. Sie heißen Mr. Gent und Herr Esser. Oder Vodafone und Mannesmann. Wir erfahren, es werde da in One-on-One-Runden gerungen, damit aus zwei Giganten ein Supergigant werden kann. Und das Duell Gent–Esser ist nur eines unter vielen. Ford schluckt Volvo. VW schluckt Rolls-Royce. BMW schluckt Rover. Daimler schluckt Chrysler. Deutsche Bank schluckt Bankers Trust. Wenn Geschichte nachträglich geschrieben wird, um etwas zu beweisen (z. B. die Macht des HERRN), kann man das so erzählen wie Samuel: Der HERR hat seine Hand von Klaus Esser genommen und ihn in die Hand von Chris Gent gegeben. Bis die beiden feindselig auf einander zugingen, konnte jeder der beiden aus früher gewonnenen Kämpfen schließen, daß der HERR mit ihm sei. Beide sind Giganten geworden, indem sie sich die Halb- und Viertelgiganten rund um den Globus einverleibt haben. Globalisieren heißt dieser Kampfsport. Mannesmann hat einmal erstklassige Röhren aus Stahl gemacht, Stahl ist nicht mehr, also Telekommunikation, und da geht es eben rasanter zu als beim Röhrenmachen. Da muß man, will man nicht geschluckt werden, sofort anfangen zu schlucken, also werden Omnitel, Infostrada und Otelo geschluckt und dann auch noch Orange (drittgrößter britischer Mobilfunkkonzern). Das reizt und ärgert natürlich den britischen Riesen Vodafone, der sich schon den US-Riesen Airtouch einverleibt hat. Und so weiter. Ein gutes Vierteljahr, dann hat Chris Gent Klaus Esser gelegt, Vodafone schluckt Mannesmann. Manchmal schluckt einer zuviel oder er verschluckt sich, dann kotzt er das Geschluckte wieder aus. Das findet dann weniger spektakulär statt als das Schlucken. Siehe, wie Daimler sich Fokke Wulfs und der AEG wieder entledigte. Aber warum in aller Welt mußte der bewährte Autobauer sich einen alt gewordenen holländischen Flugzeugbauer und einen an seiner Größe schon so gut wie verstorbenen AEG-Riesen überhaupt einverleiben? Gigantomanie? Napoleonismus? Und fast immer: des Chefs. Fachleute sagen, Daimler-Chef Edzard Reuter habe den Vater Ernst, der immerhin Berlins Regierender Bürgermeister war, übertreffen müssen. Man kann sich die Motive für große Kriege nicht klein genug vorstellen.

Trotz aller bis ins Mittelalter zurückgreifenden Zweikampf-Metaphorik der Medienintellektuellen haben wir dann doch eher ernüchtert genickt, als wir erfuhren, daß Mr. Gent eigentlich in erster Linie Herrn Esser gekauft hat und so Mannesmann dazukriegte. Sechzig Millionen soll Klaus Esser gekostet haben. Der Manager, den die Deutsche Bank kaufen mußte, um Bankers Trust zu kriegen, soll, wird gemeldet, hundert Millionen gekostet haben. Global Players. Es werden also immer weniger werden, und die werden immer größer sein. Keine Kartellamtsphantasie der Welt kann sich ausmalen, mit welchen Inszenierungen uns am Ende vorgegaukelt werden wird, es gebe überhaupt noch mehr als einen Player. Da werden unter den Geschluckten Schauschlachten inszeniert werden, daß wir was zum Glotzen haben. Und daß man das letzte aus dem Mittelalter herüberreichende Wertwort, nämlich MARKT, überhaupt noch verwenden kann. Und es hat genau die Funktion, die dazumal der HERR Zebaoth hatte. Der HERR hatte Priester, der MARKT hat Manager, Intellektuelle. Nach Schönheit ist dann nicht mehr zu fragen. Daimler-Chrysler macht bis jetzt (2004) alljährlich Milliardenverluste. Den Globalisierenden ist es natürlich schnurz, ob die Welt noch als ästhetisches Phänomen gerechtfertigt werden könnte. Aber ob die durch Großmannssucht entstandenen Giganten noch zur Differenzierung, also zu Anpassungsleistungen im Stande, also überhaupt noch lernfähig seien, darf uns erkenntnissüchtige Zuschauer schon interessieren.

4.

Da ich mich unversehens ins Gelände des Wirtschaftswachstums habe verlocken lassen, muß ich jetzt schnell gestehen, daß ich versucht hätte, diesen durch die Wirtschaftskriegsnachrichten täglich produzierten Verlokkungen zu widerstehen, wenn ich nicht gerade Hubert Gierschs Buch ‹Abschied von der Nationalökonomie› gelesen hätte. Dieses in vieler Hinsicht wunderbare Buch bespreche ich jetzt mal, das heißt ich beute es aus für meine Zwecke, wie das eben bei Buchbesprechungen der Brauch ist.

Ein wunderbares Buch also. Für mich. Erstens, weil es von Satz zu Satz beweist, daß Wissenschaft immer auch noch erzählbar ist. Und sogar auf deutsch. Zweitens, weil es mir in vielen Gedanken und Beispielen Beweise liefert gegen Napoleonismus und Gigantomanie. Giersch erzählt, wie Wirtschaft funktioniert, wie sie gut und wie sie schlecht funktioniert. Und sozusagen von selbst häufen sich Beweise gegen Gigantismus und Napoleonismus. Giersch ist durch wissenschaftlichen Eros förmlich gefeit gegen Emotion. Er schreibt erschütternd sachlich. Wie ein Darwin der Wirtschaftsentwicklung untersucht er das, was wirtschaftlich geschehen ist, um im Geschehenen die Gesetzmäßigkeit wirtschaftlichen Entstehens und Vergehens zu erkennen. Hierarchisch gegliederte Großgebilde in der Wirtschaft, sagt er, verlieren an Chancen im Vergleich zu den Individuen, den Teams, den kleinen und mittleren Unternehmen. Was an Information von unten nach oben gelange, verliere von Stufe zu Stufe an konkretem Gehalt; das führe zu einem systematischen Wissensdefizit an der Spitze, gepaart mit einem Anreizmanko an der Basis. Die horizontale Kommunikation und die spontane und flexible Kooperation, die sich am Markt herausbildeten, seien leistungsfähiger «als eine Lenkung von oben, die notwendig borniert ist». Und dem Schlagwort von den «Synergievorteilen» hält er entgegen, was diese Vorteile vernichtet: Die Sklerosegefahr, die solchen zentral gesteuerten Bürokratien naturgemäß drohe, verlange eine Führungskompetenz, «die sich normale Menschen ehrlicherweise nicht zutrauen können». Mir kommt das vor wie Realismus. Das nenne ich menschliches Ermessen.

Das Mittel gegen die so drohende «Inkompetenz, Ignoranz und Ohnmacht an der Spitze» heißt «Subsidiarität». Delegierung von Verantwortung dorthin, wo gehandelt wird, also vor Ort. (Zum Verständnis der Subsidiarität kann beitragen, sich das krasseste Gegenteil von Subsidiarität vorzuführen, unübertrefflich formuliert in der 13. Regel des Ignatius von Loyola, der für mich ein tragisch-christlicher Mensch ist, weil er glauben mußte, solche Regeln in die Welt bringen zu müssen: «Was unseren Augen weiß erscheint, sei schwarz, sobald die hierarchische Kirche so entscheidet.» Unsubsidiaritätischer geht es nicht.)

Folge der Gigantomanie: Die Chancen der Flexibilisierung und Miniaturisierung (gegeben durch die Halbleitertechnik) werden nicht mehr erkannt. «Wo mit astronomischen Zahlen gerechnet wird, sind auch die Fehlerquellen groß, insbesondere die Gefahren der Großmannssucht.» Und zitiert beifällig Lord Acton: «Macht korrumpiert, absolute Macht korrumpiert absolut.» Und statuiert: Wettbewerb statt Macht. Am liebsten zitiert er Friedrich von Hayek, der das Wort Ökonomie durch Katallaxie ersetzen wollte, «von katallassein tauschen, handeln, vom Feind zum Freund machen». Die Nationalökonomie hält er für «passé», wie die Zeit der nationalen Kriege, des Imperialismus passé sei: im Zeitalter der Weltwirtschaft, der Globalisierung. So wie er die Nation im Weltwirtschaftlichen auflöst, wie er ihr die Währungshoheit und andere Hoheiten erspart, kann man sich eine Erlösung aus dem Nationalen denken und wünschen. Aber die Gebilde, die jetzt entstehen, müssen sich ganz und gar im Wettbewerb bilden. Und da ist Steuerung, Regulierung nicht mehr angesagt. Von der Fixierung der Wechselkurse in Bretton Woods gleich nach dem Krieg bis zur Vollkonvertibilität schreibt Giersch die Geschichte als eine Erfolgsgeschichte des Freihandels, griffig im Zitat des englischen Theoretikers Robertson gefaßt, der fragt: Was wird durch das wirtschaftliche Prinzip am meisten eingespart? Und antwortet: die Nächstenliebe. Giersch selber: Das Grundprinzip der Marktwirtschaft bleibt die Nichtdiskriminierung: kein Unterschied zwischen den Nächsten und den Fernsten. Das liest sich sicher leichter, als es sich praktiziert. «Durch Globalisierung rückt im Bereich der Moral die Fernstenliebe in die Nähe der Nächstenliebe.» Das ist Giersch. Diese Globalisierung, sagt er, soll sich ohne Protektionismus ganz im Wettbewerb vollziehen, der aber verlangt von jedem Teilnehmer eine Fähigkeit zur Differenzierung, und zu der seien Großbetriebe weniger im Stand. Giersch: «Im Zweifel sollte man alle Wettbewerbshandlungen tolerieren, die der Nachfrageseite nachhaltig zugute kommen, und man sollte den Prinzipien des Freihandels und der Nicht-Diskriminierung als globalen Werten hohen Respekt zollen.» Und das aus Eigennutz.

Daß der «evolutionäre Wettbewerb» auf die Dauer kleinere Einheiten bevorzugt, ist mir eine willkommene Botschaft. Je größer das Gebilde, um so größer die Neigung, «sich gegenüber dem Außenwettbewerb abzuschließen».

Wenn ich hörte, Intellektuelle versuchten, der Globalisierungsepoche mit der Forderung nach einer «Weltethik» zu dienen, habe ich das für universalistische Anmaßung gehalten. Giersch beruft sich, wenn ihm nach Ethik zumute ist, auf Hayeks Theorie der sozialen Evolution und vermittelt mir da eine wohltuende Voraussetzungslosigkeit, die jeden Weltethik-Entwerfer einschüchtern müßte und mir das ganze Buch sozusagen ans Herz legt: «Der Inhalt unserer Moralregeln, so Hayek, ist nicht eine Schöpfung des menschlichen Geistes, sondern das Ergebnis eines Entwicklungsprozesses, in dem jene Gruppen, die das Glück hatten, gewissermaßen durch Zufall auf die richtigen Regeln zu treffen, in der Lage waren, sich schneller zu vermehren als andere.» Und Giersch pur: «Es lohnt sich für jeden, die Wünsche und Möglichkeiten der potentiellen Partner zu ertasten.» Dabei weiß ich besonders das Verbum am Schluß dieses Satzes zu schätzen. Und daß das genau so ein Grund-Satz einer Theorie der Liebe ist, zeigt, daß sich, was wirklich stimmt, ganz von selber universalisiert. Katallaxie, was anderes ist denn Liebe, wenn sie glückt!

Hergebeten habe ich das Giersch-Buch, weil es aus Erfahrung beweist, daß sich Sauriertum, Gigantomanie, Napoleonismus in der Wirtschaft nicht auszahlt. Letzten Endes. Aber wann ist das? Mit von Giersch geschulten Augen unterbleibt in Zukunft hoffentlich mein Mitleid, wenn ich einen Riesen so taumeln sehe, daß sein Sturz gleich folgen muß. Wie vor Jahren zur Weihnachtszeit die Holzmann AG, die ihre Insolvenz nicht mehr verbergen konnte und vom Bundeskanzler persönlich gerettet werden mußte. Und die gelben Helme funkelten im Scheinwerferlicht, Kamera ab, Rührung war angesagt. Und was passiert den mittelständischen Insolventen? Das Aus. Wie schön beschreibt der geradezu extremistisch liberale Wissenschaftler die «spontanen Kräfte der Selbstorganisation» und das «tastende Lernen des Marktes», und dann diese illegitime Schonung der Riesen! Aber wenn der

Markt wirklich eine solche nicht zu täuschende Instanz ist, dann muß er halt sehen, wie er den Protektionismus Mores lehren kann. Wir, die Zuschauer, sind gespannt.

5.

Damit mein Wunschdenken keine Papierblumenfabrikation werde, ist mir jetzt an einnehmenden Beispielen für die Vorzüge des Kleinen gelegen. Hubert Giersch ruft geradezu aus: «... die kleine reiche Schweiz und das große arme Indien.» Dazu noch Nietzsche in einem Brief: «In der Schweiz bin ich mehr *ich.*» À la Driesch hieße das: Die Schweiz fördert die «Individualitätskonstante». Dafür soll sie im Zeitalter des Fusionierungswahns überleben! Vier Sprachen zwischen den Bergen, eine schöne Umständlichkeit, und trotz Kleinheit überhaupt nicht leicht überschaubar. Und wo gibt es so viele Volksabstimmungen wie in der Schweiz? Wo wird der Wähler, also das Volk, so ernst genommen wie in der Schweiz? Und jeder hergelaufene Flachlandintellektuelle glaubt, sich über den helvetischen Eigensinn lustig machen zu können. So wohltuend es nach unserer Geschichte ist, Deutschland dieses und jenes Hoheitsrecht an der europäischen Garderobe abgeben zu sehen, so bilderstürmerisch käme es mir vor, die bis ins Kleinste groß entwikkelte Schweiz in der EU verschwinden zu lassen. Die Schweiz hat doch mit ihren vier Landessprachen schon ein Internationalitätsflair, neben dem wir wirken wie eine Volkshochschule bei der Weihnachtsfeier.

Wir, die mit Sprache zu tun haben, waren natürlich

schon globalisiert, als Politiker und Wirtschaftler das Wort noch gar nicht kannten. Allerdings ging die Ausbreitung des Literarischen streng horizontal vor sich. Überhaupt keiner Ordnung, keinem -ismus gehorchend. Oder so vielen -ismen, daß nie ein -ismus für längere Zeit herrschend wurde, Macht ausüben konnte. Dostojewski und Gogol breiten sich von selber aus. Strindberg und Andersen auch. Und Balzac und Flaubert auch. Und Goethe und Heidegger auch. Strengstens horizontal. Ohne zentral gesteuertes, vertikal organisiertes Goethe-Institut. Buch für Buch. Sogar Gedicht für Gedicht. Die Welt ist vorbereitet für diese Art Verbreitung ohne Missionarismus. Nichts ist der Literatur so fremd wie Universalismus, Weltethik, gehet hin und lehret ... Literatur will niemanden taufen. Das Wirkungselement des Literarischen kann man sich gar nicht klein genug vorstellen. Ein komisches Beispiel: Anfang der Achtzigerjahre habe ich in Manhattan an der Columbia-Universität aus dem Roman ‹Das Schwanenhaus› vorgelesen, ein Kapitel, in dem die Hauptperson Gottlieb Zürn nach einem mißlungenen Geschäft von Stuttgart zurückfährt an den Bodensee, mit dem Zug, und er absolviert die Haltestationen in einer Art Passion, dann kommt der Satz: «Wer in Singen ist, muß sich auf Radolfzell gefaßt machen.» Die Zuhörer in Manhattan, fast alle Amerikaner, haben nach diesem Satz deutlich gelacht. Und sie wissen nicht einmal, daß man in Singen fast immer umsteigen muß. Nachträglich dachte ich, das sei eine Erfahrung, die die Existenz einer literarischen Community beweise.

Noch ein Beispiel, auch aus Amerika. Flugplatz Lebanon, New Hampshire, 1979: das Gebäude, eine Art Dorfbahnhof, gebaut aus Barackenmaterial. Ein Ehepaar, Ende dreißig, checkt ein, zuerst fünf Gepäckstükke, dann kommt der alte Kinderstuhl dran, Baujahr zirka 1890. Ein Gestell aus gedrechselten Beinen, die unten stabilisierend mit einander verbunden sind; eine Sitzfläche, rund umgeben mit Lehnen, daß das Kind nicht herunterfallen kann. Und unter der Sitzfläche die Halterung für den Topf. Der Mann von Allegheny geht ins Nebenzimmer, wo es ein kleines Regal mit Büchern für Auskünfte gibt. Er blättert lange, kommt zurück und muß dann ebenso lange erklären, daß die Betriebsanordnung der Allegheny Airline die Beförderung eines solchen Stuhls nicht vorsieht und damit ausschließt. Aber mal sehen, sagt er. Fünfzehn Minuten hat er bis jetzt mit diesem Paar verbracht. Und genau soviel Verspätung haben wir jetzt. Dann wird, getreu dem *mal sehen*, der Kinderstuhl aufs Rollfeld gebracht, zu dem kleinen Flugzeug, das uns nach Pittsburgh bringen soll, damit dort jeder in ein größeres Flugzeug steigen kann. Der Stuhl wird zu einer Luke hochgehievt. Dann geht der Stuhl doch nicht hinein. Also runter mit dem Stuhl, wieder heraus mit den fünf Gepäckstücken. Das Ehepaar fliegt überhaupt nicht mit. Sie nehmen den Bus nach Philipsburg und fliegen von dort aus nach Chicago. Daß das Ehepaar dorthin will, hat ein Mitreisender aus einem Papier, das dem Ehemann aus der Brusttasche ragte, geschlossen und uns, den zuschauenden Passagieren, die jetzt mit dreißig Minuten Verspätung nach Pittsburgh starten, mitgeteilt. Und keiner von uns Zwölfen – oder waren wir nur zehn? – hat irgendetwas Mäkelndes über diese Reiseverzögerung durch einen Kinderstuhl, Baujahr 1890, gesagt. Im Gegenteil.

Ich hatte den Eindruck, wir seien alle gerührt gewesen, wenn auch auf eine nicht leicht auszudrückende Art. In Pittsburgh ging ich dann ins Carnegie Museum of Natural History an der Forbes Avenue und spazierte an vier Saurierskeletten entlang. Drei riesig, eines mehr als riesig: Daß dergleichen lang ausgestorben ist, begreift man da leicht. Der Kopf blieb bei denen eher gleich, sah also winzig aus auf dem dann saalfüllenden Skelett. Der auf Saurier spezialisierte Paläontologe Philipp Currie, der gerade in den patagonischen Anden den größten fleischfressenden Saurier entdeckt hat, der je gelebt hat, sagte, nachdem er, was gefunden worden war, zusammengesetzt hatte: «Ich glaube, er sah widerlich aus, wenn nicht scheußlich.» Willkommene Auskunft!

Vielleicht hätte ich dem Großen gar nicht das Kleine entgegenhalten, sondern mich nur auf das Entsprechende beziehen sollen. Schön kann nur sein, was uns (noch) entspricht. Von Emanuel Swedenborg etwa, bei dem man alles über Entsprechung lernen kann, kann man erfahren, warum, zum Beispiel, Engel uns entsprechen. Swedenborg hat, nachdem er eine Karriere in den Naturwissenschaften hinter sich hatte, leidenschaftlich nach einem Ausdruck für all das gesucht, was ihm die Naturwissenschaft nicht erschließen konnte. Und weil die Tradition ihm Geist und Körper getrennt anbietet und er das so nicht wahrhaben will, entfesselt er ein heftiges Sprach- und Gedankenwerk, um die zwei wieder ganz zusammenzubringen. Dazu entwickelt er die Lehre von der Entsprechung. Er wird eine Art Dichter. Religion und

Dichtung, das ist da ein und dasselbe. Dazu gehört, daß die Menschengeschichte von allem Anfang bis zu jedem erdenklichen Ende zur Sprache gebracht werden muß. Himmel und Hölle sind zwar auch sonst, wo immer sie vorkommen, nichts als Entsprechungen, aber so genau wie Swedenborg hat das, soweit ich sehe, keiner sonst hingekriegt. Wie es sich gehört, ganz und gar anthropozentrisch. Etwa: «... das Wesen aller Bewohner der Hölle ist Selbstsucht.»

Da es vielleicht Leute gibt, die Swedenborg nicht jeden Tag lesen können und doch wissen wollen, wie es in der Hölle zugeht, noch eine Probe: «Man stelle sich eine Gemeinschaft von Wesen vor, die alle nur sich selber lieben und andere höchstens so weit, als sie gleicher Meinung mit ihnen sind, und man wird erkennen: Ihre Liebe ist nichts anderes als die Liebe von Räubern unter einander. Solange sie gemeinsame Sache machen, hätscheln sie einander und behandeln einander wie Freunde; tritt aber das Gegenteil ein, und wird ihre Macht nicht mehr anerkannt, so stürzen sie auf einander los und schlagen sich gegenseitig tot.»

Also, anthropozentrischer geht es nicht mehr. Und das ist ja auch so einfach: Gott ist unser Geschöpf, und erst dann sind wir seins. Das entspricht. Und wer uns durch Machenschaften welcher Art auch immer verdemütigt oder verzwergt oder auf andere Art an uns sein Machtmütchen kühlt, der, bitte, versündigt sich. An uns. Den Schöpfern Gottes, die seine Geschöpfe sind.

6.

Längst fällig ist eine Nachricht von Nietzsche. Eine Kurzrezension des Frühwerks ‹Die Geburt der Tragödie aus dem Geiste der Musik›. Der Satz, von dem ich hier schon ausgiebig Gebrauch gemacht habe, heißt bei Nietzsche: «daß nur als ästhetisches Phänomen das Dasein der Welt gerechtfertigt ist». Während des Krieges 1870/71 hat der Sanitätssoldat Nietzsche das geschrieben, was er dann, 1886, «ein unmögliches Buch» nennt, es aber doch noch einmal herausgibt mit einem Vorwort, das er «Versuch einer Selbstkritik» nennt. Viel lehnt er da ab, Wichtiges polemisiert er förmlich hinaus aus dem Frühwerk; daß aber das Dasein der Welt nur als ästhetisches Phänomen gerechtfertigt ist, läßt er stehen und führt es noch fort, radikalisiert es so, daß man, um das Frühwerk in eigenen Dienst zu nehmen, gar nicht mehr nachbeten muß, was die wilde Erzählung liefert: das Apollinische und das Dionysische als ein ewig streitendes Paar menschlicher Äußerungstriebe. Zuerst wird in einer nie in Harmonie ermattenden Ehe der beiden Triebe (Nietzsche nennt sie so) die attische Tragödie geboren; dann wirkt das Spannungspaar durch unsere ganze Geschichte, um immer zu verhindern, daß das Dasein der Welt ins Nichtmehrzurechtfertigende gerate, zum Beispiel ins Nur-noch-Sokratische, das wäre: die Welt wird gerechtfertigt durch ihre Erkennbarkeit und dadurch, daß das als gut Erkannte als lehrbar bewiesen wird; Sokrates wird da von Nietzsche wirklich wild und ohne Bedürfnis nach Verhältnismäßigkeit an den Himmel der Geschichte porträtiert; Sokrates als der «Typus des theoretischen Menschen», der je nach Niveau mehr oder weniger kunstfeindlich ausfällt und agiert; aber Nietzsche erinnert sich und uns dann eben doch noch daran, daß Sokrates im Gefängnis seinen ihn besuchenden Freunden gesagt habe, ihm sei jetzt im Traum öfters ein und derselbe Satz gesagt worden: «Sokrates, treibe Musik!» Und das teilt jener Sokrates mit, dem es doch immer so wichtig war mitzuteilen, daß seine innere Stimme, sein Dämonion, immer nur abratend in ihm wirkt, nie aber zuratend.

Diese wilde Erzählung ist alles andere als ein Text, der sich durch Verständnis erschöpfen läßt. Das Dionysische wird zwar aus all seinen historischen und mythischen Szenen herzitiert, aber es entzieht sich sozusagen prinzipiell seiner verständlichen Darstellbarkeit. Die Rolle des Apollinischen in der Kunst ist leichter zu vermitteln. Nietzsche erzählt die Unfaßbarkeit des Dionysischen. Auch in der Kunst. Und er malt al fresco die Verlorenheit der Welt ohne Kunst. Ohne das Schöne. Das Schöne, die einzige Rechtfertigungs-Chance der Welt. Das klingt in zusammenfassender Sprachlosigkeit verstiegener als die verstiegensten Passagen der wilden Erzählung selbst. Es ist mehr als eine Erzählung, es ist eine Ausschweifung. Gerichtet gegen den sokratischen Optimismus, gegen «die sokratische Lust des Erkennens» und den «Wahn, durch dasselbe die ewige Wunde des Daseins heilen zu können».

Jetzt, 1886, nennt er sein Frühwerk «Artisten-Metaphysik», gerichtet gegen das lehrbare Gute, gegen «die *moralische* Ausdeutung und Bedeutsamkeit des Daseins».

Wenn man nicht aus einem christlichen Pfarrhaus stammt, darf einem in diesem Frühwerk das Anti weniger wichtig sein als das Pro: und das heißt, daß das Leben auf Schein ruht, auf Kunst, und daß auch alle Moral und alle moralische Rechtfertigung der Welt Kunst ist, Schein ist. Und es darf den Christen trösten, daß da auch Religion unter Kunst subsumiert wird. Also: «... nur als *aesthetisches Phänomen* ist das Dasein und die Welt ewig *gerechtfertigt.*» Den Schlußsatz seines Buches läßt Nietzsche einen «greisen Athener» sagen, den er mit «dem erhabenen Auge des Aeschylus» ausstattet: «... wie viel mußte dies Volk leiden, um so schön werden zu können!»

Zum Beispiel: der ‹Prometheus› von Aischylos. Er erreicht einen Grad der Einsamkeit, des Schmerzes, der in keinem heutigen Kunstwerk auch nur ahnbar ist. Und trotzdem verstehen wir diesen Extremisten der Wut und des Gekränktseins sofort und Wort für Wort, bis zum Schlußsatz, bevor der Abgrund ihn verschlingt: «Seht, welch Unrecht ich erdulde!» Die Geschichte, die dieses Unrecht kreiert, ist historischer Verlauf in mythischem Material. Es ist die extremste Kampfansage gegen Machtausübung, die ich kenne. Die Maßlosigkeit dieser Kampfansage, das Sich-nicht-fassen-Können, der unantastbare Eigensinn in aller Qual und Einsamkeit produziert eine dionysische Frequenz. Aber eben auch das Erlebnis des allem vorangegangenen Machtmißbrauchs; welch letzteres Wort vor Tautologie geradezu schrillt. Dieser ‹Prometheus› ist eine orgiastische Suada des Schmerzes; aber dieser Schmerz brüllt sozusagen ununterbrochen seine Ursache hinaus: die Kränkung durch die Macht der Machthaber, hier des Machthabers Zeus. Den von Zeus geschickten Aktualitätengünstling Hermes läßt Prometheus abblitzen. Das ist dann das Ungeheure und Schöne dieser Tragödie: eine Wortorgie der Qual, die keinen Effekt hat als den, daß wir Zeuge werden, wie einer in der äußersten Hoffnungslosigkeit eine Hoffnung auf Geschichte hat, eine Hoffnung ohne jeden anderen Anlaß als den, daß es überhaupt Geschichte gibt. Womit ich die dionysische Frequenz dieser Tragödie schon ans Apollinische verrate. Als sei diese Hoffnung auf Geschichte der Sinn.

Man kann's nicht wiegen und wägen. Das wahnsinnig schöne Wehgeschrei des Prometheus läßt von dem Quentchen Hoffnung so gut wie nichts übrig. Die Szene gehört dem, was jetzt ist, also dem Schmerz, der Kränkung, der Maßlosigkeit, und das in einer Sprache, die alles zu fassen vermag. Und das ist das Schöne. Wenn es heute verstiegen klingt, daß dadurch das Dasein der Welt zu rechtfertigen sei, so läßt sich das Erlebnis dieser Tragödie doch beschreiben als eine Unmittelbarkeit des Geschichtlichen überhaupt. Die Geschichte hat bis jetzt nicht aufgehört, nicht zu gelingen; der Prometheus-Text erhebt sich kein bißchen über diese Situation, er schreit nur aufs schönste, wie weh das tut, Objekt einer mißlingenden Geschichte zu sein. Mißlungen könnte die Geschichte erst genannt werden, wenn kein Prometheus mehr schreit.

Zum Schluß hetzt Aischylos dem Prometheus noch den machtgefügigen Hermes auf den Hals, daß er Prometheus zum Einlenken überrede:

Du weißt, mit diesem Eigensinn hast du dich einst
In diesen Port gelotset deiner bittren Qual!

Ich habe mir sagen lassen, daß das griechische Wort für Eigensinn *authàdisma* heiße und daß es so in der altgriechischen Sprache nur ein einziges Mal vorkomme, eben hier als der einmalige und unverderbbare Eigensinn des Prometheus.

7.

Lord Acton: «Macht korrumpiert, absolute Macht korrumpiert absolut.» Siehe Zeus u.s.w. Ich bin froh, daß es Zitate gibt, die es mir ermöglichen, etwas, was ich durch und durch erfahren zu haben glaube, auszusprechen, ohne es auf meine Kappe nehmen zu müssen. Lord Actons Satz verdient es, eingeschränkt zu werden. Da es keine absolute Macht gibt, gibt es auch keine solche Korrumpierung. Der Geschichte widersteht nichts. Auch wenn sie keine Gerade ist, sondern eher ein Kreis, etwas Mahlendes, Zermalmendes.

Noch einmal Aischylos. Das Stück schreit Schmerz und Leid des Gekränkten ungemildert in die Welt – so weh tut es, von der Macht mißhandelt zu werden –, aber eine absolute Herrschaft wird dem Schmerz verwehrt. Bevor das Leid sich austoben darf, will der Chor noch wissen, wer denn eigentlich das Sagen habe in dieser Geschichte, beziehungsweise: «Wer lenkt des Schicksals Ruder ...» Und Prometheus sagt, daß er das noch nicht sagen dürfe, und wenn er das Nichtsagen schaffe, werde er «einst» noch seine «Qual und Bande» los. Dann ist erst einmal mit ihrer ganzen Qualbiographie Io dran, als Parallelopfer Zeusscher Machtlust; obwohl Io, was Leiden angeht, mit Prometheus gleichziehen kann, ist die Fügung simpler: Zeus hat sich verliebt in Io, also hat Hera zugeschlagen und Zeus hat's zugelassen, hat Io in eine Kuh verwandelt, die jetzt von den Stichen der Bremse Heras durch die Welt gejagt wird.

Prometheus selber hofft also, bevor er dann nichts als leidet und lauter und eindringlicher leidet als jeder andere Held, auf Veränderung, Geschichte. Da ist jetzt, zum Schluß, eine Differenzierung angebracht. Prometheus ist nicht Jedermann, sondern selber Titan. Kein Riese, bitte, aber gesteigerte Existenz, er gehört zum göttlichen Clan und hätte, hätte er nicht den Menschen dieses und jenes Know-how gereicht, selber Macht ausüben können. Der Chor sagt ihm, daß er, wenn er diese Qual hinter sich habe, «nicht von mindrer Macht» sein wird als Zeus. Aischylos hat aus der Qual des Herrschaftskindes zwar alle Qual der Welt werden lassen, und trotzdem ist der geschundene Promethus noch nicht der geschundene Mensch überhaupt. Seine Ohnmacht ist die Kehrseite einer Macht. Also wünsche ich mir eine Tragödie, in der die Ohnmacht die Kehrseite des Nichts ist. Ohne Hallraum der Geschichte und dergleichen versöhnlich stimmenden Firlefanz. Geschichte ist nämlich keine Aussicht, sondern immer eine Wiederholung dessen, was gerade unerträglich zu werden beginnt. Wenn etwas unerträglich genannt werden darf oder muß, dann ist die Wiederholung garantiert. Wenn auch in unendlicher Variation. Das ist ja das, was die Pseudogeschichte so unverbesserlich macht, daß sich nichts als solches wiederholt. Das Opfer von gestern, dem das Opfersein zur «Individualitätskonstante» werden mußte, ist nicht davor gefeit, unter neuen Vorzeichen Täter zu werden.

Bevor wir noch den Moiren aus der Hand lesen, halten wir uns ans erlaubt Konkrete: die Macht beziehungsweise die Mächtigen heute. Hubert Giersch hofft wie Prometheus auf Geschichte, so wie Brecht: «Das Große bleibt groß nicht und klein nicht das Kleine.» Aber wer das jeweils auszuhalten hat, daß etwas oder jemand «groß» ist, also mächtig, dem ist nicht zu helfen, durch keinen philosophisch oder wirtschaftswissenschaftlich garantierten Verlauf. Macht ausüben heißt, einem etwas tun können, ohne es rechtfertigen zu müssen. Du erlebst Machtausübung. Über dich wird Macht ausgeübt. Das erlebst du als Lebensminderung. Als unschön. Als häßlich. Und alle an der Machtausübung Beteiligten oder von ihr Betroffenen sind häßlich. Verwüstet durch das, was sie tun beziehungsweise geschehen lassen. Der, der es zuläßt, daß über ihn Macht ausgeübt wird, wird dadurch noch häßlicher als der, der die Macht ausübt. Aischylos schreibt Prometheus' Geschrei wunderbar, aber Prometheus wird dadurch kein Achill.

Ich rede mir ein, man könne immer versuchen, der Macht zu zeigen, wie häßlich sie ist. Es gibt ja nicht DIE Macht, sondern die Mächtigen. Und die wären am liebsten und vor allem schön. Das unterscheidet sie von ihrem Ahnherrn Goliath. Aus Erfahrung sage ich, häßlich sei der Mächtige nur durch und nur bei seiner Machtausübung. Sonst ist er ein Gänseblümchen oder eine schön reife Birne am Ast. Als Machtausübender ist er reduziert, verzerrt, spastisch. Verengung der Seele auf eine Tendenz. Siehe Shakespeare, ‹Richard II›. Schönes sagen läßt

Shakespeare nur den, der gerade nicht die Macht ausübt. Der gerade Mächtige kann nur höhnen oder politisch quatschen. Zuerst ein übel prahlender Richard und ein schön menschlicher Bolingbroke. Dann, nach dem Machtverlust, ein Richard, der in seinem Sturz, orgiastisch weise, ein Dichter wird: Er will sich, den Machtlosen, sehen, läßt sich einen Spiegel bringen,

That it may show me what a face I have
Since it is bankrupt of his majesty.

Und ein häßlich-harter Bolingbroke steht dabei und befiehlt, daß Richard eine Liste aller seiner Verfehlungen vorlese, Siegerjustiz also, aber Richard ist mit seinem Spiegelbild beschäftigt, er fragt

Was this the face
that like the sun did make beholders wink?

Und zerschmettert den Spiegel. So deutlich wie bei Shakespeare geht es in Wirklichkeit nicht zu. Aber das bleibt sich gleich: Der Machthaber ist immer im Recht, erklärt die Welt immer so, daß er der am meisten Gerechtfertigte ist. Er ist natürlich Monotheist. Jeder, der die Welt aus einem erklärt, ist Monotheist, heiße er Marx oder sonstwie. Und natürlich ist er Universalist. So wie es da, wo er mächtig ist, zugeht, soll es überall zugehen. Und die ganze jeweils zeitgenössisch mobilisierbare Legitimier-Maschine dient ihm. Er ist der Virtuose des Öffentlichkeitsklaviers. Er ist mit dem Legitimier-Apparat intim verbunden, ihm kann nichts passieren. Was für einen weniger Mächtigen fatal wäre, fällt von ihm ab, bevor er's wegwischen muß. Weil er Macht ausübt, hat man etwas davon, wenn man ihm dient. Ruf, Ruhm, Geld, Welt. Es gibt zum Glück beziehungsweise zu unserer Unterhaltung und Indoktrination immer wieder auch Sturz-Beispiele. Meist tragikomische Verläufe.

Und wenn ich persönlich der Mächtige bin? Jeder ist zu irgendeinem Ausmaß auch der Mächtige. Sonst liefe die ganze Chose nicht schon so lange, wie sie läuft. Jeder will mächtig sein, Machthaber sein, sich etwas leisten können, was er nicht rechtfertigen muß. Dieser Zustand hört auf den Namen Freiheit. Sie gilt als das Größteschönstehöchste überhaupt. Ob du oder ich –, der Mächtige hat als Mächtiger nicht die geringste Chance zur Selbsterkenntnis. Das befördert jeweils seinen Untergang.

Soweit ich mächtig bin, bin ich nicht fähig, über mich zu befinden. Meine Machtausübung kann nur beurteilt werden von denen, über die die Macht ausgeübt wird. Natürlich werde ich versuchen, dieses Urteil zu meinen Gunsten zu manipulieren. Wie sehr mir das gelingt, hängt davon ab, wieviel Macht ich habe. Hoffen wir das Schlimmste.

Zuzugeben ist jetzt noch: Mir verschwimmen in meinem Welt- oder Geschichtsgefühl manchmal die persönlichen Machthaber, die es sich leisten können, mir die Bedingungen zu diktieren, mit den Wirtschaftsungetümen, die es sich leisten können, gewählten Regierungen die Bedingungen zu diktieren. Beide, egal ob Wirtschaftsungetüm oder Machthaber als Persönlichkeit, beide Machtausüber können sich einen guten Ruf leisten. Der

Inbegriff dieses guten Rufs und das eigentliche Wirkungsgeheimnis der Machthaberei ist ja, daß Macht nie als Macht auftritt, sondern als Kulturgröße oder Wirtschaftsgröße. Und sieht gut aus. Wer denkt bei einer Persönlichkeit, deren Mundpartie vor hübschem Selbstbewußtsein zirpt, an Macht. Da tritt auf eine teppichgedämpfte Cowboymelancholie, und die kassiert. Da schiebt sich her eine hieroglyphisch funkelnde Finsternis, und die genießt ihre Deutbarkeit. Nichts hat so viele Gesichter wie die Macht. Und Macht macht schön. Heißt es. Und, heißt es, Frauen wüßten das zu schätzen.

Ich kann dergleichen nicht nur nicht nachplappern, ich kann es auch überhaupt nicht empfinden, weil ich mit Macht Erfahrungen verbinde, die mir den, der jeweils Macht über mich ausgeübt hat, häßlich erscheinen lassen, mich, das jeweilige Objekt, eingeschlossen.

Jemand, der seit langem mit einer auch mir leidlich bekannten Zeitgröße auskommen muß, berichtet mir: Er, der mächtig Gewordene, kann nur noch gnädig sein, nur noch herablassend sein, nur noch entgegenkommend sein. Man spürt, wie er sich vorkommt, wenn er freundlich ist. Bevor der mächtig geworden sei, sei der ein anderer Mensch gewesen.

Ich bin froh, daß es den Satz, das Dasein der Welt sei nur als ästhetisches Phänomen gerechtfertigt, schon gibt. Mir wäre der Satz lieber im Irrealis: Das Dasein der Welt wäre nur als ästhetisches Phänomen gerechtfertigt. Klingt doch auffordernder, wunschkräftiger.

In diese Gleichung, daß das und das nur durch das und das gerechtfertigt sei oder wäre, muß ohnehin jeder seine Erfahrung einsetzen. Wenn ich Macht als das Häßlichste empfinde, was durch Sprache angezeigt werden kann, dann muß jeder seine Erfahrung fragen, ob ihm so zu empfinden möglich sei. Der Mächtige produziert Abhängige. Abhängig zu sein deformiert, verkrüppelt. Und schwer wiegt, daß alles, was man gegen den überaus legitimierten Mächtigen haben kann, schon vorverurteilt ist als Ressentiment und Ohnmachtsschwulst.

In Wirklichkeit sind wir sowieso meistens stumm. Selbst in Gedanken gleiten wir ab an der Legitimitätsölhaut des mit aller Legitimität Gesalbten. Der Mächtige ist der Inbegriff der jeweils herrschenden Moral. Er ist das Gute schlechthin. Und das unter den verschiedensten historischen Fahnen. Es gibt Familien, die stellen Maßgebende in der Diktatur und in der Demokratie. Die sind nicht nur wie Bloch verliebt ins Gelingen, sondern das Gelingen ist verliebt in sie. Gibt es für die, die unter Mächtigen der Zivilgesellschaft zu leiden haben, eine Genugtuung? Sie können natürlich beten lernen. Oder Geschichtsmetaphysiken stricken. Oder baden gehen. Letzteres ist wirklich empfehlenswert. Und das Gewöhnliche: Sie können selber Macht ausüben. Man muß ja nichts für etwas halten. Das zu praktizieren fühlt sich an wie Freiheit. Sich und andere täuschen. Das Blau des Himmels, heißt es, sei in Wirklichkeit schwarz. Also bitte.

Ich habe am 3. Februar 1979 ein Inserat entdeckt in der Zeitung, habe es ausgeschnitten, und immer, wenn mir die Welt vor den Augen verschwimmen und sich überhaupt dem Begreifen entziehen will, dann lese ich dieses Inserat von 1979, um mich zu orientieren. Da steht:

Ich habe Dich,
Mädchen mit
Amputiertem Arm
auf der Straße gesehen. Ich möchte Dich
(Boy, 31/177) sehr gerne kennenlernen.
Zuschr. LI 921 Südkurier Lindau.

Vokabular und Sprache

In allem Sprachlichen, das sich auf Gott bezieht, sieht man Vokabular und Sprache im unstillbaren Streit. Die theologischen Vokabulare ziehen mich nur an, wenn ich Zeuge werde, daß sie einer ererbten Selbstzufriedenheit überdrüssig sind. Deshalb kam mir Karl Barth attraktiv vor. Nur Kierkegaard selber ist mir noch attraktiver vorgekommen. Ich könnte natürlich auch sagen: noch augenöffnender, noch belehrender. Die theologischen Sprachmenschen, die mit den Wörtlichkeiten, die sie für Gott vorfinden, nicht leben können: das sind die Auskunftsreichsten, wenn man die Spannung Vokabular und Sprache erleben will.

Gott ist eben nach *Ich* unser wichtigstes Wort. Deshalb hat sich seinetwegen auch so viel Vokabular gebildet. In der Verwaltung des Nichts besetzt er die glorioseste Frequenz.

In Karl Barth kommt das exemplarisch zum Ausdruck. Außer Kierkegaard hat sich wohl keiner das religiöse Sprechen so schwer gemacht wie Karl Barth. Im Jahr 1956 schreibt er «von der Göttlichkeit und Menschlichkeit Gottes». Da schaut er zurück auf die frühen Zwanzigerjahre des Jahrhunderts, als er polemisch radikal reagiert hatte auf die allzu sorglos gewordenen Vokabulare der «liberalen oder auch positiven Theologie». Diese Theologie habe weniger von Gott geredet als vom christlich frommen Menschen. Und wie hat er 1922 auf dieses sorglos gewordene Theologenvokabular reagiert? Dialektisch. Er wollte von «der Herrlichkeit Gottes in der Schöpfung nicht lange anders … reden als … unter stärkster Hervorhebung der gänzlichen Verborgenheit, in der sich Gott in der Natur für unsere Augen befindet». Seine dialektische Theologie will, sagt er, «*Zeugnis* sein von der Wahrheit Gottes, die in der Mitte, jenseits von allem Ja und Nein steht». Und eben darum eben habe er nie bejaht, ohne zu verneinen, nie verneint, ohne zu bejahen, «weil das Eine wie das Andre nicht das Letzte ist». Und fragt sogar, ob wir «vom redenden zur Abwechslung zum *schweigenden* Dienst übergehen» sollten. Aber das Ergebnishafteste war doch die Stelle, daß die «freilich nicht zu benennende Wahrheit» in der Mitte stehe. Und dann: «Der echte Dialektiker weiß, daß diese Mitte unfaßlich und unanschaulich ist, er wird sich also möglichst selten zu direkten Mitteilungen darüber hinreißen lassen, wissend, daß alle direkten Mitteilungen *darüber*, ob sie nun positiv oder negativ seien, *nicht* Mitteilungen *darüber*, sondern eben immer *entweder* Dogmatik *oder* Kritik sind.» Und er will dialektisch bleiben, also in Bewegung, also nie in einem Moment verharren. Den bequemen Anthropozentrismus der liberalen Theologie verachtet er.

Dreißig Jahre später gibt er klein bei oder groß bei. Jetzt ist Gott «Partner» des Menschen, «freilich schlechthin überlegener» Partner. Seine «Divinität» hat «als solche auch den Charakter von Humanität». Auch jetzt lodert dann und wann noch die frühe Radikalität auf: «Gott wäre auch ohne den Menschen, ja auch ohne den ganzen geschaffenen Kosmos wahrlich kein einsamer, kein egoistischer Gott. Und er *muß* erst recht nicht *für* den Menschen, er *könnte* – man denkt sogar: er *müßte* vielmehr gegen ihn sein. Aber das ist das Geheimnis, in welchem er uns in der Existenz Jesu Christi begegnet: er will in seiner Freiheit tatsächlich nicht ohne den Menschen, sondern *mit* ihm ... er will faktisch des Menschen Partner und allmächtiger Erbarmer und Heiland sein.» Und in diesem Für-den-Menschen-sein-Wollen dieses Gottes, in dieser Partner-Umarmung schwelgt der spätere Karl Barth dann exzessiv.

Anziehend finde ich diese Barthschen Wörtlichkeiten, weil in ihnen Vokabular und Sprache mit einander streiten. Man kann mühelos Berge von Theologievokabularen vorführen, jedes ein theologisches Legoland für sich, eine Theodizee für sich, eine Glaubbarkeit für sich. Aber Karl Barth hat an beidem teil, am Vokabular und an der Sprache. Jetzt das Geständnis: Je negativer er zu bleiben vermag, desto mehr hat er Sprache; je positiver er wird, desto deutlicher lebt er vom Vokabular, desto deutlicher verwaltet er das Nichts. Solange er in der Bewegung bleibt, die keinen Stillstandsmoment erlaubt, solange er die «direkte Mitteilung» meidet, so lange hat er Sprache. 1922 fängt er an: «Wir sollen als Theologen von Gott reden. Wir sind aber Menschen und können als solche nicht von Gott reden.» 1956 redet er mehr von Jesus Christus als von Gott. 1922 kommt Jesus Christus so gut wie nicht vor. 1956 beherrscht sein Name die Rede. 1922 war die Unfaßbarkeit der Göttlichkeit Gottes die Erfahrung dieses Theologen Karl Barth. 1956 strömen die Sätze über vom Namen Jesus Christus. Der vermittelt jetzt alle damals erlebte unvermittelbare Absurdität und Paradoxie. Zum Beispiel: «Eben in seiner einen Person ist ja Jesus Christus ebenso als *wahrer Gott* des *Menschen* wie als wahrer *Mensch Gottes* getreuer Partner ...» Und schon fließt das Vokabular: Glaube, Liebe, Hoffnung, Gnade, der Bund in seiner Fülle, das Himmelreich, Gottes Ehre in der Höhe, Friede auf Erden, den Menschen ein Wohlgefallen. Das wird so möglich: «Wer und was Gott in *Jesus Christus* ist? Muß aber die Frage lauten, wenn wir hier heute zu einer besseren Antwort vorstoßen wollen.»

Sein von ihm hier nicht zitiertes Vorbild, Kierkegaard, hat sich, soweit ich weiß, nie zu einer solchen Landung im Positiven verstanden. Kierkegaard hat das Theologische dann lieber ganz zum Sprachlichen werden lassen. Er hat den unfaßbaren Inhalt zur Methode erhoben. Mein diesbezügliches Kierkegaard-Lieblingszitat: «... durch direkte Mitteilung ließ es sich nicht machen, da sich diese immer nur zu einem Empfänger in Richtung auf sein Wissen, nicht wesentlich zu einem Existierenden verhält.» Sein «eigentümliches Verfahren» liege «eben in der Gegensätzlichkeitsform der Mitteilung, keineswegs in den vielleicht neuen dialektischen Kombinationen». Das führt dann zwar auch zu Ergebnissen, aber zu solchen wie: «... die Gewißheit des Glaubens ist ja kenntlich an der Ungewißheit». Er kann das Dialektische selbst zum Inhalt werden lassen und kann sagen, daß das «religiöse Handeln am Leiden kenntlich» werde, «die Offenbarung am Geheimnis». Da mache ich halt, weil mir an der Theologie weniger liegt als am Sprachlichen. Und da findet sich bei Kierkegaard die gloriose Mitteilung: «Was meine abweichende Auffassung über das Mitteilen angeht, so ist mir zuweilen eingefallen, ob sich denn dies betreffs der indirekten Mitteilung direkt mitteilen ließe.»

So empfindlich muß man wohl sein, wenn man nicht in der Gefahr untergehen will, einem anderen nur noch Wissen zu liefern, anstatt ihn als Existierenden teilhaben zu lassen an der eigenen Not. Nur um schnell daran zu erinnern, wie Theologie klingt, wenn sie unverhüllt Vokabular wird, ein paar herausgerissene Sätze aus einem Text des berühmten, atlantiküberspannenden Theologen Paul Tillich ‹Über die Tiefe›: «Tiefe ist eine Dimension des Raumes, doch zugleich ist sie ein Symbol für eine geistige Wirklichkeit ... Die Weisheit aller Zeiten und aller Erdteile spricht zu uns über den Weg zu unserer Tiefe. Er ist auf unzählige verschiedene Weise beschrieben worden ... Der Name dieser unendlichen Tiefe und dieses unerschöpflichen Grundes alles Seins ist *Gott*.»

«Tiefe» ist da kein Bild, keine Metapher, sondern die größtmögliche Geste, die dann auch gleich noch das größtmögliche Wort, nämlich Gott, produziert. Hegel hat umsonst gelebt. Er hat (in der ‹Phänomenologie des Geistes›) die Verwendung des Wortes Gott in solchen Zusammenhängen (hier Gott als *unendliche Tiefe, unerschöpflicher Grund*, bei Hegel als *das Ewige* oder Gott als *die Liebe*), Hegel hat gesagt, in solchen Sätzen sei das Wort Gott «ein sinnloser Laut», der erst in einem Prädikat sagt, *was er ist*. Hegel rät, vom *Ewigen* u.s.w. oder, wie «die Alten taten, von reinen Begriffen, dem Sein, dem Einen usf. allein zu sprechen, ohne den sinnlosen Laut noch hinzuzufügen». Solche Vorschläge zur Verwaltung des Nichts hat es gegeben.

Sprache wird offenbar immer dann zum Vokabular, wenn sie positiv werden soll.

Wie ich den Unterschied zwischen Vokabular und Sprache erlebe, will ich nicht durch Definitionsversuche ausdrücken, sondern durch Beispiele, also durch Zitate. Also kompakt noch einmal der späte Karl Barth: «... darin besteht Gottes Göttlichkeit in Jesus Christus, daß Gott selbst in ihm souverän redendes und handelndes *Subjekt* ist.» Das nenne ich Vokabular. Jedes Wort ist nur sinnvoll, wenn ich die ganze überlieferte Christologie in jedem Wort mitklingen höre. Jedes Wort ist geladen mit einschlägiger Überlieferung. Weiß ich davon nichts, spricht mich der Text kein bißchen an. 1922 hieß nicht nur der Anfang, sondern auch der Schluß: «Wir können von Gott nicht reden.» Jetzt, 1956, fließt ihm der Mund über vom christologisch gestimmten Vokabular. In der sogenannten Heiligen Schrift, auf die sich das alles bezieht, hieß es noch: «Sie wickelte ihn in Windeln und legte ihn in eine Krippe, weil in der Herberge kein Platz für sie war. In jener Gegend lagerten Hirten auf freiem Feld und hielten Nachtwache bei ihrer Herde. Da trat der Engel des Herrn zu ihnen, und der Glanz des Herrn umstrahlte sie. Sie fürchteten sich sehr, der Engel aber sagte zu ihnen: Fürchtet euch nicht, denn ich verkünde euch eine große Freude, die dem ganzen Volk zuteil werden soll: Heute ist euch in der Stadt Davids der Retter geboren; er ist der Messias, der Herr. Und das soll euch als Zeichen dienen: Ihr werdet ein Kind finden, das, in Windeln gewickelt, in einer Krippe liegt.»

Das ist Sprache. Schöne, ja, schönste Literatur. Allerdings zu einer Zeit, in der der Himmel noch bewohnbar war. Dieser Text beteiligt sich nicht an der Unterscheidung zwischen positiv und negativ. Danach gab es dann mehr Vokabulare als Sprachen, aber eben immer wieder auch Sprachen. Ursprüngliche Erfahrung eben. Selbst wenn, was erfahren wurde, immer weniger positiv war, verglichen mit dem wunderbaren Anfang.

Die Dichter, nicht alle natürlich, aber die, sagen wir einmal, die zuverlässigsten, sind nicht so leicht ins Positive verführbar gewesen. Und daß das Gegenteil des Positiven zwar das Negative genannt werden kann, aber als solches natürlich alles andere als negativ ist, ist eine Trivialität, an die zu erinnern ich mich eher geniere. Also die Dichter. Zum Beispiel Hölderlin.

In der Konkordanz, die wir Professor Böschenstein verdanken, habe ich nachgezählt: Im Spätwerk kommt kein Wort so häufig vor wie «Gott», «Götter», «göttlich», 320mal. «Himmel» und «Himmlische» 280mal. Aber wie kommen diese Wörter vor! So, daß der Leser unmittelbar mitschwingt, wenn die Hölderlin-Sprache diese Wörter anstimmt. Man kann's natürlich interpretieren. Aber es genügt auch das bloße Nennen. Das ist sogar das meiste. Das Nachbeten nämlich. Ich habe immer nichts lieber getan als Hölderlin-Verse nachzubeten. Eines dieser Gedichte muß hier genannt werden, ein ganz spätes, das, überschriftslos, so lautet:

Was ist Gott? Unbekannt, dennoch
Voll Eigenschaften ist das Angesicht
Des Himmels von ihm. Die Blitze nämlich

Der Zorn sind eines Gottes. Je mehr ist eins
Unsichtbar, schicket es sich in Fremdes. Aber der
  Donner
Der Ruhm ist Gottes. Die Liebe zur Unsterblichkeit
Das Eigentum auch, wie das unsere,
Ist eines Gottes.

Hölderlin war einerseits offenbar im Stande die Welt zu erleben, zu erfahren, als sei sie noch nicht beschrieben. So unmittelbar im Natürlichen kann er die Physiognomie eines Gottes erfahren. *Eines* Gottes, bitte, nicht des Gottes. Andererseits hat Hölderlin Theologie studiert. Und hat sicher erfahren, daß jedes Vokabular Religion zur Theologie werden läßt. Darauf reagiert er in seinem Was-ist-Gott-Gedicht auch. Einmal das ursprüngliche Erfahren der Welt auf eine Art, die wir religiös nennen, dann aber auch:

Je mehr ist eins
Unsichtbar, schicket es sich in Fremdes.

Das ist die indirekte Mitteilung, das ist Kierkegaards Gegensätzlichkeitsform, das ist die Scheu vor dem Vokabular, vor den gestanzten Wörtern, den adressierten Wörtern. Hölderlin hat den Anspruch des Christentums auch als Eifersucht auf die älteren Götter erfahren, von denen er nicht lassen konnte.

Und jetzt ist voll
Von Trauern meine Seele,
Als eifertet, ihr Himmlischen, selbst,

Daß, dien ich einem, mir
Das andere fehlet.

Christus ist ihm Herakles' Bruder.

Christus. Diesen möchte
Ich singen, gleich dem Herkules ...

Hölderlin will keinen entbehren; geistesgegenwärtig wie er ist, braucht er die Himmlischen alle, Herakles und Dionysos sind für ihn Christi Brüder. Er sieht, drückt es aus, stiftet das Bündnis zwischen dem EINEN Gott und «anderen Mächten».

Nicht er allein, die Unerzeugten, Ew'gen
Sind kennbar alle daran, gleich wie auch an den
  Pflanzen
Die Mutter Erde sich und Licht und Luft sich kennet.

Oder:

Zu singen ... Blumen auch Wasser und fühlen
Ob noch ist der Gott ...

Nicht verlorengehen lassen will er, daß ihm im Geschichtlichen und im Natürlichen mehr als eine einzige Religion begegnet. Das Religiöse als das Element, in dem Selbstbewußtsein sich bilden kann. Luft, Licht, Pflanzen, Erde: Alles hat erst als Göttliches einen Namen, ein Bewußtsein, eine Existenz. Man könnte, wenn's sein müßte, eine universale Theologie pflücken aus Hölderlins

Zeilen. Er war um seiner selbst willen, um sich selber zu erfahren, angewiesen auf Begegnung, auf Begegnung mit den Göttlichen; aber diese Göttlichen brauchten auch ihn, den Dichter. Für uns wird dann aus seiner Erfahrung faßbar DAS Göttliche. Er war ausgesetzt, seine Ich-Unsicherheit verwandelte, was er in Natur und Geschichte erlebte, in Offenbarung.

> Göttliches trifft Unteilnehmende nicht.

Aber auch:

> Nah ist
> Und schwer zu fassen der Gott.

So einfach ist das. Wenn es einer erfährt. Einer wie Hölderlin. Seine Sprachbedingung benennt er so:

> Die Dichter müssen auch
> Die Geistigen weltlich sein.

Das ist die Sprache der religiösen Erfahrung. Sie bedarf vielleicht philologischer Erläuterung, aber, um verstanden zu werden, nicht der Deutung. Die Dichtung deutet den Lesenden. Auch wenn es gewählt klingt: Der Lesende erfährt sich. Nicht er entdeckt ein Buch, ein Gedicht, sondern er wird entdeckt von einem Buch, einem Gedicht. Allerdings, wir werden durch Hölderlins religiöse Gestimmtheit nicht selber religiös. Aber wir merken, was das war oder sogar, was das ist: religiöse Gestimmtheit. Oder eben: religiöse Erfahrung.

Wir, ich meine die Deutschen, die bürgerlichen, die gebildeten Deutschen, wir haben im 19. und im 20. Jahrhundert die Erbschaft, die Goethe, Schiller und Hölderlin gestiftet haben, verschlampt. In diesen Dreien waren die Götter Griechenlands, wenn wir es bildungshaft verschränkt sagen wollen, noch am Leben. Inzwischen ist uns diese ursprüngliche Fähigkeit, Begegnendes religiös zu erfahren, ich möchte fast sagen, irgendwie abhanden gekommen. Durch Hölderlins Sprache kann sich in uns eine Ahnung bilden davon, was religiöse Erfahrung war oder ist. Natürlich würde ich gern sagen, Hölderlins Sprache habe in mir eine solche Erfahrungsahnung produziert. Im 19. und im 20. Jahrhundert haben ja nicht nur Kierkegaard und Karl Barth gegen die machtergreifenden Vokabulare revoltiert. Zumindest genau beschrieben hat den Verlust auch Eugen Drewermann. Er wirft der «gegenwärtigen Theologie» vor, «daß sie, statt Erfahrung zu vermitteln, Begriffe zur Deutung fremder Erfahrungen lehrt, daß sie die ursprünglichen Gefühle religiösen Erlebens durch rationale Theorien über die vermutlichen Konsequenzen solcher Erlebnisse ersetzt, und daß sie insgesamt in ihrer Reduktion auf verstandesmäßige Argumentationsmuster den Ursprung religiöser Erfahrung mehr verschüttet als eröffnet …»

Erfahrung ist immer die eigene Erfahrung. Erfahrung ist immer meine Erfahrung. Ich habe einmal sehr leichtfertig gesagt: Soziologie wurde erfunden, daß man ohne Erfahrung schreiben kann. Ich muß das zurücknehmen und sagen: Vokabulare sind dazu da, daß man am Diskurs auch mit wenig Erfahrung teilnehmen kann. Dagegen also Erfahrung. Erfahrung, sagt der im Definieren kaum zu übertreffende Johann Gottlieb Fichte, Erfahrung sei die «vom Gefühl der Notwendigkeit begleitete Vorstellung». Also, man ist als Erfahrender nicht frei. Erfahrung macht man, ob man es will oder nicht. Wenn man versucht, die eigene Erfahrung anderen mitzuteilen, kommen die einen zum Vokabular, die anderen zur Sprache.

Auch ohne definitorische Anstrengung darf ich sagen: Vokabulare sind adressierte Sprachen. Und wo sie nichts als dienend sind, sind sie schönstens, bestens und nichts als willkommen. In der Medizin, in der Pädagogik. Man ist der dankbare Konsument dieser Vokabulare. Und im Politischen? Und im Moralischen? Und im Philosophischen? Bleiben wir beim Religiösen.

Bürgerliche Religiosität war dann also eindeutig protestantisch oder katholisch. Und das ist so geblieben. Die Verluste sind offenbar und längst formuliert. Man könnte davon träumen, wie reich wir wären, wenn es uns gelänge, unsere Armut zur Sprache zu bringen. Im Religiösen. Aber die Vokabulare leben vom Haben, nicht vom Sein. Diese Vokabulare, die an uns adressierten Vokabulare, haben die Tendenz, herrschen zu wollen. Sie sind darauf angewiesen, recht zu haben. Wenn Hölderlin heute Dionysos, Herakles und Christus ernsthaft vereinte, würde ihn die linksliberale Zeitung ‹Die Zeit› als Gegner des Monotheismus tadeln. Linksliberale Intellektuelle wachen im Dienste der Aufklärung darüber, daß dem Monotheismus nichts geschehe. Wenn ich sage: «Linksliberale», bediene ich mich auch schon eines Vokabulars. Vielleicht sollte ich statt «linksliberale» sagen: «pflegeleichte» oder «rostfreie Intellektuelle». Ich sollte dieses Beispiel überhaupt unterdrücken, da es aber in der linksliberalen, immer der Aufklärung verpflichteten Zeitung seit Jahr und Tag vehement observiert wird und wirklich ein Paradebeispiel dafür ist, was ein Vokabular, das für das Gute-Richtige-Wahre streitet, heute leistet, kann ich es, obwohl es dabei um mich geht, nicht übergehen. Einem Buch von mir soll Antichristliches nachgesagt werden, sogar Antijüdisches. Das sei bei mir überhaupt nichts Neues, steht in der Zeitung, das Buch «folgt nämlich penibel einem Manifest», das ich «im zeitlichen Umfeld der Paulskirchen-Rede veröffentlichte». Gemeint ist ein Text, den ich geschrieben habe für eine Hannah-Arendt-Tagung in Zürich. ‹Ich vertraue. Querfeldein›, so war der Text überschrieben. Über diesen Text heißt es dann, vier Jahre später: «Dieses Bekennerschreiben liefert die Melodie, nach der Walser die Figuren in seinem neuen Roman zum Tanze bittet.» Jener Text, der gegen Globalisierung im Geistigen, also Ethischen gerichtet war, gegen das, was jetzt schon «Weltethik» heißt, der wird jetzt «neuheidnisch» genannt. Und in dieser Zeitung ist auf mich, den Neuheiden, schon vorher gemünzt worden, daß das Neuheidentum auch der Boden sei, auf dem das Nazitum gedieh. Jetzt steht da: «Unerträglich findet Walser, daß die religiösen Gesetze uns vom Ureigenen der deutschen Kultur, dem Vorchristlich-Germanischen, entfremden.» Und diese Behauptung wird sofort belegt mit einem Satz aus meinem Querfeldein-Text: «Da war in jedem Baum, in jeder Quelle ein anderer Gott. Unvorstellbar, daß unterm Schirm einer hingestreuten Göttervielfalt dem Planeten je hätte Gefahr drohen können.» Das nennt das Vokabular «vorchristlich-germanisch». Daß es sich um rein Keltisches handelt, fällt dem Vokabularisten nicht ein, weil das eifernde Vokabular das Wort «germanisch» braucht.

Einem auch nur ein wenig weniger Eifrigen hätte dazu einfallen können, daß man das auch innerhalb eines Vokabulars anders hätte bezeichnen müssen: nämlich als Pantheismus. Und der Pantheismus hat in Europa durch Baruch Spinoza zur Sprache gefunden. Und Baruch Spinoza war Jude. Aber das Vokabular brauchte für diesen harmlosen Sprachausflug ins Pantheistisch-Keltische das Wort «germanisch». Klar. Wenn das Feuilleton träumt, gebiert es Pointen. Im Dienst der Aufklärung. Das aktuelle Vokabular hat sich kurzgeschlossen einem einzigen Wort zuliebe: Antisemitismus. Wie die Avantgarde des Vokabulars in den Sechzigerjahren «faschistisch» oder «faschistoid» als Totschlagvokabel benutzte – warum eigentlich nicht «stalinistisch» oder «stalinoid»? –, so intoniert man jetzt «antisemitisch» und «Antisemitismus». Längst gibt es seriöse Hinweise, daß der hemmungslose Gebrauch eines solchen Wortes bei jeder Gelegenheit das Wort entwerte, es für einen eventuellen Ernstfall unbrauchbar mache. Das hindert aber die jeweiligen Aktivisten nicht daran, mit dem Gebrauch dieses Vokabulars sich ihres Gutmenschentums innig bewußt zu werden.

Daß Gott in dem so beschimpften Buch vorkommt, muß ich jetzt doch noch erwähnen. Und zwar so: «Mein Gott und dein Gott kennen einander nicht.» Daß das zu wenig monotheistisch klingt, ist auch mir klar. Aber ich habe ihn, nämlich Gott, auch im Singular. Und zwar so:

«Weit draußen unterm schwarzgefleckten Himmel, aus dem Boden schießt das weißeste Eis. Barfuß und stolpernd weiter. Die Sohlen schreien. Es regnet glühende

Nägel, denen nicht zu entkommen ist. Schwefelmeere brodeln mit weltfüllendem Gestank. In diesem Augenblick senkt sich der universale Arsch Gottes aus dem Weltraum und scheißt seine Schöpfung ins Exit. Für immer. Welch ein Glück, denkt man, während man in der göttlichen Scheiße erstickt.»

Soviel zur aktuellen Funktion eines Vokabulars, das einen schlichten Aufsatz zum «Bekennerschreiben» macht.

Zum Glück gibt es Professoren, die versuchen, alpträumende Feuilletonisten aufzuklären; dazu wird, zum Beispiel bei Leo Kreutzer, an den auch als Neuheiden beschimpften Pantheisten Goethe erinnert. Damals war das Schlimmste, was das Vokabular auftischen konnte: Atheismus. Heute ist das Schlimmste: antijüdisch. Deshalb wird die professorale Geisteshelle von der aufklärerischen Zeitung auch nicht veröffentlicht. Öffentlichkeit erreicht nur, was dem Vokabular nach zum Guten-Richtigen-Wahren gehört. So wird die Universität zur Zuflucht. Dafür habe ich jetzt schon mehr als einmal zu danken.

Es ist natürlich ein Unglück, recht haben zu müssen, das weiß ich auch. Ein selbstverschuldetes dazu. Und schon zieht sich alles in mir zurück aus der Welt der Diskurse. Und schon sagt mir das Vokabular Regression nach und autistische Tendenz. Das betrübt einen natürlich. Wer möchte schon autistisch und regressiv sein.

Wenn man die Grenzen der Vokabularzuständigkeit zeigen wollte, bietet sich nichts so an wie die Anwendung psychoanalytischen Vokabulars bei der Interpretation von Literatur oder deren Verfasser. Was da über Edgar Allan Poe oder Franz Kafka herauskommt, ist der Triumph eines Vokabulars über eine Sprache. Ernsthafter, weil eingreifender, wahrscheinlich auch wirksamer kommt mir der Gebrauch von Vokabular im Politisch-Historisch-Aktuellen vor. Dazu ein Beispiel aus gerade vergangener Zeit. Daß die Zeit, aus der dieses Beispiel stammt, epochal vergangen ist, macht es leichter, die hier produzierten Wörtlichkeiten ruhig zu betrachten.

1983. W. Mommsen: «Wenn nicht alles täuscht, so ist die Geschichte der deutschen Frage in ihre Normallage zurückgekehrt ... nämlich (in) der Existenz einer deutschen Kulturnation in der Mitte Europas, die in mehrere deutsche Staatsnationen gespalten ist. Alles spricht dafür, daß die Phase des konsolidierten nationalen Gesamtstaates von 1871–1933 eine Episode in der deutschen Geschichte gewesen ist und daß wir wieder, freilich auf höherer Ebene, den Zustand erreicht haben, der in Deutschland nach 1815 bestand, nämlich einer Mehrheit deutscher Staaten, mit gemeinsamer kulturnationaler Zugehörigkeit.» Da will sich also nicht irgendein Aktualist oder Opportunist zum Vernünftigmacher der deutschen Teilung ernennen, sondern ein prominenter Historiker formuliert aus der Fülle seines Wissens Sätze, die uns, den Nichthistorikern, den Nichts-als-Zeitgenossen sozusagen, verständlich machen sollen, daß die Scheußlichkeit der deutschen Teilung keine Scheußlichkeit sei, sondern Rückkehr zur deutschen Normallage. Dazu bedarf es eines Vokabulars, das heißt, dazu sind Wörter nötig, die Rationalität und Professionalität verbürgen und dadurch den gewünschten Dienst tun. Zählen wir auf: Deutsche Normallage ist Kulturnation gespalten in mehrere deutsche Staatsnationen. Wir waren also von 1949 bis 1989 zusammen mit der DDR *eine* Kulturnation. Wie das? Ist man, frage ich, *eine* Kulturnation, wenn dort eine Diktatur entwickelt wird und hier eine Demokratie? 1871 bis 1933 nur eine «Phase», eine «Episode», jetzt wieder zurück bei 1815, «freilich auf höherer Ebene», heißt es da. Also, die Zweistaatlichkeit BRD–DDR war eine «höhere Ebene». Sechzehn Millionen, die dieser Realität lieber nicht ausgesetzt gewesen wären und die ihr, wo immer es ging, zu entkommen suchten: «freilich auf höherer Ebene»? Das ist die Funktion des Vokabulars. Die Sache wird durch Wertung ersetzt. Nach 1815 – und natürlich auch schon davor – haben Deutsche in allen deutschen Ländern auf eine deutsche Nation zugelebt und -gearbeitet. Der Historiker löscht die Arbeit der Besten des ganzen 19. Jahrhunderts aus. Die Bismarcksche Reichsgründung war das Ergebnis, ja sogar das Ziel einer Entwicklung. So zu tun, als sei die «Normallage» der Deutschen die Kulturnation und nicht die Staatsnation, heißt die Deutschen von den wichtigsten politischen Tendenzen des 19. Jahrhunderts abzutrennen und einen deutschen Sonderweg zum deutschen Normalweg zu machen. Die Italiener, Griechen, Polen, Tschechen, Franzosen, auch die Juden, tendierten im 19. Jahrhundert zur Nation. Und die Deutschen eben auch. Und nur um die ihrerseits lediglich durch den Kalten Krieg erklärbare deutsche Teilung zu rechtfertigen, läßt der Historiker ein Vokabular funktionieren, in dem von der Realität, die da beschrieben und beurteilt, nämlich gerechtfertigt wird, nicht mehr geredet wird.

Zitiert habe ich dies aus einem Buch von Jürgen Habermas. Der zitiert die Mommsen-Passage zustimmend, er kann sie brauchen in einem Gespräch, das er 1988 für die Pariser Zeitschrift ‹Globe› geführt hat. Er selber trägt dann zum Thema noch bei: «Für uns ist es ja nichts Neues, daß sich die Einheit des kulturellen, sprachlichen und historischen Lebenszusammenhangs nicht deckt mit der Organisationsform eines Staates. Wir waren nie eine der klassischen Staatsnationen. Vor dem Hintergrund einer tausendjährigen Geschichte bilden die fünfundsiebzig Jahre Bismarck-Reich eine kurze Spanne ...» Dann plädiert er ein weiteres Mal für «Verfassungspatriotismus».

Ich kenne Patriotismus nur durch Sportveranstaltungen. In jeder anderen Hinsicht halte ich Patriotismus für ein Gewand aus dem Fundus des 19. Jahrhunderts. Ehrwürdig oder komisch – aber nicht mehr tragbar. Daß man mit Hilfe solcher Vokabeln, denen vage etwas Denkerisch-Historisches anhaftet, einer Gesellschaft vermitteln will, jene deutsche Teilung sei ein Ergebnis eines uns eigentümlichen Prozesses, das zeigt, daß man mit Vokabularen nicht nur andere, sondern zuerst sich selber täuschen kann. Dann natürlich auch andere.

Selbst Friedrich Dürrenmatt, nicht nur ein großer Dramatiker, sondern auch ein denkfreudiger Autor, wollte es der Geschichte recht machen, 1987: «Gut, daß es jetzt vier deutschsprachige Staaten gibt, gut für die Kultur, die blühte in Deutschland immer durch die Kleinstaaterei.» Der «Kultur» zuliebe wird der katastrophale Zustand zum historisch günstigen Umstand gemacht.

Ich habe die Erfahrung gemacht, daß ich mich immer dann von mir wegbewegt habe, wenn ich – zum Beispiel aus Mangel an eigener Erfahrung – Anleihen bei Vokabularen gemacht habe. Am peinlichsten sind mir immer noch die Anleihen beim marxistischen Vokabular. Ich habe zwar immer dazu gesagt, daß ich, schon aus Mangel an einschlägiger Bildung und durch katholische Herkunft gehemmt, mich nicht Marxist nennen dürfe, aber ich habe, um das in unserer Zeit allgemein gewordene Bedürfnis nach mehr Gerechtigkeit, das heißt, nach Gerechtigkeit auch am Werktag auszudrücken, die im Schwange befindlichen Formeln benützt. Ich war darauf vorbereitet, die Welt als verbesserungswürdig zu erleben. Von Anfang an. Dann las ich, daß Marx und die Seinen aus London, und zwar vom «Bund der Gerechten», aufgefordert wurden, die Grundsätze zu formulieren, die zur Schaffung einer gerechten Gesellschaft nötig waren. Ich hatte doch eine Kindheit lang in der ungeheizten Kirche singend meine Atemfahne gehißt mit dem Lied: ‹Tauet Himmel den Gerechten, Wolken regnet ihn herab›. Karl Marx reagierte auf die Forderung des «Bundes der Gerechten» mit dem ‹Kommunistischen Manifest›, geschrieben in einer Sprache, die es mit dem Geschriebensein nicht bewenden lassen konnte. Die Erfahrungen, aus der diese Sprache sich nährte, waren zu dringlich, zu kraß. Diese Sprache drängte auf Praxis. Und das, was zur Praxis drängte, wurde dann Vokabular. Welthistorisch wirksam. Man darf sagen, Marx habe zwar jede Menge Vokabular gestiftet, er selber ist aber kein Vokabularist gewesen. Daß er zur monotheistischen Religion wurde, liegt schon an ihm. Er hat das verlangt: Kein Gott neben ihm. Aber seine Sprache ist reich durch Erfahrung und durch das durchaus religiöse Bedürfnis, daß diese Sprache Praxis verlange: Nachfolge.

Ein Beispiel dafür, wie erfahrene Wirklichkeit in einem entsprechenden Menschen Sprache produziert. Aus der ‹Kritik der Hegelschen Rechtsphilosophie›, also sechs oder sieben Jahre vor dem ‹Manifest›: «Damit die *Revolution eines Volkes* und die *Emanzipation einer besonderen Klasse* der bürgerlichen Gesellschaft zusammenfallen, damit ein Stand für den Stand der ganzen Gesellschaft gelte, dazu müssen umgekehrt alle Mängel der Gesellschaft in einer anderen Klasse konzentriert, dazu muß ein bestimmter Stand der Stand des allgemeinen Anstoßes, die Inkorporation der allgemeinen Schranke sein, dazu muß eine besondere soziale Sphäre für das *notorische Verbrechen* der ganzen Sozietät gelten, so daß die Befreiung von dieser Sphäre als die allgemeine Selbstbefreiung erscheint. Damit *ein* Stand *par excellence* der Stand der Befreiung, dazu muß umgekehrt ein anderer Stand der offenbare Stand der Unterjochung sein.» Das ist Revolutionslyrik. Man sieht, es kommt, daß etwas zur Sprache wird, nicht unbedingt auf Wörter an, es gibt Sprache auch als pure Bewegung, als erhaltene Energie. So muß es gesagt werden, daß das Erwünschte passiert. Und es gab Mangelerfahrung genug, daß die Welt so zurechtgeschrieben werden mußte. Aber wie in der Nachfolge Christi, setzte sich auch in der Marx-Nachfolge das Vokabular durch, das Kirchentaugliche beziehungsweise Orthodoxietaugliche, das Zentralkomiteehafte. Das Monotheistische eben. Die Welt, alles eben, wird erklärt aus EINEM. Es gibt nur einen Gott, nur EINE Erklärungsart, nur EINE Wahrheit beziehungsweise nur EIN Vokabular. Zuerst noch die vehemente Sprache der Empörung, dann eben, um der Praxis, der Praktizierbarkeit willen, die Einschränkung: Um diese schlecht vorhandene Welt zu stürzen, muß die ganze Geschichte aus einem einzigen Grund erklärt werden: «Die Geschichte aller bisherigen Gesellschaft ist die Geschichte von Klassenkämpfen.» Aktuell muß diese Sprache nichts als notwendig und richtig gewesen sein. Ihr ins Universalistische ausgreifender Eifer produzierte ihre Vokabularpotenz.

An der Ehrwürdigkeit dieses Vorgangs kann ich auch heute noch nicht zweifeln. Und es ist kein Verdienst, diesem Vokabular nicht wirklich gedient haben zu können. Aber angefangen hat das alles so: «Heute ist euch in der Stadt Davids der Retter geboren; er ist der Messias, der Herr.» Und der Theologe und Privatdozent Bruno Bauer schreibt, als er den jungen Marx begriffen hatte, diesem jungen Marx so: «Die Katastrophe wird furchtbar und muß eine große werden, und ich möchte fast sagen, sie wird größer und ungeheurer werden als diejenige war, mit der das Christentum in die Welt getreten ist.» Und es wurde jeweils furchtbarer, je mehr aus der Sprache der ursprünglichen Erfahrung das herrschende Vokabular geworden war. Vokabulare haben ganz von selbst den Anspruch zu gelten. Möglichst weithin.

Die Sprache hat keinen solchen Anspruch, sie tendiert nicht universalistisch, sie ist immer persönliche Sprache. Sie drückt nur aus oder verrät zumindest, wie der, der sich da ausdrückt, gerade fühlt, denkt, meint, irrt, also ist. Wir haben ja diskursbeherrschende Intellektuelle, die univeralistisch tendieren und das in Vokabularen ausdrücken, in denen die Wirklichkeit restlos Vokabular geworden ist, also müßte es doch nicht so vorwerfbar sein, sich als ungeeignet zu bekennen für Universalismus.

Jedes Vokabular ist darauf angewiesen, recht zu haben. Keine Sprache erhebt diesen Anspruch. Erhöbe sie ihn, wird sie zum Vokabular. Unendliche Bibliotheken sind voller Bücher, in denen Vokabulare sich mit einander auseinandersetzen. Es führt meistens kein Weg von einem Vokabular zu einem anderen. Soll man mit Mr. XY eine Priorität des Gerechten vor dem Guten behaupten, aber eine Kongruenz für möglich halten, oder soll man mit Herrn YZ einer Ethik das Wort reden, die deontologisch, kognitivistisch, formalistisch und universalistisch tendiert?

Es ist nicht leicht, den Verführungspotenzen der jeweils herrschenden Vokabulare zu widerstehen oder ihnen, wenn man schon von ihnen besetzt ist, wieder zu entkommen. Jedes Vokabular enthält die Einladung, an der Weltherrschaft teilzunehmen. Nur der Einladung zur ewigen Seligkeit wird noch freudiger gefolgt als der, an der Weltherrschaft teilzunehmen.

Die Erfahrungen, die ich mit mir als Vokabularist gemacht habe, fühlen sich wie Narben an. Und man ist den Vokabularen nie ein für alle Male entkommen. Täglich tauchen die Diskursfürsten mit neuem Kopfschmuck auf. Die für mich neueste Vokabularschöpfung: «Zivilreligion». Kursiert auch schon als Eigenschaftswort: Man kann jetzt, soll vielleicht sogar, zivilreligiös sein. Ich bin schon seriös getadelt worden, weil bei mir, also in mir, nichts Zivilreligiöses zu entdecken ist. Vokabulare werden ja eingesetzt wie Suchgeräte. Und dann kommt es natürlich heraus, daß ich eher regressiv, autistisch tendiere als zivilreligiös. Ich tendiere, wenn ich das selber ausdrücken dürfte, so: Je näher ich bei mir bleibe, desto eher bin ich bei allen anderen. Das ist eine Erfahrung mit dem Echo, das man, sich ausdrückend, erfährt. Damit sind wir fast schon bei der Musik. Musik ist ein Beispiel für Unmißverständlichkeit. Wo es kein Rechthabenmüssen gibt, gibt es auch kein Mißverständnis. Es gibt Verständnis und es gibt Unverständnis. Bei Musik und bei Sprache. Aber man muß etwas nicht auf eine vorschreibbare Art verstehen, um etwas davon zu haben. Ob bei Sprache oder bei Musik. Man kann, wenn es denn dem Gebildeten besser so gefällt, mehr haben von etwas, das man auch noch versteht. Gegen einander konkurrierende Verständnisse, also der Rausch des Rechthabens. Jetzt steuern wir direkt auf die reine Harmonie zu. Sprache ist erfahrbar. Vokabular verstehbar. Sprache spricht Existierende an. Vokabular ist adressiert an Wissende. Sprache muß nicht recht haben, Vokabular hat recht. Kollisionen zwischen Vokabular und Sprache dienen der verletzungsreichen Unterhaltung aller an diesen Kollisionen Beteiligten und, darüber hinaus, auch noch derer, die für solche Kollisionen als Publikum in Frage kommen. Hoffen wir. Da man unwillkürlich immer beiden Äußerungsarten angehört, sage ich: Wir, das sind die, die, ob sie's wissen oder nicht, mehr dem Vokabular zuneigen, *und* die, die lieber zur Sprache gehörten.

Die Vokabulare sind beschäftigt mit Weltverbesserung. Die mit Sprache zu tun haben – und jetzt kann ich nur noch in der Einzahl sprechen –, wenn ich also mit Sprache zu tun habe, bin ich beschäftigt mit der Verwaltung des Nichts. Meine Arbeit: Etwas so schön sagen, wie es nicht ist.

Frauenstimmen

Das Erlebnis der Armut, wenn eine Musik aufhört.

Nachträglich möchte man ausdrücken, welche Einbildungen Musik bewirkt. Man kann das, was Musik vermag, am ehesten ausdrücken durch diese Armut, die spürbar wird, wenn eine Musik aufgehört hat. Dann notiert man, wie ich einmal: «9. 5. 1988, Gruberowa Zerbinetta-Arie aus Ariadne. Ein Tag zum Bleiben.»

Wenn ich Wagners Isolde oder Richard Straussens Zerbinetta singen höre, denke ich immer: Woher wußten Wagner und Strauss, daß es Menschen gibt, die so etwas zu singen vermögen. Andererseits: Wagner und Strauss mußten sich nicht wirklich darum kümmern, ob das, was sie da für Isolde und Zerbinetta schrieben, von Frauen auch wirklich gesungen werden konnte. Sie schrieben es, und damit war es, gesungen oder nicht, in der Welt. «Die Welt ist lieblich und nicht fürchterlich dem Mutigen.» Das gibt der Dichter des Ariadne-Textes vor. Und fährt fort: «Musik ist eine heilige Kunst, zu versammeln alle Arten von Mut ...» Der von einer Sopranstimme gesungene Komponist erhebt sich ein paarmal über das molièregenährte Singspielgeplänkel des Vorspiels ins absolut Gesangliche. Da hört sich dann alles Geplänkel auf, und wir werden Zeugen des wirklichen Geschehens, nämlich des musikalischen Geschehens. Hofmannsthal bot an als Text: «Es gibt manches in der Welt, das läßt sich nicht sagen. Die Dichter unterlegen ja recht gute Worte, recht gute – jedoch, jedoch, jedoch, jedoch, jedoch! Mut ist in mir, Mut, Freund! Die Welt ist lieblich und nicht fürchterlich dem Mutigen. Was ist denn Musik?» Und jetzt (in Klammern steht: «mit fast trunkener Feierlichkeit»), jetzt: «Musik ist eine heilige Kunst ...» Und endet: «die heilige Musik». Für diese ganz und gar irdische, nämlich vollkommen schöne Sakralisierung verläßt der Komponist C-Dur und feiert die Kunst in weichem, aber «enthusiastischem» Es-Dur. Da passiert etwas mit den vom Dichter unterlegten Worten, was man Transsubstantiation nennen darf. Und das ist, um im Bild zu bleiben, nichts anderes, als wenn bei jenem Abendmahl Brot und Wein in den Leib des Herrn verwandelt wird zu keinem anderen Zweck, als daß wir ihn empfangen können.

Ariadne trauert todesbereit um den treulosen Theseus, sie hält Bacchus für den Todesgott, «stürzt sich», so singt es der Komponisten-Sopran, «hinein ins Geheimnis der Verwandlung – wird neu geboren – entsteht wieder in seinen Armen! – Daran wird er zum Gott. Worüber in der Welt könnte eins zum Gott werden als über diesem Erlebnis?» Einerseits buchstabiert der Komponisten-Sopran so fast zu pädagogisch die Doppel-Transsubstantiation – Ariadne wird durch Bacchus wieder lebensfähig, und Bacchus wird durch Ariadne zum Gott –, andererseits wird diese vom Text nur buchstabierte Transsubstantiation erst durch die Musik und durch nichts als die Musik geleistet. Ohne diese Musik wäre es nichts als die Inhaltsangabe eines wunderbaren Verlaufs, aber wie die

Musik aus dem singspielhaften Hin und Her jäh ausbricht in reinen Gesang, um uns hörend erfahren zu lassen, was eine vollkommene Verwandlung ist, das ist vorspielhaft das, was nachher überhaupt geschieht: musikalisch geschieht. Der Text kann dem musikalischen Geschehen den Weg bereiten, gehen kann er ihn nicht. Der reine Ausdruck ist nur der Musik möglich, weil in der Sprache das Gesagte nie ganz aufgeht. Der Inhalt bleibt immer als solcher bestehen. Die Mitteilung bleibt jenseits des Ausdrucks. Das erwarten wir sogar von der Sprache. Leider. Die Musik kann sich bekanntlich als solche mitteilen. Das heißt, sie kann, was sie auch noch mitteilt, ganz in Musik auflösen. Zum Beispiel eben in eine Frauenstimme.

Hier darf daran erinnert werden, welche Strecke die Frauenstimme in Europa zurücklegen mußte, um bei Richard Strauss anzukommen und ihm die Frauenstimmen-Vollendung zu ermöglichen. Soweit ich weiß, hat ihn seitdem niemand übertroffen. Ich kenne nichts, was die Verwandlung von etwas Unerträglichem in das Allerschönste so vermöchte wie eine Frauenstimme. Die amerikanische Dichterin Anne Carson hat in einem Essay mit dem Titel ‹Das Geschlecht des Klanges› mitgeteilt, daß Aristoteles geschrieben habe, die hohe Stimme der Frau sei ein Beweis für ihren bösartigen Charakter, denn tapfere und gerechte Geschöpfe wie Löwen, Stiere und der männliche Mensch hätten ja tiefe Stimmen. Und von Euripides zitiert Anne Carson: «Denn den Frauen ist es eine Lust, ihre Gefühle spontan in den Mund aufsteigen und über die Zunge herauskommen zu lassen.» Damit kann man schon eher etwas anfangen. Und trotzdem, welch ein Weg von da bis zu Isolde und Zerbinetta. Nicht zu vergessen: der christliche Anteil an dieser Unterdrükkungsstrecke. Paulus, der einflußreichste Kirchenintellektuelle, hat es formuliert: Mulieres in ecclesia taceant.

Jetzt aber Zerbinetta. Sie, die traditionell als flatterhafte Weibsperson Verschrieene, soll der dem treulosen Theseus für immer nachtrauernden Ariadne beibringen, daß es mehr als einen Mann, daß es immer wieder einen anderen Mann gebe. Schon im Vorspiel lassen Dichter und Komponist diese Zerbinetta weit über das bekannte Kulissengeschöpf hinauswachsen. Zerbinetta hat zwar auch schon im Vorspiel dramaturgisch den Gegenkurs zur trauerschweren Ariadne zu liefern, sie singt, sie, die Kokette, scheine munter, sei aber doch traurig, sei ein «törichtes Mädchen, ... das sich manchmal zu sehnen verstünde nach einem, dem sie treu sein könnte, treu bis ans Ende». Darauf der Komponisten-Sopran: «Du bist wie ich – das Irdische unvorhanden in deiner Seele.» Darüber hinaus müssen nachher in der Oper Zerbinetta und Ariadne nicht gelangen. Ariadne, das Gegenspiel zu Zerbinetta. So hat der Dichter im Jahr 1912 in seinem alles bedenkenden Brief an den Komponisten formuliert. Und den puren Sinn seiner Operndichtung hat er so gefaßt: «Wer leben will, der muß über sich selber hinwegkommen, muß sich verwandeln: er muß vergessen. Und dennoch ist ans Beharren, ans Nichtvergessen, an die Treue alle menschliche Würde geknüpft.» Das nennt er einen «von den abgrundtiefen Widersprüchen, über denen das Dasein aufgebaut» sei. So stellt und erläutert der Dichter dem Komponisten die Aufgabe.

Zum Glück hat der Dichter schon im Vorspiel den Gegensatz Zerbinetta – Ariadne so gut wie aufgehoben. Er braucht zwar die Zerbinetta-Rolle, um dem Ariadne-Schmerz eine Relativierung anzubieten. Aber da lernen wir Zerbinetta erst recht als eine Schmerzebenbürtige kennen. Allerdings auch als eine Schmerzüberwinderin. Die wüste Insel Naxos wird zu einem Seelenzustand, es gibt unzählige solcher Inseln des Schmerzes, der Verlassenheit, der Verzweiflung. Zerbinetta selber hat, singt sie, «ihrer mehrere bewohnt». Gut, treulos sind die Männer, aber eben die Frauen auch. Das donjuaneske Nacheinander der Affären krönt Zerbinetta mit dem Geständnis:

> Und ach, zuweilen
> waren es zwei.

Das zu singen, bedarf es eines Rezitativs plus Arie für Sopran. Eine Musik, die die übliche Banalität des zwischen den Geschlechtern Üblichen einfach zersingt. Die Frauen seien nicht gefeit gegen «Verwandlungen»; für das Wort *Verwandlungen* werden 21 Noten gebraucht, um auszudrücken, daß es sich um grausame, entzückende, unbegreifliche Verwandlungen handelt. Und im Unterschied zu Mozart läßt Richard Strauss die Liste der Liebhabereien nicht durch einen Leporello, sondern durch die Liebhaberin selber herauf- und heruntersingen. Und um auszudrücken, daß sie als Objekt dieses erotischen Prozesses «immer aufs neue in ein beklommenes Staunen» verfällt, braucht sie für das Wort *Staunen* 30 Noten. Dann eine Kadenz, in der in Triolen und Trillern wortlos gesagt wird, daß dabei ein Herz sich selber nicht versteht. Zuerst faßt sie sich fast mozartisch schön oder seren, auf jeden

Fall klassisch, für den Inhalt: «Als ein Gott kam jeder gegangen», um sich dann aber förmlich im Melodiösen aufzulösen: Für *hingegeben* braucht sie 37 Noten und dann das abschließende «ah», das in nicht mehr zählbaren Noten das größte, innigste, unbändigste, hingegebenste «Ah» in der an solchen Lauten nicht armen europäischen Ausdrucksgeschichte ist. Und reicht über zwei Oktaven. «Kam der neue Gott gegangen, Hingegeben war ich stumm, stumm ...» So schließt der Dichter die Aufgabenstellung, in der eine Frauenstimme uns alles verständlich macht, was wir nicht verstehen wollen: die Naturgeschichte der weiblichen Untreue, oder die gesungene Legitimität der weiblichen Untreue.

Und so hat Hofmannsthal also das Dichter-Programm seinem Komponisten brieflich erläutert: «Und dennoch ist ans Beharren, ans Nichtvergessen, an die Treue alle menschliche Würde geknüpft.» Einerseits erbringt Musik die vollkommene Legitimität weiblicher Untreue, andererseits soll alle menschliche Würde an Treue geknüpft sein.

Ich möchte, um eine Art Erträglichkeit in diese Zumutung zu bringen, die operndramaturgisch unvermeidbare Trennung der Frauenstimme in eine Zerbinetta- und eine Ariadne-Stimme einmal rückgängig machen. In meiner Empfindung sind Zerbinetta und Ariadne *eine* Person. Zerbinetta singt das Leben, Ariadne singt nicht den Tod, sondern das Leid, das so groß wird, daß der Tod als Erlösung erscheint. «Todesbereitschaft» wird Ariadne in Klammern als Regieanweisung empfohlen. Das, wie es vorkommt, mit Hilfe eines dienstbereiten Vokabulars als «Todestrieb» zu diagnostizieren, kommt mir vor, als setze man photographierten Mondschein gleich mit einem wirklichen. Also: Für mich ist die leidende Ariadne eine Zerbinetta in einer anderen Phase. Und wortwörtlich singt Zerbinetta: «Als ein Gott kam jeder gegangen und sein Schritt schon machte mich stumm ...» Und wer kommt am Ende, um die trauernde Ariadne wiederzubeleben? Der jugendliche Gott Bacchus.

Ich weiß, Hofmannsthal besteht auf der «Gegenüberstellung der Frau, die nur einmal liebt, und der, die viele Male sich gibt». Als Grundlage für Dramaturgie muß man das wohl gelten lassen. Ich glaube aber, Zerbinetta denke jedesmal, wenn sie wieder liebt, diesmal sei's für immer. Und ich kann mich dabei auf jenen Zerbinetta-Satz aus dem Vorspiel berufen, als sie sich ein törichtes Mädchen nennt, das sich auch nach einem sehnen will, «dem sie treu sein könnte, treu bis zum Ende».

Man kann die Zerbinetta-Arie hören, ohne an ihre dramaturgische Funktion zu denken. Sie ist ein Lehrstück. Aber nicht ein Lehrstück, in dem doziert wird, sondern eines als Selbstversuch. Die Musik ist die Praxis dieses Selbstversuchs. Gipfelnd eben in der Kadenz, in der die Mitteilung nur noch Musik ist. Was danach mit Harlekin vor und hinter den Kulissen passiert, ist Tribut an eine weniger subtile Bühnentradition. Da kann man an Kierkegaard denken, der, nach dem soundsovielten Besuch der ‹Don Giovanni›-Aufführung, merkte, daß er jetzt am liebsten draußen im Gang bleibt und zuhört, dann wirke die Musik am stärksten auf ihn. Harlekin ist für Zerbinetta so wenig speziell wie Bacchus für Ariadne. Das Lehrstück braucht keine Individuen. Zerbinetta singt das Leben, Ariadne die Kultur. Die Männer sind dabei das Ein und Alles, aber wer jetzt gerade Ein und Alles ist, ist weniger wichtig. Der Dichter, gebunden an die ganz von selbst kulturell, sprich human, sprich moralisch tendierende und reflektierende Sprache, der Dichter hat zwar die ganze tolle Unmöglichkeit des Lebens hingeschrieben, aber er blieb, verglichen mit dem Komponisten, doch im Rahmen. Eben in dem der Kultur, der Humanität, der Moral. In dem von ihm selbst für den Komponisten formulierten Rahmen; daß die «menschliche Würde» aus dem «Nichtvergessen», also aus der Treue sprösse. Der Komponist hält sich nicht daran. Sein über zwei Oktaven und unzählbar viele Triolen und Triller, von jedem Pianissimo bis in jedes Fortissimo reichendes «Ah» sprengt den Rahmen, in dem die Würde gedeiht. Aber keinen Augenblick lang ist diese orgiastische Ah-Kadenz unverschämt oder auch nur aggressiv. Innig ist sie, zu Herzen gehend. Das ist sozusagen das Schlimmste, daß wir dieser absoluten Untreue-Musik nichts engegenzusetzen haben. Zerbinetta beziehungsweise die Musik, Zerbinetta und die Musik machen die Untreue vor. Unmittelbar. Kierkegaard über die ‹Don Giovanni›-Musik: «Die Musik drückt nämlich stets das Unmittelbare in seiner Unmittelbarkeit aus …» Heißt also: das Unerträgliche in seiner Unerträglichkeit?

Wir können nichts dagegen haben, daß Zerbinetta uns durch den Nächsten, der ihr wie ein Gott erscheint, ersetzt. Nicht betrügt, darum geht es nicht, sondern ersetzt. Wir können nichts dagegen haben – damit meine ich nun doch uns beziehungsweise die Männer.

Der Kultur zuliebe hat der Dichter in den zwei Frauen einen Gegensatz zwischen Liebe als Ausgeliefertsein an den Wechsel und Liebe als Treue dargestellt. Im Sinn des Lebens ist dieser Widerspruch kein Widerspruch, sondern eine natürliche Folge, der Verlauf eines erotischen Wettergeschehens. Der betroffene Mann, also der von der weiblichen Untreue getroffene Mann, kommt in dieser Oper nicht vor. Er ist überflüssig. Wie Zerbinetta sich musikalisch exponiert, läßt uns erleben, wie dem Mann, sagen wir jetzt bürgerlich: wie ihrem jeweils letzten Mann zumute sein muß, wenn er seine Frau so erlebt. Zerbinettas vor nichts Halt machender Gesang ist, so sehr einem das durch diese Töne Ausgedrückte gegen den Strich gehen mag, dieser Gesang ist als solcher so einnehmend, daß man sich eingestehen darf, man genieße auch, was einem eigentlich gegen den Strich gehen muß. Oder müßte. Daß diese Musik aber die Ursache unseres sehr gewöhnlichen Lebensschmerzes so schön werden läßt, das sollte einen auch noch dankbar stimmen. So verharren wir – die Männer – unter dem rücksichtslosen, aber nie gemeinen Tönesturm Zerbinettas und verharren da, durch keine Ariadne-Illusion getröstet, denn Ariadne singt und sagt mir ja nicht, daß es wirklich Treue gibt, sie singt und sagt mir nur, daß die Ariadne-Phase eine Phase ist wie die Zerbinetta-Phase. Beide klingen gleich schön, gleich elaboriert, gleich hochdotiert, wenn auch nicht gleich – ich sage das ungern – nicht gleich entfesselt.

Zerbinetta und Ariadne als zwei Phasen weiblicher Existenz, gesungen von einer Frauenstimme, das wäre keine Oper mehr, aber es wäre ein Erotik-Oratorium, in dem DIE Frau endlich zur Gänze erlebbar würde.

Wenn ich mich abmühe, erstens die Zerbinetta als absolute Musikhandlungsheldin darzustellen und zweitens Ariadne als ein anderes Stadium dieser Erotik-Biographie schlechthin, kann ich mir wirkliche Hilfe holen beim heiligen Kierkegaard. Alles, was er in ‹Entweder/Oder› über Mozarts Don Juan geschrieben hat, gilt auch für die Zerbinetta von Richard Strauss. Fast alles. Don Juan ist, heißt es da, «die Inkarnation des Fleisches oder die Begeisterung des Fleisches aus des Fleisches eignem Geist». Und über die Idee der «sinnlichen Genialität»: «... der Ausdruck für diese Idee ist Don Juan, und der Ausdruck für Don Juan ist einzig die Musik».

Kierkegaard kennt nicht Pfitzners drastischen Satz, über Musik reden sei wie reden über gemaltes Essen. Aber er kennt die Versuchung, einer Musik sprachlich zu entsprechen. Und er kennt die Unmöglichkeit. Also will er sich hüten, «in linguistischer Brunst die Impotenz der Sprache zu bekunden». Und trotzdem tut er das dann gelegentlich auch. Wie jeder, glaube ich, der der Musik ausgesetzt ist und darüber Auskunft geben will. «Don Juans Wesen ist die Musik», formuliert er lapidar. Zerbinettas Wesen auch, füge ich jetzt einfach dazu. Einmal liefert er mir sogar eine Rechtfertigung dafür, daß ich Zerbinetta und Ariadne als zwei Stadien des Weiblichen bezeichne. Kaum rufe ich Kierkegaard her, nenne ich die Phasen gleich Stadien. Kierkegaard kritisiert eine aus dem Mittelalter stammende Aufteilung: «Des Lebens großartige Dialektik wird hier ständig in repräsentierenden Individuen veranschaulicht, welche im allgemeinen einander paarweise gegenüberstehen ...»; er führt unter anderem auf Faust/Wagner, Don Quijote/Sancho Pansa, Don Juan/Leporello und fährt fort: «Die große dialektische

Einheit, welche das Leben unter beiderlei Gestalt … in Einheit besitzt, wird nicht geahnt.»

Dialektische Einheit: Das ist mein Stichwort. Dafür darf ich die Operndramaturgie aufheben und Zerbinetta und Ariadne als eine Einheit sehen, in der des Lebens großartige Dialektik in mehreren Stadien erlebbar wird. Und ich muß sagen, in diesem Abstraktionsgrad wird, was Zerbinetta singt, so eng an die Ariadne-Folge gebunden, daß das Erlebnis nur noch den gewöhnlichen Schönheitsschmerz liefert. Auf jeden Fall kann man versuchsweise so tun, als ließe sich das Wichtigste, der bare Schmerz, wegmusizieren. Wir brauchen die Antwort auf den baren Schmerz. Die Ausdrucksantwort. Der schöngemachte Schmerz, das ist Musik. Und unser Leben und diese Welt, alles ist der Art, daß wir es ohne Ausdrucksantwort auf alles nicht aushielten. Und selbst wenn das nicht stimmt, wenn es uns feiner macht, als wir sind, dann sage ich: Wir wollen die Welt und uns selbst nicht aushalten als solche, wir wollen uns bergen und bewahren in der Ausdrucksantwort auf alles, also in der Musik.

Wenn ich versuche, die Oper statt persönlich nur noch kulturell ernst zu nehmen, wird alles gleich viel bequemer. Das heißt dann: Die Männer haben lange genug das Monopol der Treulosigkeit gehabt. Ich habe Zerbinetta zuzugestehen, es sei höchste Zeit gewesen, daß einmal eine Frau die Affärenliste beziehungsweise Registerarie heruntersingt. Die Legitimität der weiblichen Untreue ist nicht anzuzweifeln, so peinlich und prekär das einem persönlich werden mag. Richard Strauss hat seinen Dichter überaus ernst genommen. Der Text buchstabiert eine Art natürlicher Unvermeidbarkeit der Untreue. Dabei ist dann durch die Musik nichts Leichtfertiges, Flatterhaftes, Commedia-dell'arte-Mäßiges übriggeblieben, sondern eben die Ausrufung eines weiblichen Naturrechts auf Untreue. Oder: weniger die Ausrufung eines Rechts – das wäre männlich – als die Demonstration einer Notwendigkeit, die man eine Naturnotwendigkeit nennen darf. Das alles soll zwar dramaturgisch dazu dienen, Ariadne beizubringen, daß es auch ein Leben NACH Theseus gibt, aber die Art, wie Dichter und Komponist diese dramaturgische Funktion realisieren, zeigt, daß hier an eine Verselbständigung gedacht war. Gute elf Minuten lang singt Zerbinetta die Unvermeidlichkeiten ihrer Liebesbiographie heraus, und das ist dann eben doch nichts anderes als eine Art Menschenrechtserklärung nach Art der Frau.

Von hier aus könnte man eine Richard-Strauss-Ideologie entwerfen und würde ihn verfehlen. Was er allenfalls zu verkünden hatte, ging nur über die Frauenstimme. Und die ist eben schlechthin antiideologisch.

Warum hat denn Richard Strauss den Komponisten für einen Sopran geschrieben und nicht für einen Tenor? Weil die ganz und gar irdische Heiligkeit der Musik, weil diese Balance aus Geistigkeit und Sinnlichkeit nur einer Frauenstimme gelingen kann. Als dem Werk nach vierjähriger Aufführungspraxis seine endgültige Form gegeben worden war, hat Richard Strauss den Wunsch aus dem Mannheimer Theater abgelehnt, den Komponisten von einem Tenor singen zu lassen. Von einem «Lümmel von Tenoristen», schrieb er zurück, nein. Er habe es sich, schreibt er, «seinerzeit genau überlegt, warum der junge, etwa 18jährige Komponist nicht von einem Tenor gesungen werden soll». Der Heldentenor sei zu grobschlächtig, der lyrische «meistens zu talentlos». Und wenn man dann erfährt, daß Richard Strauss für die Uraufführung der endgültigen Fassung, 1916 in Wien, Lotte Lehmann entdeckt hat für die Komponistenrolle, dann weiß man, warum er diese Partie nie mehr von einem Mann singen lassen konnte. Er rät, diese Rolle dem «jeweiligen Rosenkavalier» zu übergeben. Das ist das Frauenstimmenstichwort schlechthin: Octavian. Der Sopran oder Mezzosopran, der zwei Frauen seine rückhaltlose Liebe hinsingen muß und, in weiblicher Verkleidung, ein Mädchen nachmachen muß, das einen Mannstölpel blamiert. Die Rosenkavalier-Männer sind nicht viel erwähnenswerter als die der Ariadne. Aber die Liebeserklärungen Octavians, die an die Marschallin und erst recht die an Sophie, sind eine so absolute Liebesmusik, daß die Vorstellung, so etwas sollte von einem Tenor gesungen werden, gar nicht auftauchen kann. Das ist das eigentliche Richard-Strauss-Wunder, daß er uns zwei Menschen in vollkommener Liebe erleben läßt und dabei die Naturvoraussetzung, die biologische Differenz, streicht, wissend, daß eine solche Steigerung der Intimität nur mit Frauenstimmen möglich ist. Wenn Octavian auftragsgemäß der dramaturgisch vorgesehenen Braut Sophie die silberne Rose überreicht, riecht die daran, findet, die Rose rieche wie eine «lebendige», Octavian erklärt das mit einem Tropfen «persischen Rosenöls», aber Sophie singt sofort darüber hinaus, die Rose rieche nicht irdisch, sondern himmlisch. Dann singen sie sich beide hinein in eine Liebe, von der sie beide noch nichts wissen, von der der Text noch nichts wissen darf, aber die in den Berührungen der beiden

Frauenstimmen, in den Steigerungen, in die sie sich hineinsingen müssen, übermäßig zum Ausdruck kommt. Und niemals könnten ein Tenor und ein Sopran einander so umschlingen, einander so nahe kommen, einander so steigern, in einander sich so verlieren, wie diese zwei Frauenstimmen.

Einmal mußte Richard Strauss sein naturnotwendiges musikalisches Handeln auch gegen seinen Textdichter verteidigen. Hofmannsthal bat ihn tatsächlich zwei Jahre nach der erfolgreichen Uraufführung der endgültigen ‹Ariadne›-Fassung «ein Stück der ‹Ariadne›, ein einziges, völlig umzukomponieren: nämlich die große Arie der Zerbinetta»; die sei, so wie sie ist, «ein tatsächliches Hemmnis für das Leben dieser Oper … in der enormen Schwierigkeit einer entsprechenden Exekution dieser Koloraturpartie, ohne daß diese Koloraturen, halb ironisch wie sie gebraucht sind, eine wesentliche Stärke des Ganzen bilden. Durch die Forderungen, die in diesen Koloraturen liegen, ergibt sich nun eine eigentümliche beständige Besetzungsschwierigkeit: fast alle jene jüngeren und anmutigeren, dem Soubrettenfach nahestehenden Sängerinnnen, welche eigentlich die Gestalt, das weiblich-schwache-unheroische Gegenbild zur Ariadne, verkörpern würden, sind von der Rolle ausgeschlossen, weil sie den Kunstgesang nicht bewältigen können».

So hätte Hofmannsthal die dichterische Aufgabenstellung, die Richard Strauss mit nichts als Musik löste, verraten. Zerbinetta als Soubrette! Dabei hat er doch selber im Vorspiel seine Zerbinetta aus der Lustigen-Person-Tradition emanzipiert, hat den Komponisten-Sopran singen lassen: «Du bist wie ich – das Irdische unvorhanden in deiner Seele.» Und es kommt unter Zerbinettas Mitwirkung zu jener ganz und gar irdischen Sakralisierung der Musik.

Hätte Richard Strauss, der gelegentlich seinem Dichter brieflich bekennt: «Ihr Wunsch ist mir Befehl», hätte er da gehorcht, hätten wir eben keine revolutionäre Oper, die dem weiblichen Naturrecht die höchste Legitimität ersingt. Hofmannsthal rät seinem Komponisten, die Arie neu zu komponieren, und zwar mit «melodiöser Biegsamkeit», das heißt, er rät ab von der Musik und rät zur Vertonung seines Textes. Richard Strauss war offenbar unverführbar. Er war sich der absoluten Handlungsqualität dieser Koloratur bewußt und hielt sie nicht für «halb ironisch».

Um gerecht zu sein, muß hier angemerkt werden, daß Richard Strauss in seiner Sopranseligkeit auch seinen Textdichter gelegentlich in Versuchung führte und daß es dann der Textdichter war, der widerstehen mußte. Das Paradebeispiel kommt vor in der ‹Ägyptischen Helena›. Strauss hätte den von Helena entflammten Araberprinzen Da-ud nur zu gern als Sopran komponiert. Da mußte Hofmannsthal wirklich deutlich werden. Da-ud von einer Frau singen zu lassen wäre, schreibt er (im Mai 1927), «das Verkehrteste vom Verkehrten. Wo immer Helena hingelangt, ... sogleich sammelt sich um sie das männliche Element der Welt zu neuen Konflikten». Man muß ihm zustimmen. Da-ud sieht Helena und ist verloren, er kann eher für sie sterben als leben, und das passiert ihm dann auch. Also, den als Sopran zu fassen, das ist, als würde ein Komponist eine Marilyn-Monroe-John-F.-Kennedy-Oper schreiben und möchte dann Kennedy als

Sopran auftreten lassen. Goethe hat in seinem Helena-Akt im ‹Faust II› seine Helena eine Affäre mit Achill so erwähnen lassen:

Ich als Idol, ihm dem Idol verband ich mich.

Heute wären das zwei Stars. Zwei Megaberühmtheiten. Und die müssen leider zweierlei Geschlechts sein. «Sie haben ja recht», schrieb der vernunftbereite Strauss zurück und fuhr doch sopranbesessen und nur ein bißchen kompromißbereit fort: «Ich habe nun Da-ud als Tenor geschrieben, gebe aber zugleich ein Arrangement an, wie die Rolle im Notfall von einem Mezzo-Sopran ... gesungen werden kann.» Dieser «Notfall», der für Strauss der Idealfall gewesen wäre, ist, soweit ich weiß, in der Aufführungspraxis der ‹Ägyptischen Helena› immer vermieden worden.

Was Hofmannsthal aus der europäischen Helena-Überlieferung herausarbeitet, ist der Versuch, uns jenes von Zerbinetta ersungene Naturrecht der Frau in einer Hauptrolle, und dazu in einer sozusagen absoluten Frau, zu präsentieren. Zerbinetta hat schon als Text die ganze Strecke weiblicher Erfahrung erbracht. In der Musik passiert dann, was ein Text nur mitteilen, aber nicht mehr ausdrücken kann. Das in einer Begleitfigur zu praktizieren ist sicher leichter, als wenn man es in der dafür geschichtsberühmten Überfrau, der Zeus-Tochter Helena, darstellen will. Das ist ja schon die Crux: Helenas Mann hat weder in der Oper noch im Mythos eine Chance. In der Hofmannsthal-Version wird Menelaos noch unterlegener als bei Homer, Euripides oder Goethe. Die vom

Zeus-Schwan gezeugte Helena tut alles, um ihm, wenn sie nach zehn Jahren Troja und Paris und Konsorten mit dem Schwert zurückerobert wird, um ihm ein Weib, sein Weib zu sein. Aber Menelaos sieht in jedem jungen Mann gleich wieder Paris und muß den töten. So den leidenschaftlichen Araberprinzen Da-ud. Hofmannsthal schrieb nach getaner Arbeit an Max Rychner über seine Helena: «... wie sie in jeder Lage souverän bleibt, völlig Frau, aber Göttin, mit einem Menschen vermählt.» Am Anfang der Arbeit (1923) nennt er sie einmal «ein schönes Pendant zu Ariadne». Und er zitiert, was der beschlagenste Erklärer des Fraulichkeitsproblems in der Antike, der Autor des Buchs über das Mutterrecht, Johann Jakob Bachofen, über Helena formulierte: «Nicht dazu ist Helena mit allen Reizen Pandoras ausgestattet, daß sie nur einem zu ausschließlichem Besitz sich hingebe.» Wie soll mit einer solchen Frau ein irdisches Ehedrama gut ausgehen?

Zuvor noch: Auch Goethes Helena-Akt im ‹Faust II› beweist, daß die Vielgescholtene nicht erfolgreich, ich meine: dramatisch erfolgreich domestizierbar war. Trotz wunderbarer Verse ist die von Mephisto arrangierte Entführung Helenas auf die mittelalterlich-nordeuropäische Faustburg mit allem Kulturallotria nichts als eine versverzierte Aufbahrung des gewaltigen antiken Angebots. Dabei hat dieser Helena-Akt in Sparta wunderbar bedrohlich begonnen, aber die Luftreise in den Norden hat's dann nicht gebracht. Hofmannsthal hat sich an einer interessanteren Helena-Tradition bedient, die Goethe, wie ein Vers verrät, auch kannte, die ihn aber offenbar kalt ließ. Diese Version: Nicht Helena wurde von

Paris nach Troja entführt, sondern ein Phantom, ein Ebenbild, ein Imitat. Die Überlieferung, am meisten von Homer ernährt, wollte ja, daß der Spartanerkönig Menelaos total betrogen wird. Er begräbt seinen Großvater auf Kreta, da haut die mit dem Trojanerprinzen Paris ab. Paris und Helena, sofort verliebt, sie dann seine Frau und, als er im Kampf in Troja fällt, die Frau seines Bruders und weiß Gott wessen Frau sonst noch. Also rast in der Überlieferung der griechische Sieger Menelaos durchs brennende Troja und säbelt nieder, was sich ihm in den Weg stellt, zum Beispiel einen Paris-Bruder, und durchsucht den Helena-Palast und findet sie in der letzten Kammer, wo sie ihm ängstlich entgegenkauert, wissend, daß ein so betrogener Ehemann und König sie nur umbringen kann. Das alles verhindert die Version der ‹Ägyptischen Helena›. Menelaos und Helena werden in ein orientalisches Hollywood gezaubert, mit Hilfe von Vergessenstrank sollen die bösen Jahre ausgelöscht werden, Helena erscheint so jung-schön wie sie vor dem ganzen historischen Schicksal war, aber das Paar schafft trotz der Vergessensmedizin keine glückliche Gegenwart. Der Vergessenstrank ist keine Lösung. Also Erinnerungstrank. Menelaos soll lernen, mit der Vergangenheit dieser Frau zu leben. Da sind wir wieder beim Zerbinetta-Thema. Und er bleibt der betrogene Ehemann; er kann zwar, was war, mit Hilfe von Betäubungsmitteln vergessen, aber ohne Droge ist er dem Schmerz ausgeliefert. Und nur durch eine dea ex machina in Gestalt der Tochter Hermione, die Helena damals, als Paris zugriff, in Sparta glatt vergessen hat, nur durch ihre Herbeizauberung kommt die Oper an ein dramaturgisch glückliches Ende.

Auch Euripides, der zuerst diese Helena auf die Bühne brachte, auch er schafft ein glückliches Ende. Das ist mit *seiner* Helena keine Kunst. Man muß an diese antike Version erinnern, um ermessen zu können, wie weit sich Hofmannsthal und Strauss vorgewagt haben. Das Treue-Untreue-Problem gibt es in der ‹Helena› des Euripides nicht. Bei ihm geht es darum: wie können die Menschen, obwohl die Firma Zeus alles, was geschehen soll und kann und darf und muß, schon entschieden haben will, wie können die Menschen doch noch einen Fuß bringen in diese und jene Schicksalstür. Die Helena-Menelaos-Handlung ist da das Hohelied ehelicher Liebe plus Treue, angestimmt und durchgehalten gegen die Gewitter, die durch das mythische Techtelmechtel der Olympier entstehen. Der Euripides-Menelaos hat eine einzige Dialogzeile des Zweifels. Helena ersinnt eine List, wie sie und Menelaos der Gewalt des Ägypters entkommen können. Wenn nicht, sagt sie:

Bist du des Todes und mich vermählt Gewalt.

Und Menelaos:

Verräterin! Vielleicht erhoffst du sie!

Sie schwört glaubhaft, daß nicht. Es geht überhaupt so verteufelt human zu wie in der weimarischen ‹Iphigenie›. Allerdings ist die Handlung gefährlicher, weil eben der ägyptische Thoas die Frau nicht einem Bruder Orest abtreten muß, sondern ihrem liebenden Mann. Da fällt das Humansein schon schwerer. Aber letzten Endes kann der

Zukurzgekommene in geradezu weimarischem Ton sagen:

Erfreut euch Helenas hochedlem Sinn,
Nur selten gibt es eine Frau wie sie.

Wie wichtig Hofmannsthal und Strauss aber die Unbesitzbarkeit der Frau ist, sieht man eben an der Verwandlung dieses brav heroischen, den Göttern dies und das abhandelnden Euripides-Paars in die vor prinzipieller Disharmonie knisternde Partie: Braver Mann – Glamouröse Frau.

An dieser Oper ist groß und schön und wunderbar, wie Strauss die Überfrau Helena zur Menschenstimme geschaffen hat. Menelaos muß musikalisch meistens nur einfache, wenn auch schmerzbewegte Haltungen exekutieren. Wenn im Textbuch steht: «HELENA blickt ihn voll an», geschieht unvergleichlich viel mehr Musik, als wenn Menelaos singen darf:

Ewig erwählt
von diesem Blick!
Vollvermählt,
o großes Geschick!

Er darf hauptsächlich gereimtes Unglück singen, sie aber, Helena, zersingt alle Unlösbarkeiten, die in dieser Handlung traditionell enthalten sind. Sie und die ihr gänzlich zugeordnete Zaubererin Aithra dürfen ein Frauenstimmenwunder nach dem anderen vollbringen. Wenn die halbwegs allmächtige Aithra befiehlt, tut sie's durch nichts als Musik. Aber nicht durch Befehle imitierende Musik, sondern eben durch unwiderstehliche Musik.

Durch die Frauenstimmen wird, was der Text dem Komponisten auftrug, so zur Handlung selbst, daß die Verständlichkeit des Textes fast schon wieder zweitrangig wird. Aber der Dichter hat's ihm abverlangt. Das schon.

Aber handeln muß dann die Musik. Der Schall sei der Bruder der Seele; hat der Philosoph Alain von einem französischen Schriftsteller erfahren. Also direkter als Musik kann nichts sein. Schopenhauer, der sich in seinem Hauptwerk heftig bemüht, nachzuweisen, wie die Musik zu ihrer Vorzüglichkeit kommt, sagt, «die Wirkung der Musik» sei «so sehr viel mächtiger und eindringlicher, als die der anderen Künste: denn diese reden nur vom Schatten, sie aber vom Wesen».

Uns ein iridisch-säkularisiertes Helena-Programm anzubieten, das darf nur Musik wagen. Als bloßes Textwerk müßte das in einem Drahtverhau elender Hin-und-her-Argumente enden oder eben strindbergisch explodieren.

Zerbinetta-Ariadne und Helena sind als Frauenrollen in der Operntradition revolutionäre Taten. Hofmannsthal nannte, während er am Ariadne-Text arbeitete, in einem Brief an seinen Vater die Ariadne-Oper «das kleine divertissement» oder in einem Brief an Rudolf Borchardt: «dieses kleine Stück». Das mag es in anderer Hinsicht sein, vielleicht in der Textintensität, verglichen etwa mit dem Elektra-Text, aber was die Stimmführung der Frauen angeht und was eben durch diese Stimmen musikalisch gehandelt wird –, das ist als Botschaft revolutionär. Was haben denn in dem Jahrhundert davor Opern-Frauen zu singen und zu tun gehabt? Senta mußte sich vom Felsen ins Meer stürzen, um den Fliegenden Holländer zu erlösen. Elsa muß tot zu Boden sinken, weil sie gewagt hat, Lohengrin zu fragen, woher er komme. Elisabeth und Tannhäuser sterben, sobald ihre Seelen als gerettet gelten können. Isolde bleibt nichts übrig, als Tristan nachzusterben. Kundry kann nur durch den Tod erlöst werden. Und parallel zu diesen Frauenverläufen sterben die Verdi-Frauen. Gilda wird erstochen, Luisa und Leonore nehmen Gift, Aida schleicht sich in die Grabkammer, um dem Geliebten nachzusterben; Violetta opfert sich für ihren Alfred, vollzogen wird das Opfer durch die Schwindsucht. Die ja dann auch noch bei Puccini als *strafendes* Frauenschicksal auftreten darf. Zwei lebenspralle Puccini-Heldinnen, Butterfly und Tosca, müssen sich doch richtig selber umbringen. Nicht für nichts und wieder nichts, sondern weil die Männer anders ihre glorioseren Schicksale nicht so heroisch bestehen könnten, wie es sich in diesem Jahrhundert gehörte. Hast du zur Nacht gebetet, Desdemona, das war der Satz, der in jede weibliche Partie gepaßt hätte. An dem, was Mozart auf der Opernbühne hinterließ, kann diese frauliche Todverfallenheit nicht gelegen haben. Mozart hat mit weiblicher Treue und Untreue hohen Musik-Spaß produziert. Aber durch ‹Don Giovanni› hat er dann doch die Untreue wie für immer zur Männersache gemacht. Das konnte er sich nicht leisten, ohne seinen Helden dafür mit ewiger Verdammnis bestrafen zu lassen. Aber bei aller Drastik dieser Szene, Don Juan überlebt: als Mythos. Seine Unfähigkeit, treu zu sein, gilt als Stärke schlechthin. Während schon aus dem ‹Hamlet› herübertönt:

Frailty, thy name is woman.

Also das Natürliche, gar Naturrechtliche wird bei der Frau zur Schwäche, zum Mangel schlechthin. Don Juan war unser Pate. Denken wir den ‹Fliegenden Holländer› dialektisch zu Ende, dann heißt das: Der Holländer braucht eine treue Frau, dann kann er erlöst werden. Das ist für die Frau das Todesurteil. Wenn sie stirbt, ist er sicher, daß sie ihm nicht untreu ist. Dann ist er erlöst. So könnte sich die Dialektik der Liebe in einem fortfretten. Wenn man nicht aufpaßt. Und in diese für Frauen desastreuse Tradition hinein schreiben Hofmannsthal und Strauss ihre Frauenrollen, ihre Frauenstimmen. Jedem Text kann man widersprechen. Nicht jeder Musik. Und wenn irgendwo, dann gilt bei diesem Thema Prima la musica, dopo le parole.

Horst-Jürgen Gerigk hat, über ein Thema nachdenkend, das zwischen Psychologie und Mythos schwankt, festgestellt, daß an die Stelle der «psychologischen Erklärung» «die nicht zu hinterfragende Plausibilität des Mythos» treten könne. Diesen Satz anwendend, kann man sagen, der Textdichter müht sich, den unlösbaren Widerspruch zwischen Natur und Kultur zu einem halbwegs erträglichen Ende zu bringen, der Komponist aber kümmert sich nur um das Absolute. Musik macht den Mythos. Nur vom Mythos lassen wir uns eine Zumutung gefallen, die, psychologisiert, zur Rechthaberei wird und längst dem Boulevard gehört. Vom Mythos lassen wir uns fast alles gefallen. Aber eben nur mit Musik. Erinnern wir uns: Vorher mußten die Frauen sich unseren Don-Juan-Mythos gefallen lassen. Jetzt sind wir dran, uns die Mythen Zerbinetta, Helena gefallen zu lassen. Und zuzugeben ist: Singend bringt einen Helena fast herum. Sie findet Töne von glorioser Innigkeit, um Menelaos erlebbar zu machen, daß sie jetzt, was auch immer, mit wem auch immer war, daß sie jetzt ist, was sie jetzt ist: die Seine. Wie weit sie da ihr männliches Publikum herumbringt, soll, bitte, jeder für sich selber entscheiden. Auf jeden Fall ist durch diese Oper die antike Großfigur zum ersten Mal im nördlichen Europa erlebbar. Daß wir Nördlichen in 2000 Jahren keine einzige Frauenfigur geschafft haben, die dem Helena-Mythos gewachsen wäre, sagt etwas aus über die Rolle der Frau in der Antike und bei uns. Durchaus möglich, daß die Jungfrau Maria daran nicht unbeteiligt war. Oder ist. Das heißt, die Jungfräulichkeit unserer höchsten Mutter, also jeder Mutter, ist offenbar eine geringere Zumutung als die Unbesitzbarkeit der Frau schlechthin. Die jungfräuliche Empfängnis wäre dann also die rückwärtsgewandte Utopie einer Männerkultur. Deshalb hieße der Ödipuskomplex bei weitem sinnvoller Marienkomplex. Ödipus ist schon mal der falsche Pate. Er hat doch gar nicht gewußt, daß Jokaste, mit der er schlief, seine Mutter ist. Und: Wie viele Männer wollten denn schon mit ihrer Mutter schlafen! Ich halte das für Phantasie aus viktorianisch-bürgerlich-familiären Schlafzimmerumständen. Aber ich glaube, viele, vielleicht sogar alle Männer stellen sich ihre Zeugung nicht wirklich vor, sind also bereit, sich schön undeutlich vorzustellen, daß eine Art Engel ihrer Mutter den zukunftsträchtigen Samen beigebracht hat. Die Wirklichkeit wurde dem Drama und der Oper anheimgegeben. Überhaupt eine Kultur der Liebe auf Treue zu gründen ist notwendigerweise eine Betrugskultur beziehungsweise eine Kultur des Betrugs. Ich meine, Hofmannsthal verrät in seinem Helena-Aufsatz die in seinem Text versuchte Kühnheit, wenn er, was diese Helena mitten unter uns anrichtet, ins unerlebbar Höhere verschreibt: «Sie schwebte über dem allen, unheimlich bezaubernde, nicht zu bindende Göttin.» Das ist Kultur-Jargon. Da ist man doch dankbar, wenn man von den Experten erfährt, der Chorlyriker Stesichoros sei im 6. Jahrhundert v. Chr. erblindet, weil er Helena als schuldige Ehebrecherin dargestellt habe; dann habe er aber die glimpflichere Version angeboten, die Helena in Troja nur ein Phantom, die wirkliche Helena dagegen in Ägypten, und siehe da, er wurde wieder sehend. Durch diese Strafe und diese Amnestie wird des Kummers Kern – die weibliche Untreue – nicht wegkultiviert, sondern sanft tabuisiert. Kurzum: Die Fotze weiß von Treue so wenig wie der Schwanz.

Aber die Verklärung unserer Mangelhaftigkeit durch deren exemplarische Vorführung in einer Helena-Oper –, das ist eine schöne Leistung in der Verwaltung des Nichts. Das kann nur Musik. Und sie kann es nur, weil es Frauenstimmen gibt. Nur die Frauenstimme macht aus unserem unsäglichen Verlust einen reinen Gewinn.

Lesen und schreiben oder Viel auf einmal

Rede zur Verleihung des Preises der Kritik 2002, gehalten am 11. 10. 2002 in Frankfurt.

Meine Erfahrung, meine Lese- und meine Schreiberfahrung hat mir vermittelt, daß Lesen und Schreiben einander nicht nur verwandt seien, sondern eine einzige Art Tätigkeit. Jemand, der nicht schreibt, der schreibt seine Bücher lesend. Das weiß ich seit Jahrzehnten aus Leserbriefen. Die Leser antworten immer mit sich selbst. Mit ihrer ganzen Biographie, mit ihrem ganzen Gefühl, mit ihrem ganzen Dasein, mit ihrem ganzen Selbst. Es ist immer noch einer meiner Wunschträume, ein Buch mit den Briefen der Leser, Titel: ‹Der Leser hat das Wort›. Und er hat, wie man weiß, sogar das letzte Wort. In den allermeisten Briefen wird über das Gelesene nicht geurteilt, es wird geantwortet. Eben mit sich selbst. Und daraus wird nichts so deutlich wie: Jeder Leser liest SEIN Buch. Er bemächtigt sich nicht des Buches, er bezeugt, was das Buch in ihm bewirkt hat.

Jetzt würde ich gern behaupten, auch der professionelle Leser gebe, wenn er über Leseerfahrung Auskunft gibt, mindestens soviel Auskunft über sich wie über das Gelesene. Meine Behauptung würde gern gipfeln in dem Satz: Es gibt keine Sekundärliteratur. Verstehen heißt vollenden. Das wiederum zur Sprache gebrachte Verstehen kann man auch eine Realisierung des Textes nennen.

Hier gehört jetzt her der Anfang eines Textes des Literaturwissenschaftlers und Slawisten Horst-Jürgen Gerigk. Der Text antwortet unter anderem auf das, was sich vor und beim Erscheinen von ‹Tod eines Kritikers› öffentlich genug abgespielt hat. Und so fängt der Text des Wissenschaftlers an: «Gustav Radbruch hat einmal darauf aufmerksam gemacht, daß jede Wissenschaft ihren Ernstfall hat. Der Ernstfall in der Rechtsprechung ist die Rechtsprechung im einzelnen Fall: das Urteil des Richters. Der Ernstfall in der medizinischen Wissenschaft ist die Heilung des Kranken: die Heilung dieses einen Patienten – hier und jetzt. Über die Literaturwissenschaft hat sich Gustav Radbruch nicht geäußert. Deshalb müssen wir nun fragen: Worin besteht der Ernstfall in der Literaturwissenschaft? Antwort: in der Interpretation eines einzelnen Textes: hier und jetzt. Ich denke, diese Antwort wird niemand in Zweifel ziehen. Nur: Was heißt Interpretation?»

Diese Frage beantwortet Horst-Jürgen Gerigk dann praktisch mit der Interpretation eines Textes, der gerade im Meinungspulverdampf zu verschwinden drohte.

Literarische Kritik sieht sich, nehme ich an, nicht in erster Linie als Interpretation. Der Ernstfall der literarischen Kritik will, nehme ich an, näher beim Ernstfall der Rechtswissenschaft sein, also beim Urteil des Richters im einzelnen Fall, hier: des Kunstrichters im einzelnen Fall, also des Kritikers. Oder ist etwa der Ernstfall des Kritikers noch verwandter dem der medizinischen Wissenschaft: «die Heilung dieses einen Patienten – hier und jetzt»? Es gibt kritisch hochgemute Vokabulare, die das vermuten lassen.

Und wo gehörte ich hin, wenn ich über Gelesenes geschrieben habe? Ich habe mich im Interpretieren versucht. Kritiker war ich nie, das weiß ich. Meine Aufsätze über Autoren der Vergangenheit und der Gegenwart gehörten, wenn sie nicht Interpretationsversuche waren, eher zur Kategorie Leserbrief. Ich habe Hölderlin erzählt, wie ich ihn auf dem Dachboden entdeckt habe und was das für Folgen hatte, und Proust habe ich gestanden, wie seine Genauigkeiten bei mir zu einer Schule der Aufmerksamkeit geworden sind und so weiter. Ich habe über Literatur immer geschrieben, um zu erfahren, was das jeweilige Lesen aus mir gemacht hat. Natürlich hatte ich dann nur zu gern den Eindruck, ich hätte etwas Hölderlin- oder Proust- oder Brecht- oder Schiller- oder Goethewesentliches erfahren, aber ich habe meinen Schiller-Aufsatz dann eben doch ‹Mein Schiller› genannt. Und die Goethe-Erfahrungen hießen dann ‹Goethes Anziehungskraft› oder ‹Hilfe vom Selbsthelfer›. Ich kann nie recht gehabt haben. Die Unterstreichungen und Randbemerkungen in meinen ‹Wilhelm Meister›-Ausgaben zeigen mir, daß in drei Jahrzehnten ‹Meister›-Lektüre sehr von einander verschiedene Erfahrungen stattgefunden haben. Zuletzt habe ich im ‹Wilhelm Meister› erfahren, wie sich der Anfang bürgerlichen Selbstbewußtseins erzählen ließ genau zu der Zeit, als Jean Paul im ‹Hesperus› wagte, das Abenteuer der kleinbürgerlichen Selbstbewußtseinsentwicklung zu erzählen, und genau zu der Zeit, als der Feudal-Proletarier Fichte in seiner ‹Wissenschaftslehre› heroisch versuchte, Selbstbewußtsein more geometrico, also überhaupt ohne gesellschaftliche Bedingung zu produzieren. Und das Ende dieser Leseerfahrung war dann die soundsovielte Lektüre von Kafkas ‹Schloß›. Bei Goethe die Adelsgesellschaft, die letzten Endes jeden Irrtum Wilhelms zum Guten wendet. Und bei Kafka die Schloßgesellschaft, die jeden Schritt K.s ins Leere laufen läßt. Das waren die Paten bei meinen eigenen Selbstbewußtseinsabenteuern. Das war der gründlichste Unterricht über die Errungenschaften bürgerlicher Emanzipation beziehungsweise über die normale Gemeinheit, mit der die jeweils herrschende weltliche Macht den um sein Selbstbewußtsein Kämpfenden zur Raison bringt.

Zu meiner Leseerfahrung gehört die Illusion, mein Schiller sei Schiller überhaupt, mein Swift sei Swift überhaupt, mein Heine sei Heine überhaupt und so weiter. Ich bin alles andere als nicht rechthaberisch. Aber dann will ich auch noch darin recht haben, daß man nicht recht haben kann. Wenn es um Literatur geht. Und wenn man sich dann doch wieder beim Rechthabenwollen ertappt, ruft man sich zu: Du willst recht haben allein um der Liebe willen. Du willst Swift besser verstanden haben, als ihn je jemand verstanden haben kann. Aber diese Anmaßung richtet sich gegen niemanden. Sie soll dir nur die Illusion, ja sogar das unmittelbare Gefühl einer spürbaren Nähe zu diesem unbändigen Kerl verschaffen, zu diesem ungeheuerlichen zarten Wilden anglo-irischer Provenienz. Da gehen Lieben und Verstehen eine hochzeitliche Verbindung ein. So bei Schiller. So bei Goethe. Und so weiter. Aber bei jedem, mit jedem natürlich eine ganz andere, jeweils einzigartige Hochzeit. Man kann sich wohl nicht mit ein und demselben Verständnisgefühl Hölderlin und Goethe nähern. Aber ich muß mich nicht bei Hölderlin entschuldigen, wenn ich gerade wieder einmal kurzheftig versucht habe, Goethe zu verstehen. Es spielt dann fast keine, nein, dann spielt es überhaupt keine Rolle mehr, wenn jemand kommt, der seinen Schiller und seinen Goethe meinen Erfahrungen vorzieht.

Nun gibt es Lesen nicht mehr ohne Öffentlichkeit. Die mischt den Hallraum der Existenz ganz schön auf. Es war einmal ein Paradies, da lebte ich mit Gedichten, die waren, wie sich dann herausstellte, von einem Friedrich Hölderlin. Außer ihm und mir, kein Mensch. Jetzt aber nichts mehr ohne Öffentlichkeit. Und schon sind wir mitten im Streit, schon treten welche auf im Namen der Literatur und amten, basteln Hierarchien, stiften Instanzen, fällen Urteile, üben Macht aus. Und es ist die literarisch interessierte, literarisch geeichte Öffentlichkeit, in der die Frage: Wessen Buch wird gelesen?, in der diese Frage eindeutig anders beantwortet wird als bei mir. Der öffentlich Richtende hat in keinem Buch SEIN Buch gelesen, glaubt er. Er besteht darauf, immer das Buch des Autors gelesen zu haben. Das hat Konsequenzen. Zuerst noch das Geständnis, daß ich selber nie die Fähigkeit hatte, ein Mitarbeiter dieser Art Öffentlichkeit zu werden. Obwohl ich auch schon gerade Erscheinendes gelesen habe, war ich niemals fähig, über etwas Literarisches zu schreiben, wenn es mich nicht für sich eingenommen hatte. Erst wenn ich mich eingenommen gefühlt habe, habe ich meine Eingenommenheit buchstabieren können. Wenn mir ein Buch nicht zusagt, kann ich es nicht einmal lesen. Das klingt luxuriös. Aber so habe ich doch angefangen, im Paradies, Bücher zur Hand genommen noch und noch, aber gelesen nur, wenn sie mir zugesagt haben. Ich kann auch jetzt noch sagen:

Wenn ein Buch mir nicht zusagt, kann ich nichts damit anfangen.

Ich glaube, daß ich mit dieser Beschränktheit in den Reihen der Interpreten noch eher figurieren könnte, keinesfalls aber in denen der kritischen Branche. Im Alltag der Kritik darf es keine Rolle spielen, ob der, der schreibt, mit dem Gelesenen etwas anfangen kann. Auf die Spitze getrieben, heißt das: Gerade daß jemand nichts anfangen kann mit einem Buch, macht ihn jetzt zum idealen Kritiker dieses Buches. Und die wichtigste Voraussetzung für diesen Vorgang ist eben diese Öffentlichkeit, diese geeichte Öffentlichkeit. Den kritischen Sätzen beziehungsweise Sprachgesten ist anzumerken, daß sie vor einer, in einer ganz bestimmten Öffentlichkeit stattfinden. Angefangen hat das vielleicht mit der streng bürgerlich formierten Öffentlichkeit am Anfang des letzten Jahrhunderts.

Ein Beispiel von damals. Alfred Kerr in der Zeitschrift ‹Pan› anno 1913. Gegenstand: ‹Der Tod in Venedig› von Thomas Mann, gerade erschienen. Ich zitiere Kerrsche Sprachgesten zu dieser Novelle, Zitat: «... ich finde hier einen verhüllten Kitschling ... Wenig Blut und viel Haltung. Schwaches Deutsch. ... alles im Grunde musiklos ... schleichend geschoben ... alles zusammengedrockst. Das gebackne Maß der Anständigkeit ... mit sympathischem Selbstbeklopfen für die Gebildeten. Bemerkenswert, daß er so oft Angaben über einen Dichter macht; ohne just ein solcher zu sein ...»

Dann kommt ein Textbeleg, so eingeleitet: «Lesen Sie die Schilderung der adriatischen Stadt – auch das ist ... schwer zu unterbieten.» Es folgt, wie Venedig auf Thomas Manns Aschenbach wirkt, wenn der sich der Stadt von der Seeseite her nähert. Da tauchen die Postkartenmotive der Stadt auf, und die sind tatsächlich als Prosa nicht extra attraktiv, aber es kommt auch so etwas – auch im Kerrschen Zitat – vor: Er «bedachte, daß zu Lande, auf dem Bahnhof in Venedig anlangen einen Palast durch die Hintertür betreten heiße ...» Mich versöhnt dieses Detail vollkommen mit der vorangehenden Häufung der bekannten Motive. Gut, Alfred Kerr konnte mit Gustav Aschenbach nichts anfangen, ihn hat kein bißchen gerührt die steifleinene Kulturfigur, die hier in eine sie bis in den Grund hinein erschütternde Liebesprüfung gerät.

Ich weiß nicht, warum Alfred Kerr von dieser Fasttragödie unberührbar war, ich sehe nur, daß jemand, der so wenig anfangen kann mit einem Buch, offenbar keine andere Möglichkeit hat, als sein Nichtsanfangenkönnen dem Buch anzulasten. Allerdings – und das macht die Kritik zum Genre oder zur Gattung –, die geeichte Öffentlichkeit liest den Kritiker mindestens so gern wie den Autor. Das Demiurgisch-Maßgebende, das Autoritative, die Witze, das geistreiche Abfertigen, das liest man gern, weil man sich dabei auf die geistigen Schenkel schlagen kann. Das rührend Schöne bei dieser kritischen Darbietung vor einer geeichten Öffentlichkeit: daß hier als sicher gilt, das Buch, über das geschrieben wird, sei das Buch des Autors. Jeder könnte natürlich, um bei unserem Beispiel zu bleiben, am blitzend selbstherrlichen Wortgeschmeide des Kritikers sehen, daß diese Wörter nicht gelten können für Thomas Manns Leidens-Buch, sondern für SEIN Buch, das des Kritikers. Daß die Fiktion, es werde da über das Buch des Autors geschrieben, in der literarischen Szene unverbrüchlich aufrechterhalten wird, kann nur heißen, daß alle, auch die Autoren, diese Fiktion nicht entbehren können. Die Fiktion, daß geurteilt werde über das Buch eines Autors. Also: Der Ernstfall des Kritikers: das Urteil über das Buch hier und jetzt.

Diese Fiktion ist als Legitimiergewähr überhaupt nicht zu entbehren. So wenig der Pfarrer in der Kirche die mit Gott bezeichnete Fiktion entbehren kann, so wenig der Politiker die Gerechtigkeitsfiktion entbehren kann, so wenig der in den Medien tätige Intellektuelle die Medienethikfiktion entbehren kann. Damit ist auch das literarische Reden und Schreiben über Literarisches auf das schönste aufgenommen in unsere Kultur- und Sprachwelt, denn alles, was mit der Sprache gemacht wird, ist nun einmal Verwaltung des Nichts.

Was wäre das Nichts ohne Fiktion! Es wäre das reine Nichts. Und da sei Gott vor.

Aufgeschriebene Zeit

Kosmos

Daß Natur auf Geschichte angewiesen ist, um auf uns zu wirken, erlebt jeder, der einmal länger in einer anderen als der gewohnten Szenerie lebt. Der endlose texanische Himmel oder die geradezu steil ansteigende Wasserwand des Pazifik wirken pathetisch oder gewaltig, man schaut und schaut, hingerissen oder ergriffen oder sonstwie mitgenommen. Aber es fehlt diesen gewaltigen Szenerien die Vergangenheit. In mir. Ich kann mich, wenn ich von dort weg bin, durchaus nach dorthin zurücksehnen. Aber wenn ich dort bin, bin ich nur dort. Was ich sehe, erinnert mich an nichts. Wenn ich hier das schlichteste Entenpaar vorbeirudern sehe, bezieht sich dieses Entenpaar auf alle Entenpaare, die hier je an mir vorbeigerudert sind. Ich hätte statt schlichter Enten auch die Wetteropern, die der Föhn hier in jeder Jahreszeit veranstaltet, nennen können. Wir sind programmiert. Und wofür wir nicht programmiert sind, damit sind wir nicht kompatibel. Noch aktualistischer kann ich's nicht sagen. Natürlich haben mich die wilden amerikanischen Gewitter, als sie sich zum ersten Mal drei Monate lang vor mir austobten, beeindruckt, gebannt. Sie waren in ihrer stürmischen Zudringlichkeit und in ihrem Tempo so verschieden von dem, was hier die Gewitterdramaturgie ausmacht, daß sie mich an nichts erinnerten. Oder so: Als ich die Niagarafälle anstaunte, fielen mir zuerst die Bilder aus dem ‹Niagara›-Film mit Marilyn Monroe und Joseph Cotten ein. Dann fiel mir der Rheinfall ein. Und wenn mir der Rheinfall einfällt, dann fällt mir der Schulausflug zum Rheinfall ein. Auf dem Weg von der Haustür zum Ausflugsomnibus holte ich im offenen Holzverschlag eines benachbarten Hofes den Riegel Schokolade, den ich mir am Tag zuvor für nicht ehrlich erworbenes Geld gekauft und im Reisig des Nachbars zur Bereicherung meines Ausflugsproviants versteckt hatte. Daran erinnerten mich die tosenden Wasser der Niagarafälle. Den Marilyn-Monroe-Joseph-Cotten-Film lieferte das Gedächtnis. Da könnte man kramen, wer war der Regisseur, wie war jetzt gleich wieder die Handlung. Gedächtniskrust. Kein bißchen Mehrwert. Aber der Schulausflug an den Rheinfall und der Schokoladeriegel im Reisverschlag: Das sind Erinnerungen, denen ist man anheimgegeben. Mit einem anderen Technikwort könnte man Gedächtnis und Erinnerung auch zwei verschiedene Frequenzen nennen. Die eine ist zuständig für das Haben, die andere für das Sein. Die eine für das Wissen, die andere für das Leben. Also: Natur braucht, um zu wirken, Geschichte.

Um auf mehr als auf die Sinne zu wirken. Ich habe Monate vor den imponierenden Waldwänden New Hampshires verbracht, habe den jähen Wechsel vom Winter zum Sommer erlebt, aber ich blieb sozusagen stumm. Hier kommt andauernd eins zum anderen. Deshalb dieses Wortformat Kosmos. Alles, was sich hier tut, hat einen Widerhall, man kann auch sagen: Weil hier jeder jetzige Augenblick eine zeitliche Tiefe anstößt, hat hier alles einen Mehrwert. Den Erinnerungsmehrwert. Im Unterschied zu jeder anderen Geschichte bin ich in der von der Natur in mir produzierten Geschichte allein. Der Natur gegenüber ist jeder allein. Man erlebt Natur mit dem Rücken zum Rest der Menschheit. Dargestellt in Caspar David Friedrichs Bild des Mannes, der uns den Rücken zukehrt und, mit dem Hut in der Linken, den Sonnenuntergang erlebt. Daß er in der rechten Hand noch den Stock hat, teilt mit, wie weit er gewandert ist, um allein dem Naturereignis Sonnenuntergang gegenüber zu sein. Die gemalte Illusion, die romantische Paradoxie: Man könne allein sein. Es ist doch immer ein Maler dabei. In der Natur. Der Natur gegenüber. Man ist natürlich immer schon gemalt. Das heißt, man weiß, daß man allein ist. Die Sprache, die einem das und das souffliert, ist immer dabei. Sie ist die Vertreterin der Menschheit, der man so dekorativ den Rücken zukehrt.

Andererseits ist das Schwimmen dann doch mehr als die Betrachtung. Gut, Caspar David Friedrichs Betrachter ist gewandert, bis er an seinen Erlebnisort kam. Aber das Schwimmen ist mehr. Schwimmen ist unvergleichlich. Finde ich.

Schwimmen

Vielleicht habe ich mit Gegenwart noch nie viel anfangen können. Sie hat immer zuerst Vergangenheit werden müssen. Außer beim Schwimmen, möchte ich da einwenden. Schwimmend sind wir vollkommen im Jetzt. Sind etwas Schwebendes, Leichteres, Nirgendwohingehöriges. Allerdings sind wir doch äußerst verfügbar. Alles kann auftauchen in uns. Schwimmend sind wir ein Assoziativ. Ohne Zentrum, weil ohne Schwerpunkt. Endlich der Gleichgewichtsverpflichtung enthoben. Wie für immer enthoben. Aber schon dieses *immer* ist falsch, ist viel zu zeitbezogen. Wir sind enthoben. Basta.

Allerdings nur, bis wir wieder festen Boden unter die Füße kriegen. Offenbar haben wir irgendwann draußen gedreht, haben, sagen wir einmal, instinktiv wieder Kurs landwärts genommen. Zurück bei diesen immer um Gleichgewicht kämpfenden, aufrecht gehen müssenden Zweibeinern. Von allen Säugetiersorten sicher die groteskeste. Aber vom Schwimmen müssen wir nicht lassen. Der See ist ein Versprechen. Jederzeit erlöst er uns aus unserer ungelenken Aufgerichtetheit und immer schwankenden Schwere. Er ist sogar für endgültige Lösungen beziehungsweise Erlösungen offen. Nichts ist gewaltloser als das Schwimmen. Eine der ersten und lange nachwirkenden Schreckensmeldungen: Es gebe Dörfer oder ganze Städte, die nicht am Wasser liegen. Das blieb lange unvorstellbar. Ulm war trotz der Donau nichts als bedauernswert. Nächste Schreckensmeldung: Wie die Menschen in Städten wohnen. So häuften sich die Meldungen, die letzten Endes darauf hinausliefen, daß man überhaupt nirgends leben könne als in einem Dorf am Bodensee. Kann etwas peinlicher sein, als an dem Ort zu wohnen, an dem zu wohnen allein erträglich ist? Muß man sich nicht schämen, am bestmöglichen Platz zu wohnen? Man schämt sich. Aber man wohnt trotzdem da. Man muß die Zähne zusammenbeißen und versuchen, damit fertig zu werden, daß man es schöner hat als jeder andere Mensch. Schöner, was den Ort, die Gegend angeht.

Ich darf sagen, daß es einige Jahre gedauert hat, bis ich mich mit der Gunst meiner Lage abgefunden hatte. Es sprach viel zu viel dagegen, so schön wohnen zu dürfen. Und das Hadern mit der Gunst meiner Umstände führte immer zum Wasser, aufs Wasser, ins Wasser. Das Wasser ist schuld. Vielleicht könnte es auch das Mittelmeer sein. Was weiß ich. Ich habe mich damit abgefunden, bevorzugt zu sein. Es gibt einen Preis. Den vergesse ich nur beim Schwimmen, das die Schwere ins Gegenteil verkehrt. Schwimmen, das ist Fliegen in unserem Element. Wir sind zum Schwimmen geboren.

Zärtlichkeit

Kann man, darf man einer Gegend Zärtlichkeit nachsagen? Die Gegend, das ist der See und das sind diese immer rund verlaufenden Hügel am See. Auch das Hinterland rundet sich so von Hügel zu Hügel. Tausendfach. Und keine zwei dieser runden Höhen sind einander gleich. Und das hochdeutsche Wort Hügel beweist einmal mehr, wie unfähig diese hochdeutsche Sprache ist, unser Hiesiges zu benennen. Bleiben wir bei Höhen. So heißen sie hier. Es sind Eiszeitgeschenke. Also schroff ist hier nichts. Auch wenn da und dort eine Molassewand steil tut. Jede dieser Wände ist biegsam, weich, zitronen- bis honigfarben. Jede zeigt, daß sie sich lieber rundet als streckt.

Und der See. Von allen Eiszeitgeschenken ist er das

bedeutendste. Das Zärtlichkeit stiftende schlechthin. Auch wenn er sich von allen eingeführten Windstärken hin- und herjagen und aufregen läßt und wild tut wie ein Laienschauspieler, der einen Wildling spielt, auch wenn er dann darauf besteht, daß in ihm auch ertrunken werden kann; seine eigentliche Stärke ist, daß er alles mitmachen kann, was der Himmel gerade will. Und im Aufnehmen, Widerspiegeln und Vermehren von allen Angeboten der Zeit und der Welt ist er groß. Das ist überhaupt seine Größe. Alles aufzunehmen und sich zu eigen zu machen und dann so darzustellen, daß, wer nicht wirklich vertraut ist mit ihm, glaubt, die jeweilige Produktion, das sei nun wirklich er selber, der See. Temperaturen, Farben, Strömen und Ruhen, Wildheit und Schwere – er hat alles irgendwoher, kann aber daraus einen unerschöpflichen Reichtum an Zuständen und Stimmungen machen. Und damit wird widerrufen, daß er ein Laienschauspieler sei. Er ist eine unendliche Naturbegabung, denn alles, was er spielt, wirkt, als sei er das, was er jeweils spielt, ganz und gar. Wer ihn spielend ruhen sieht, hält es nicht für möglich, daß er eine halbe Stunde später wütet, als habe er einen Zorn auszuleben. Die Energien bezieht er von überall her. Korsika, Spanien, Burgund, Island … alles sein Einzugsgebiet. Aber Katastrophen macht er nicht mit. Die sollen sich bitte anderswo austoben. Hochwasser? Da und dort netzt er mal einen Uferweg, macht Visite im Souterrain einer Villa, die ihm zu nahe getreten ist. Erdbeben? Kennt er nicht. Alle hundert Jahre lässt er sich einmal zufrieren. Das ist keine Katastrophe, sondern ein Fest. Ja, vor sechstausend Jahren hat er einmal im Westen so gegen die Molasse gedrückt, daß die nachgab, so hat er diesen abenteuerlichen Auslauf bekommen, der Rhein heißt und der sich, bis er dann ins Meer darf, allerhand gefallen lassen muß, was er sich an seinem Ursprung in Graubünden droben nicht hat träumen lassen. Der Wasserspiegel ist, als der See sich diesen Auslauf verschafft hatte, um vierhundert Meter zurückgegangen. Vierhundert Meter Land sei, heißt es, dadurch entstanden. Damit wir später darauf bauen und beten konnten. Die geologischen Daten beeindrucken mich mehr als alles, was es sonst über die Gegend zu wissen gibt. Ich bin dem Rhein von seinem hohen Anfang an zugetan. Vielleicht weil er für mich schon in beeindruckbarster Jugend im Hölderlin-Gedicht ausführlich, als «göttliches Wild» nämlich, vorgestellt wurde. Aber daß er einmal das heutige Rheintal als ein strömendes Meer ausgefüllt hat und sich dann zusammen mit dieser und jener Aach ein noch größeres Meer bei «uns» schuf, ist Erdgeschichtspoesie an sich.

Die Zärtlichkeit also, das Rundliche als Kontur, der See als Inbild der Uneigentlichkeit und zweitausend Jahre ohne Katastrophe – ausgenommen hausgemachte –, das darf sich doch ausgewirkt haben. Auf die Menschen, meine ich. Beweisen lässt sich das nicht, aber erleben schon. Ich kann wählen aus fünfhundert oder siebenhundert Dorfbewohnern, zu denen kommen gut noch einmal soviel dazu, wenn ich die ganze Pfarrei zum Erfahrungsfeld mache. Ob hinter den schwer gewordenen Kühen dorfeinwärts gehend, oder auf einem Traktor sitzend, oder auf der Leiter in den Kirschbaum gelehnt, oder als Kirchgänger, Kirchgängerin, erhobenen Blicks dorfabwärts, die Nase in die Luft gestreckt, als folgten sie einer frommen Witterung, erst am Weihwasserkessel angekommen, da sank die Nase, der Blick, von da an wurde Unwürdigkeit gespielt, wurde die jeweils fällige Kirchenjahrszerknirschung gezeigt, dann vor den Gräbern stehend, die Drandenkzeit mit der Seele zählend, oder die Trompete am Mund in der Blechmusik, oder den Schneepflug deichselnd oder beichtend oder fluchend, aber niemand ist getötet worden, niemand denunziert, die Gehässigkeit war hier ein Spiel, die Gemeinheit eine Komödie, geweint wurde, wenn Weinen dran war, gelacht auch, unmäßig hat man sein dürfen, saumäßig auch, aber nichts ohne Fassung, nichts ohne diesen goldenen Rand Zärtlichkeit. Und immer mit Glockengeläut. Alle ein Muster im zeitlosen Gegendtuch. Die Feindseligkeit, ein Import. Es ist dann kein Auge trocken geblieben. Es war dann bald wie überall. Aber vorher ist es zärtlich zugegangen. So wie jetzt nirgends mehr. Vielleicht hat sich aber alles erhalten hier, und mir kommt es jetzt nur weniger zärtlich vor, weil ich inzwischen selber durch diese und jene Erfahrung unzärtlich geworden bin, also Zärtlichkeit nicht mehr zu erleben vermag. Mag ja sein.

Vorvergangenheit

Das Muster ist wiederholbar, bis die Fläche voll ist. Voll vom Muster. Das Bild, das griechische Vasenbild zum Beispiel, bezieht sich immer auf das, was es abbildet. Das Muster stellt nichts dar als sich selbst. Als die keltische Kunst auf die Menschenbilder der griechischen Kunst reagierte, verarbeitete sie noch lange alles Gegenständliche zum Muster, zum Ornament. Auch Menschenfiguren. Der Kopf löst sich auf in eine Spirale, die Arme werden zu Lianen. Bloß keine Ähnlichkeit, bitte. Kein Abbild. Und schon gar kein religiöses. Der Fluß ist die Gottheit, die Quelle die Göttin, der Baum heilig – was hätte da das Menschenbild zu suchen im religiösen Ausdruck? Zu sich selbst kommt das Muster, wenn es als einziges Muster die ganze Fläche füllt. Anfang- und endlos. In sich verschlungen. Das reine Schönheitsdickicht. Nur, daß nicht nichts ist. Sogar die Redekunst auf keltische Art scheint um ihrer selbst willen ausgeübt worden zu sein. Die Kraft der Rede galt mehr als die Muskelkraft. Der ältere Cato über die Kelten: Sie haben zwei große Leidenschaften, im Krieg tapfer zu sein und gut zu reden. Von Galatien (in Kleinasien) bis zu den Shetland-Inseln wohnten die Kelten im Jahrtausend vor Christus, aber es gab kein keltisches Reich, keinen keltischen Staat, es gab eine keltische Kultur. Ohne Schriftliches. Und ihre Unorganisierbarkeit machte sie dann zu Opfern römischer und germanischer Kriegstüchtigkeit und -technik. Deshalb sind sie in unserer Gegend hauptsächlich als eine Bestattungskultur übriggeblieben. Als die keltischen Stämme sich noch nicht gegen Römer und Germanen behaupten mußten, sondern nur unter einander Krieg führten, sei es oft vorgekommen, dass zwei Heere schon gegen einander in Schlachtordnung standen, Schwerter gezogen, Lanzen gefällt, dann seien die Barden beider Parteien zwischen die Kampflustigen getreten, um zu singen, und dieser Gesang habe dann die vorher nichts als Erzürnten so besänftigt, daß die Schlacht ausfiel.

Überliefert ist, daß der jeweilige Stammeserste sich zum römischen oder germanischen Lager begab und dort dem römischen oder dem germanischen Kriegsherrn anbot, der möge bestimmen, wo und wann die Schlacht stattfinden solle. Echt keltisch, möchte man sagen. Sie fürchteten sich überhaupt nicht. Und sie konnten sich offenbar in ungeheure Stimmungen hineinsteigern. Aristoteles: «Wir haben kein Wort für einen Menschen, der extrem furchtlos ist; vielleicht könnte man einen Menschen, der überhaupt nichts fürchtet, weder Erdbeben noch Flut, wie es von den Kelten heißt, als wahnsinnig oder jeglicher Empfindung bar bezeichnen.» Sie hatten ja im Heer immer die Frauen dabei. Dunkel gewandet, die Haare bis zu den Knien, weder durch Spange noch Band gehalten. Unter den Römern kursierte: Wenn ein Kelte in der Schlacht seine Frau herbeiruft, sei er unbesiegbar. Der Kelte war dann doch so besiegbar, daß Römer und Germanen ihn einander zutrieben, und wenn die Römer den Kelten den Weg nach Süden nicht versperrt hätten, wären die Kelten aus unserer Gegend verschwunden. Einige Stämme sind ohnehin von hier einfach mit Kimbern und Teutonen, von denen sie gerade besiegt worden waren, weitergezogen. Als Hilfswillige wahrscheinlich. Als Diener, die sich unendlich erhaben fühlten über ihre Herren. Die meisten mußten bleiben. Als ein paar hundert Jahre später irische Mönche hierherkamen, konnten sie sich offenbar verständlich machen. Auf der Insel Reichenau wurde eine irische Abtei gegründet, und das dort geschriebene sogenannte ‹Irische Schulheft› überliefert immerhin vier irische Gedichte. Sie sind dann also aufgegangen im Hiesigen. Spurlos, aber nicht wirkungslos.

Daß zwei Kelten, die gegen einander antreten zum Zweikampf, daß die einander, bevor die Schwerter das Wort haben, nicht höhnen und schmähen, sondern einander loben: Das ist keltisch. Und – es tut mir leid – das paßt gut hierher.

Cet und Conall also. Cet sagt:

Willkommen sei, Conall,
Herz von Stein,
Wilde Kraft des Luchses,
Funkeln des Eises,
Rote Gewalt des Zornes
In eines Kriegers Brust,
Ein Verwunder, ein Eroberer!
Sohn des Findchoem, du bist mir ebenbürtig!

Und Conall:

Willkommen sei, Cet,
Cet, Sohn des Magu,
Kriegers Heimstatt,
Herz von Eis,
Gefieder eines Schwanes,
Wagenkämpfer, stark im Gefecht,
Zorniges Meer,
Stattlicher wilder Stier,
Cet, Sohn des Magu!

Trotz dieser Lobrednerei endet das tödlich. Und doch ist Zärtlichkeit in diesem Streit. Das ist die Zärtlichkeit, die hier in allem enthalten ist, auch wenn sie längst nicht mehr den Ausschlag gibt. Das keltische Märchen, das keinen pädagogischen Mehrwert abwirft. Die keltische Sage, die sich nicht zur story austrocknen läßt. Überhaupt eine antipastorale antierbauliche Kultur. Das Muster anstatt das Bild. Und das Muster ist durchaus welthaltig. Es saugt sich voll von Blumen und Tieren, aber Blumen und Tiere dienen nur dazu, das Muster zu ernähren, das seinerseits dazu dient, die leere Fläche schön zu füllen. In Holzgerlingen, Budapest, Wales, im Hunsrück und in einigen Pfahlbauten hier in der Gegend. Elegante Ringfibeln und Bronzenadeln und ein paar schöne Krüge, für deren Henkel und Deckel Phantasietiere Vorbild waren. Aber in den anderswo übriggebliebenen Texten spürt man eine Beeindruckbarkeit, die sich nicht christlich kostümierte:

> Des Fisches Bett ist kalt unter
> dem Eis, der Hirsch ist mager,
> die Rohre sind bärtig,
> der Abend ist kurz,
> Bäume beugen sich.

In einer in St. Gallen verwahrten Handschrift steht:

> Über den Zeilen meines Buches
> musiziert Vogeltriller.

Dr. Dillon und Mrs. Chadwick haben in ihrem Kelten-Buch Texte gesammelt, die erleben lassen, was das ist, das Keltische. Zum Beispiel:

Er sah eine Frau am Rande eines Brunnens, und sie hatte einen silbernen Kamm mit goldener Verzierung. Sie wusch sich in einer silbernen Schüssel, auf der vier goldene Vögel waren und leuchtende kleine Edelsteine aus purpurnem Karfunkel auf der Ziselierung der Schüssel. Sie trug einen Purpurmantel aus feiner Wolle, der von Silberspangen mit goldener Ziselierung gehalten war, und ein Hemd aus grüner Seide mit goldener Stickerei. Die Sonne beschien sie, so daß die Männer das Gold im Sonnenschein auf der grünen Seide schimmern sahen. Zwei goldene Zöpfe waren auf ihrem Kopf in vier Stränge geflochten, mit einer Kugel am Ende einer jeden Strähne. Die Farbe ihres Haares war wie die Blüte der Iris im Sommer oder wie pures Gold, wenn es blankgeputzt worden ist. Sie löste ihr Haar, um es zu waschen, so daß ihre Arme unter dem Kleid hervorkamen. Weiß wie Schnee einer einzigen Nacht waren ihre Hände, und ihre lieblichen Wangen waren weich und glatt, rot wie der Gebirgsfingerhut. Ihre Augenbrauen waren schwarz wie ein Käferrücken. Ihre Zähne waren wie Perlen. Ihre Augen waren so blau wie die Hyazinthe, ihre Lippen so rot wie parthisches Leder. Hoch, glatt, weiß und weich waren ihre Schultern, rein und weiß ihre langen Finger. Ihre Hände waren lang. Weiß wie der Schaum einer Woge war ihre Seite, lang und schlank, biegsam, glatt, weich wie Wolle. Ihre Schenkel waren warm und glatt und weiß; ihre Knie klein und rund und fest und hell. Ihre Schienbeine waren kurz und glänzend und gerade. Ihre Fersen waren glatt und lieblich. Wäre ein Maßstab auf ihre Füße gelegt worden, so hätte er kaum irgendwelche Unvollkommenheiten an ihnen gezeigt, höchstens daß er das

Fleisch oder die Haut gedrückt hätte. Das rosige Licht des Mondes lag auf ihrem edlen Gesicht, ein hehrer Stolz auf ihrer glatten Braue. Das Strahlen der Liebe war in ihren Augen, freudiges Erröten auf ihren Wangen, die bald rot waren wie Kälberblut, bald wieder schneeig weiß. Sanfte Würde lag in ihrer Stimme. Ihr Schritt war fest und anmutig. Sie hatte den Gang einer Königin. Sie war die schönste, anmutigste und feinste aller Frauen, die Männeraugen in der Welt gesehen hatten. Man dachte, sie sei aus dem Feengeschlecht. Von ihr hieß es: Alle sind reizend, bis man sie mit Étain vergleicht. Alle sind schön, bis man sie mit Étain vergleicht.

Das lesend, wird der, der das geschrieben hat, mindestens so deutlich wie die von ihm beschriebene
Frau.
Das keltische Muster, story-abweisend, transzendenzimmun, in sich verfangen, nirgends sein als jetzt hier, die Gegenwart feiernd. Und doch nicht beständig. Nicht organisierbar. Chaotisch. Nachgiebig. Mal so, mal so. Sich nicht fassen könnend. Es sei denn im geschichts- und fortschrittabweisenden Muster, in der ausdruckssüchtigen und doch sinnverweigernden Sprach- und Redekunst. Keltische Kultur. In bronzenen Booten mit vergoldeten Rudern sind da die Ersehnten gefahren. Inklusive Schädelkult. Drüben überm Rhein genannten Fluß sind die Heiligtümer mit den têtes coupées für archäologisches Schaudern gut. Andererseits haben sie hier schon die Amseln singen gehört, als die Römer noch an der Wölfin saugten und die Germanen Thors Hammer anbeteten. Und sie sind ja doch unsere Indianer. Unsere

Flüsse haben, hier wie dort, von den Umgebrachten ihre Namen. Alles, was Wasser ist. Dort erbte man Delaware, Monogahela, Mississippi, bei uns Donau, Main und, bitte, Bodensee. Und da das alles erst zweitausend Jahre her ist und zweitausend Jahre nicht reichen, etwas Gewesenes unfühlbar zu machen, sind die Kelten hierherzitiert worden. Es ist alles bis zum Überfluß da, da sollen doch die Kelten nicht fehlen. Ohne die Kelten kann man das Zärtlichkeitsangebot dieser Gegend doch gar nicht ermessen.

Früher

Persönlichkeiten waren die Apfelbäume
ums Haus. Zuerst haben sie ausgerissen, zersägt
und eingeheizt werden müssen, zuerst hast du
erfahren müssen, daß es ihresgleichen
nie mehr geben wird, dann erst ist dir
die Einmaligkeit dieser Apfelbäume auf-
gegangen. Zwei davon dieselbe Sorte,
und welch ein Unterschied. Erst seit nichts mehr ist,
erlebst du alles. Gegenwart hat es,
als es sie gab, noch nicht gegeben. Und wie
das nicht stimmt. Zeit hat es nicht gegeben.
Aber Jahreszeit. Ach, Jahreszeit auch nicht, aber
Dezember und Juni. Am meisten Montag und Freitag,
Lichtmeß und Aschermittwoch. Die Angst hat es
gegeben und die Ungeduld. Mehr, als
jeweils war, sollte sein. Vorm Gewitter
beißen die Kretzer, hat es geheißen, also

hast du zehn oder zwölf mit den sich schmerzlich
sträubenden Würmern an die Angel gekriegt
und hast sie daheim dem Misthaufen überlassen
müssen, auf der Karte standen nur Felchen.
Aber die Mädchenfrauen auf dem Wäschsteg, bis zu
den Knien im Wasser und gebeugt und im los-
legenden Gewitter Hemden seifend
und reibend und redend wie eine glückliche Gruppe.
Göttinnen würde ich sie, wenn ich einen
Himmel hätte für sie, nennen. Zärtlichkeit
hat es gegeben, weil Georg mit mir auf dem frisch
gemähten Gras saß und den Fritz am lockeren
Leitseil uns heimziehen ließ. Das Gras gabelten
wir in den Futtergang, von da in die Traufen. Der
Geruch des Frischgemähten färbte den Stall-
geruch ins Einzigartige. Er ist geblieben.

Und jetzt

Was ich nicht sehe, gibt es nicht, also
fehlt viel. Berge, grad noch ein Gipfelgewell
hochweit drüben, jetzt knien sie blau im See
und saufen sich voll, das Wettertheater, alpine
Regie, Goldgrund als Bühnenbild, der Süden
als gleißendstes Diesseits, der See wütet schwarz
und schäumt weiß, der Sturm spielt das
Zwölfstundenstück vom Autor Föhn: Frühlingsfeuer im
Januar, die Bäume spielen's tobend mit, wir schreien
im Freien und hören uns nicht, und lodern tun
wir auch. Dann sammeln wir Äste und Ideen

und uns Versengte und halten Ausschau
nach den Gipfeln, die abgehauen sind,
wie immer, wenn wir nach ihnen greifen wollten.

Die Stimmung, das Wissen, die Sprache, das Selbstbewußtsein

Obwohl die Menschen inzwischen viel mehr wissen als in der Zeit, in der die Religionen entstanden, verlieren diese Religionen ihre Kraft immer noch nicht. In jedem Jahrhundert werden die Texte neu ausgelegt, daß sie wieder passen. Von naiver Textgläubigkeit bis zur Annahme, daß man an Gott nur als an einen abwesenden und unerkennbaren Gott glauben könne, ist jetzt alles möglich. Die Größe des Glaubens, hat schon Kierkegaard gesagt, ist kenntlich an der Größe des Unglaubens. Ich wundere mich nicht mehr darüber, daß den Theologen ein Atheist lieber ist als ein Gleichgültiger. Wer sagt: Gott existiert nicht, hat doch damit schon von ihm gesprochen. Man spürt direkt, wie schwach die Verneinungskraft der Sprache ist, verglichen mit einem Hauptwort. Wenn es Gott nicht gäbe, könnte man doch nicht sagen, daß es ihn nicht gebe. Es gibt das Wort. Und ein verneintes Wort wird durch eine Verneinung überhaupt nicht aus der Welt geschafft. Es verliert durch die Verneinung so gut wie nichts. Das ist ein Grundvermögen der Sprache, daß die Wörter wichtiger sind als die mit ihnen möglichen Operationen. Und das andere Grundvermögen: Es macht nichts aus, daß es für etwas nichts gibt als das Wort. Im Gegenteil. Es sind ja unsere wichtigsten Hauptwörter, die an sich so wenig Existenz verbürgen, daß man beim Gebrauch solcher Wörter immer dazusagen muß, was man unter diesem Wort versteht, wie man es meint. Gott, Liebe, Leben, Geist, Seele, Dasein, Unendlichkeit, Ewigkeit ... Wir brauchen diese Wörter, sonst gäbe es sie nicht. Sie drücken unser Bedürfnis aus. Unseren Mangel. Unsere Not. Gott, zum Beispiel, haben wir ausgestattet mit allem, was uns fehlt: Ewigkeit, Allwissenheit, Allgegenwart, Unendlichkeit ... In der Bibel soll das Bildnisverbot dafür sorgen, daß man sich diesen allzusehr nach menschlichem Bedürfnis gebildeten Gott nicht als Menschen vorstelle. Ich bin, der ich bin. Bei dieser Tautologie blieb es bekanntlich nicht. Ohne die jeweils zeitgenössischen Attribute der Macht hätte dieser Unvorstellbare nicht irdisch herrschen können. Aber die Religion sollte Sprache bleiben. Die Wörter sollten nicht nur etwas bezeichnen, sondern etwas sein. Heilig, zum Beispiel.

Wer als Kind die Ladungen der Religionswörter an Leib und Seele erfuhr, für den können diese Wörter ihre Kraft nie mehr ganz verlieren. Ich habe dann, als ich zwanzig und noch nicht dreißig war, gierig nach wissenschaftlichen Sprachen verlangt. Soweit diese Sprachen Wissensvermittlung betrieben, habe ich beharrlich an der Verminderung meiner Zurückgebliebenheit gearbeitet. Ich konnte nie genug kriegen an Information. Egal, ob es sich um Desoxyribonukleinsäure handelte oder Monetarismus. Aber ich habe bemerkt, daß alles, was ich nur zu wissen bekommen habe, wenig Wirkung hatte auf mich, in mir. Bei Kleist steht: «Man könnte die Menschen in zwei Klassen abteilen; in solche, die sich auf eine Metapher und 2) in solche, die sich auf eine Formel verstehen.

Deren, die sich auf beides verstehn, sind zu wenige, sie machen keine Klasse aus.» Eine recht ernüchternde Einteilung. Tut fast weh, sich so eingeteilt zu sehen. Aber nehmen wir sie einmal probeweise in Kauf, weil Metapher und Formel immerhin folgenreiche Sprachgebräuche bezeichnen. In welche Abteilung man gehört, weiß man. Trotzdem: Wenn meine immer schweifende Neugier zufällig auf die von der benachbarten Wissensfabrik *Universität Konstanz* gelieferte Darstellung stößt, wie eine Sehnervenfaser von einem «Wachstumskegel», der von «Erkennungsmolekülen» gesteuert wird, wie die Sehnervenfaser in ihr Zielgebiet im Gehirn gezogen wird, wie aus dem Wachstumskegel am Zielort der «Endbaum» wird und spezielle «Kontaktstellen», «Dendriten» genannt, an ihm jetzt als «Übertragungsstellen für Sinnesreize aus der Netzhaut ans Gehirn» funktionieren, dann fesselt mich das immer noch, auch wenn ich erfahre, daß das so zu beobachten bis jetzt nur beim Zebrafisch möglich ist, weil der täglich zweihundert Eier laicht und die auch noch durchsichtig sind.

Informationen dieser Art sind im Stande, meine Lebensangst zu dämpfen. Gegen meine Todesangst vermögen sie nichts. Das muß damit zu tun haben, daß mich Informationen, die aus Formeln stammen oder in Formeln münden, passiv machen. Ich bin der reine Konsument der Information. Ist die Information günstig, nimmt meine Lebensangst ab. Ist sie ungünstig, nimmt diese Angst zu. Ich selber kann nichts tun, als das jeweils zu konstatieren. Auf die Metapher reagiere ich anders. Sie hat immer eine appellierende, mich in Gang setzende Kraft. Da werde ich Mitarbeiter. Die Metapher, das ist der Ausdrucksbereich schlechthin. Am leichtesten erlebbar durch die Wirkung, die Musik auf uns hat. Das Ausdrucksbedürfnis der Menschen hat sich zum Glück nicht durch das biblische Bildnisverbot beschränken lassen. Die Bibeltexte sind ja schon das, was sie verbieten, nämlich Bild, Metapher, Ausdruck, also indirekte Mitteilung. Antwort auf unsere Lage. Mit der fundamentalen Tautologie «Ich bin, der ich bin» war zwar schon ganz genau ausgedrückt, was wir von der Sprache überhaupt erwarten können, aber die nächsten zweieinhalbtausend Jahre haben gezeigt, daß unsere Not über diese Tautologie hinausdrängt. Und selbst wenn einer innerhalb des weißen Schimmels der Religionssprache bleiben will wie der leidenschaftliche und leidenschaftlich genaue Pascal, dann entsteht aus der verordneten Not, daß das Prädikat dem Subjekt nichts hinzuzufügen habe, ein solcher Satzgenuß: «Oh wie glücklich sind die, die in völliger Freiheit und aus innerster Bestimmtheit nicht anders können als ganz und gar freiwillig zu lieben, was sie zu lieben ohnehin verpflichtet sind.» Bei Augustin hieß das noch: «Gib, was du verlangst, dann verlange, was du willst.» Kant hat sogar für unsere Vernunft formuliert, daß «die Vernunft nur das einsieht, was sie selbst nach ihrem Entwurfe hervorbringt».

Wir sind also in der Sprache gefangen, also überhaupt befangen. Und je genauer wir auf diese Befangenheit reagieren, desto deutlicher werden wir uns. Und darauf kommt es doch an in der Sprache: sich selber deutlicher zu werden. Dadurch werden wir anderen deutlicher, also sind wir weniger allein. Selbstbewußtsein, dieses Wort hat die Sprache extra für diese wichtigste Sprachwirkung geliefert. Jean Paul, in der ‹Ästhetischen Vorschule›, formuliert das Projekt seiner Epoche so: Wir «dringen mit mehr Selbstbewußtsein auf mehr Selbstbewußtsein». Hegel, der die Sprache förmlich zu Aussagen zwingt, bildet daraus ein einziges Wort: «Sichselbstwerden». Fichte: «Das höchste Interesse und der Grund alles übrigen Interesses ist das für uns selbst.» Schon erstaunlich, daß die Intellektuellen, denen zu Hause keine Französische Revolution beschert war, die Operation in die Sprache verlegten. More geometrico wollte Fichte, den man nicht aufhören darf, den Leinwebersohn aus der Lausitz zu nennen, auf mathematisch exakte Art hat er versucht, Selbstbewußtsein abzuleiten. Daraus wurde, konnte nur werden, eine reine Sprachbewegung, das große, schöne Fichtesche IchNichtIchBallett. Man hat etwas davon, wenn man es lesend nachturnt, danach hat man eine Erinnerung an eine Daseinssteigerung, aber kein bleibendes, sozusagen benutzbares Ergebnis, kein jetzt beliebig einsetzbares Sinnprodukt. Es sei denn, man treibe Mißbrauch. Der ist natürlich gang und gäbe. Es ist wie beim Musizieren. Musiziert haben ist nicht Musizieren. Gesungen haben nicht Singen. Gelebt haben nicht Leben.

Also: «Sichselbstwerden», das ist das Projekt, das die Sprache am liebsten fördert. Wenn ich in unserer Sprache dem Wort Selbstbewußtsein begegne, bin ich dankbar für den Zufall, gerade in diese Sprache hineingeboren zu sein, und finde mich leichter ab mit manchem Wohllautmangel.

Noch einmal zurück zu der Erfahrung, daß Wissen auf mich weniger wirkt als Nichtwissen. Kierkegaard läßt Religiosität aufhören, «sobald die Ungewißheit die Form der Gewißheit ist». Und der junge Nietzsche: «Eine Religion, die durch und durch wissenschaftlich erkannt werden soll, ist am Ende dieses Weges zugleich vernichtet.» Ich möchte am liebsten fortfahren: Genau so geht es der Philosophie, der Literatur, der Kunst. Existenz ist das hier unentbehrliche Wort. Kierkegaard klagt, daß wir zu viel zu wissen bekommen haben und zu wenig damit anfangen. Deshalb hat ihm, für sich, die direkte Mitteilung, etwa als Wissensvermittlung, nicht genügt. «Mein eigentümliches Verfahren», sagt Kierkegaard, «liegt ... in der Gegensätzlichkeitsform der Mitteilung ...» Dazu gehört, daß man sich nicht an einen anderen wenden kann, um ihn anzusprechen, aufzuklären, die Welt zu verbessern. Die Brauchbarkeit eines Textes für einen anderen läßt sich nicht beabsichtigen. Schriftsteller, die die Welt direkt verbessern wollen, nennt Kierkegaard «Prämissenschriftsteller». Da direkte Mitteilung unserem Dasein nicht entspricht, und zwar wegen der Inkommensurabilität von innen und außen, Endlichkeit und Unendlichkeit u.s.w., deshalb bleibt nur die indirekte Mitteilung, die ihrerseits, das stellt Kierkegaard ausdrücklich fest, auch kein direktes Verständnis erlaubt. In aller Kürze und Mißverständlichkeit: Ein Text kann sich uns mitteilen, ohne daß wir ihn rational verstehen. Sonst gäbe es ja auch keine Musik.

Jetzt ist Novalis dran, mit seinem alles berücksichtigenden ‹Monolog›. Den muß man sich ungekürzt zu Herzen nehmen.

MONOLOG

Es ist eigentlich um das Sprechen und Schreiben eine närrische Sache; das rechte Gespräch ist ein bloßes Wortspiel. Der lächerliche Irrthum ist nur zu bewundern, daß die Leute meinen – sie sprächen um der Dinge willen. Gerade das Eigenthümliche der Sprache, daß sie sich blos um sich selbst bekümmert, weiß keiner. Darum ist sie ein so wunderbares und fruchtbares Geheimniß, daß wenn einer blos spricht, um zu sprechen, er gerade die herrlichsten, originellsten Wahrheiten ausspricht. Will er aber von etwas Bestimmten sprechen, so läßt ihn die launige Sprache das lächerlichste und verkehrteste Zeug sagen. Daraus entsteht auch der Haß, den so manche ernsthafte Leute gegen die Sprache haben. Sie merken ihren Muthwillen, merken aber nicht, daß das verächtliche Schwatzen die unendlich ernsthafte Seite der Sprache ist. Wenn man den Leuten nur begreiflich machen könnte, daß es mit der Sprache wie mit den mathematischen Formeln sei – Sie machen eine Welt für sich aus – Sie spielen nur mit sich selbst, drücken nichts als ihre wunderbare Natur aus, und eben darum sind sie so ausdrucksvoll – eben darum spiegelt sich in ihnen das seltsame Verhältnißspiel der Dinge. Nur durch ihre Freiheit sind sie Glieder der Natur und nur in ihren freien Bewegungen äußert sich die Weltseele und macht sie zu einem zarten Maaßstab und Grundriß der Dinge. So ist es auch mit der Sprache – wer ein feines Gefühl ihrer Applicatur, ihres Takts, ihres musikalischen Geistes hat, wer in sich das zarte Wirken ihrer innern Natur vernimmt, und danach seine Zunge oder seine Hand bewegt, der wird ein Prophet sein, dagegen wer es wohl weiß, aber nicht Ohr und Sinn genug für sie hat, Wahrheiten wie diese schreiben, aber von der Sprache selbst zum Besten gehalten und von den Menschen, wie Cassandra von den Trojanern, verspottet werden wird. Wenn ich damit das Wesen und Amt der Poesie auf das deutlichste angegeben zu haben glaube, so weiß ich doch, daß es kein Mensch verstehen kann, und ich ganz was albernes gesagt habe, weil ich es habe sagen wollen, und so keine Poesie zu Stande kommt. Wie, wenn ich aber reden müßte? und dieser Sprachtrieb zu sprechen das Kennzeichen der Eingebung der Sprache, der Wirksamkeit der Sprache in mir wäre? und mein Wille nur auch alles wollte, was ich müßte, so könnte dies ja am Ende ohne mein Wissen und Glauben Poesie sein und ein Geheimniß der Sprache verständlich machen? und so wär' ich ein berufener Schriftsteller, denn ein Schriftsteller ist wohl nur ein Sprachbegeisterter? –

Also: das rechte Gespräch ist ein bloßes
Wortspiel,
aber die Leute meinen,
sie sprächen um der
Dinge willen
aber spricht einer
bloß, um zu sprechen,
spricht er die herr-
lichsten, originellsten
Wahrheiten aus

aber will einer
von etwas Bestimmtem
sprechen, läßt ihn die Sprache
lächerliches Zeug sagen

das verächtliche
Schwatzen ist die
unendlich ernst-
hafte Seite der
Sprache

Viel weiter kann die Negation des Glaubens an Sprachvernunft nicht gehen. Dann die Analogie mit den mathematischen Formeln: Weil sie nur mit sich selber beschäftigt sind, «spiegelt sich in ihnen das … Verhältnisspiel der Dinge». So sei es auch mit der Sprache. Wer sich von der Sprache leiten läßt, wird ein Prophet sein.

wer das weiß, aber
nicht genug Ohr
für die Sprache hat, der
wird Abhandlungen wie
diese schreiben.

Damit sind Wesen und Amt der Poesie angegeben, aber keiner wird's verstehen, weil es albern ist, weil ich es habe sagen wollen und so keine Poesie zustande kommt.

Er hat analysiert, statt geschwatzt. Und rettet sich in eine Frage: «Wie, wenn ich aber reden müßte? und dieser Sprachtrieb zu sprechen das Kennzeichen der Eingebung der Sprache, der Wirksamkeit der Sprache in mir wäre? und mein Wille nur auch alles wollte, was ich müßte, so könnte dies ja am Ende ohne mein Wissen und Glauben Poesie sein und ein Geheimnis der Sprache verständlich machen? und so wär' ich ein berufener Schriftsteller, denn ein Schriftsteller ist wohl nur ein Sprachbegeisterter?»

Mich begeistert, daß Novalis als Sprachmensch auf seine Weise in die tautologische Kreisläufigkeit Pascals, Augustins, Kants mündet: in völliger Freiheit und aus innerster Bestimmtheit das lieben, was zu lieben man ohnehin verpflichtet wäre; gib, was du verlangst, dann verlange, was du willst; die Vernunft sieht nur ein, was sie selber hervorbringt; wie, wenn «mein Wille nur auch alles wollte, was ich müßte ...»

In diesen Sprachhandlungen wird unsere Sprachbefangenheit ausgedrückt. Aber diese tautologische Kreisläufigkeit klingt in diesen Zitaten harmonischer als in der Bewußtseinswirklichkeit.

Das Selbstbewußtsein, das durch Sprachhandlungen erfahrbar wird, ist nichts Verläßliches. Nichts als prekär ist es.

Der junge Nietzsche beschreibt in seinem Aufsatz ‹Schopenhauer als Erzieher›, was dem Philosophen droht: «Frage: kann sich eigentlich ein Philosoph mit gutem Gewissen verpflichten, täglich etwas zu haben, was er lehrt? ... Muß er sich nicht den Anschein geben, mehr zu wissen, als er weiß? Muß er nicht über Dinge vor einer unbekannten Zuhörerschaft reden, über welche er nur mit den nächsten Freunden ohne Gefahr reden dürfte? Und überhaupt: beraubt er sich nicht seiner herrlichsten Freiheit, seinem Genius zu folgen, wann dieser ruft und wohin dieser ruft? Dadurch, daß er zu bestimmten Stunden öffentlich über Vorherbestimmtes zu denken verpflichtet ist ... Wie wenn er nun gar eines Tages fühlte: heute kann ich nicht denken, es fällt mir nichts Gescheites ein, und trotzdem müßte er sich hinstellen und zu denken scheinen!» Also, in der schönen Vollmundigkeit des 19. Jahrhunderts: Die «herrlichste Freiheit» sei die, daß einer «seinem Genius» folge. Diesen Genius hat jeder. Der spricht sich aber nicht in Vokabularen aus, sondern nur in der einem jeden eigenen Sprache. Die hat auch jeder, solange er diese «herrlichste Freiheit» nicht einem Hilfe versprechenden Vokabular unterwirft. «Seinem Genius» folgen, das ist das, was Novalis nannte, «in sich das zarte Wirken der Sprache zu vernehmen», also eben nicht bei den Vokabularen unterzuschlüpfen.

Die Sprache ist das am wenigsten Verfügbare. Es sei denn, man ist Herr einer Manier oder eines Vokabulars. Sonst entsteht sie allenfalls und auf nicht beherrschbare Weise dadurch, daß man es riskiert, sich ihr anzuvertrauen. Damit ich zum Beispiel eine Leseerfahrung kennenlerne, faßbar mache. Faßbar für mich selbst. Mein Selbstverständnis zu fördern. Je unwillkürlicher ich dabei verfahre, desto ergiebiger für mein Selbstverständnis. Glaube ich. Und Kierkegaard: Nachdem er des langen und breiten entwickelt hat, daß nur die «Gegensätzlichkeitsform» zum Ausdruck des schlechthin Inkommensurablen tauge, nachdem er formuliert hat: «Durch direkte Mitteilung ließ es sich nicht machen, da sich diese immer nur zu einem Empfänger in Richtung auf sein Wissen, nicht wesentlich zu einem Existierenden verhält», jetzt merkt er, daß er diese Erfahrung und Empfehlung ziemlich direkt und gar nicht in der «Gegensätzlichkeitsform» mitgeteilt hat, und er rettet sich so: «Was diese meine abweichende Auffassung über das Mitteilen angeht, so ist mir zuweilen eingefallen, ob sich denn nicht dies – betreffs der indirekten Mitteilung – direkt mitteilen ließe.»

Ich hoffe, das sei ein Trost für uns alle, wenn wir uns nicht ununterbrochen fähig fühlen, unsere «herrlichste Freiheit» zu gebrauchen, wenn wir also einmal «unserem Genius» einfach nicht zu folgen vermögen und dann unsere Mitteilung eben wieder einmal nicht in unwillkürlicher Genialität, sondern nur in kluger Willkür verfassen. Wenn nur die Wunschrichtung erhalten bleibt! Wichtiger als das, wozu wir uns fähig fühlen, ist tatsächlich die nicht so recht begründbare Hoffnung oder gar Zuversicht, daß wir durch die indirekte Mitteilung, die unwillkürliche, die, mit der man weniger zielen, weniger beabsichtigen, die man auch weniger dirigieren kann, daß wir durch die mehr über uns erfahren als durch jede andere. Wenn wir dann fürchten müssen, vor lauter Nichtanpassung der Mitteilung an irgendeinen Adressaten überhaupt keinem mehr außer uns selber verständlich zu sein, dann sind wir auf einem knospenreichen Weg. Kierkegaard hat diese unausdenkliche Disziplin auf der Klaviatur seiner Pseudonyme durchprobiert; als Johannes Climacus formuliert er das so: Selbst wenn er mit der indirekten Mitteilung keinen erreiche, so dürfe er dann doch von sich sagen, «sich nicht der geringsten Anpassung schuldig zu machen, um einen zu bekommen, der ihn versteht»; sein Trost sei dann, daß er «mit aller Kraft vergeblich gearbeitet» habe, «es Gott überlassend, ob es Bedeutung haben solle oder nicht». Sehr viel tiefer sollte man, finde ich, die Ebene, auf der über Bedeutung entschieden, also interpretiert wird, nicht ansetzen. Das wenigstens ist sicher: Wir sollen unsere Mitteilung nicht ermäßigen, um noch einem anderen verständlich zu sein. Im Gegenteil: Je rücksichtsloser wir uns mitteilen, desto mehr erfahren wir über uns. Und nur darauf kommt es an. Auf unser Selbstverständnis. Das ist alles andere als eine Empfehlung zur Selbstherrlichkeit und Isolierung. Im Gegenteil, je mehr wir uns bei unserer Mitteilung nach uns selbst richten, desto mehr erfährt auch ein anderer über uns. Wie Novalis sagt: «Wir kennen nur eigentlich, was sich selbst kennt.»

Damit sind wir bei der Metaphernfraktion. Kafka, als Einunddreißigjähriger, im Tagebuch: «Gestern und heute ein wenig geschrieben ... Es ist trotz aller Wahrheit böse, pedantisch, mechanisch, auf einer Sandbank ein noch knapp atmender Fisch.» Das war im Jahr 1915. Wenige Jahre davor der auch nicht viel ältere Robert Walser: «Was soll ich mit den Gefühlen anfangen, als sie wie Fische im Sand der Sprache zappeln und sterben zu lassen? Ich werde mit mir zu Ende sein sobald ich mit Dichten fertig bin, und das freut mich. Gute Nacht.» Und Hölderlin im ‹Hyperion›: «Meine Seele ist, wie ein Fisch aus ihrem Elemente auf den Ufersand geworfen, und windet sich und wirft sich umher, bis sie vertrocknet in der Hitze des Tags.»

Jeder dieser drei Dichter ist ganz und gar durch eigene Erfahrung zu dem Leidensbild des auf dem Sand verendenden Fischs gekommen.

Hegel hat das Selbstbewußtsein des Herrn beschrieben als ein Anerkanntsein durch den Knecht und das Selbstbewußtsein des Knechts durch sein Nützlichsein. Wer weder von selbst anerkannt noch nützlich ist – und wer ist das schon: von selbst anerkannt oder nützlich –, dem bleibt nur die Sprache. Oder überhaupt die Ausdruckswelt. Von Wilhelm Meisters «unwiderstehlicher Neigung» zur «harmonischen Ausbildung» seiner Natur, die ihn dem Kaufmannsstand entfremdet, über Dostojewskis Kanzleisekretär, der sagt: «Nicht nur, daß ich nicht verstand, böse zu werden – ich verstand überhaupt nichts zu werden: weder Held noch Insekt», bis zu Kafkas Handelsvertreter Samsa, der, weil es ihm an Selbstbewußtsein fehlt, als Quasi-Insekt erwacht, bis zu Robert Walsers Jakob-von-Gunten-Satz: «Ich respektiere ja mein Ich gar nicht, es läßt mich kalt.» Dieser Jakob hat einen Vorvater in dem Kleinbürgerhelden Jean Pauls, der neben sein Ich tritt, sein Ich erlebt als einen Schaumglobus, von dem ein Bläschen nach dem anderen zerplatzt, er sieht zu und ist selber eins.

Solange wir unsere Stimmung ausdrücken können, dürfen wir uns einbilden, die Herren des Verfahrens zu sein, dessen eher elende Objekte wir sind, sobald wir nichts mehr zu sagen haben. Vorstellbar ist das nicht. Noch nicht. Botho Strauß zum Beispiel schwärmt von einem «Durchglühen» «aller Netze und Systeme», das sei ein «Durchglühen», «das aus dem Jenseits des Wissens so verheißungsvoll heraufleuchtet und in seiner Heiterkeit sich ankündigt. Das freie und tiefe Abirren des Geistes …» Manchmal glaube ich, daß man schon in tausend Jahren zwischen uns und dem Mittelalter, also zwischen

Nietzsche und Thomas von Aquin, kaum noch unterscheiden werde. Man wird uns alle für durch und durch religiös halten. Eben weil wir so befangen waren in der Sprache, wie die Menschen von Anfang an waren. Eine auf uns folgende Unbefangenheit können wir uns, befangen wie wir nun einmal sind, nicht vorstellen.

Das Jakobsevangelium

Über ‹Jakob von Gunten› von Robert Walser.

Ich müßte bei jedem Satz über Jakob von Gunten sagen: für mich. Für mich ist er der schönste und radikalste Roman der Literatur in deutscher Sprache. Ich habe das 177-Seiten-Buch zirka zwanzigmal gelesen. Da ich kein Kritiker bin, genügt es nicht, mein Wohlgefallen und meine Begeisterung über diesen Roman einfach hinauszuposaunen, ich muß begründen.

Zuerst eine Behauptung: Alle Romane handeln vom Selbstbewußtsein. Vom Werden des Selbstbewußtseins, also von den Krisen bei der Entwicklung eines Selbstbewußtseins. Entwicklungsroman ist das Fachwort für die Gattung. Aber jeder Roman ist ein Entwicklungsroman. So exemplarisch für die Gattung wie ‹Jakob von Gunten› sind nur noch der ‹Wilhelm Meister›, der ‹Grüne Heinrich› und ‹Der Prozeß›. Bei den beiden Exemplarischen aus dem 20. Jahrhundert mißglückt die Entwicklung exemplarisch. Kafkas Prozeßroman führt zu einer Art Selbstmord, Robert Walsers Roman endet im hellsten Wahn. «Gott geht mit den Gedankenlosen», heißt es am Schluß. Aber kein anderer Roman erzählt so ausdrücklich von nichts als von der Bedeutung des Selbstbewußtseins, und das heißt hier: des fehlenden Selbstbewußtseins. Unverkleidet, ganz nackt wird die Selbstbewußtseinskrise erzählt. Jakob ist Schüler in einer Diener-Schule. Das Erziehungsziel: lernen, nichts zu sein. Man soll sich daran gewöhnen, nichts zu sein. Und in solchen Sätzen ereignet sich diese Lehre: «Unser Glaube an uns ist unsere Bescheidenheit. Wenn wir an nichts glauben würden, wüßten wir nicht, wie wenig wir sind.» Also war es viel zu theoretisch von mir zu sagen, in dieser Schule lerne man, sich daran zu gewöhnen, daß man nichts ist. Ein Theoretiker könnte so verfahren, ein Erzähler ist immer genauer, das heißt wirklichkeitshaltiger. Wenn diese Schüler lernten, an nichts zu glauben, dann würden sie ja nicht mehr erkennen, wie wenig sie sind. Jakob erkennt schon am Anfang des Romans, daß er wahrscheinlich eine «reizende, kugelrunde Null im späteren Leben sein» wird. Und eine «reizende, kugelrunde Null» ist eben etwas ganz anderes als nichts. Es ist nicht mehr als nichts, es ist aber die wirkliche, die gesellschaftliche Entsprechung des Nichts. Das ist die große Umkehrung aller idealistisch weltfrommen Romanwerke: Selbstbewußtsein heißt zu wissen, wie wenig man ist.

An Mitschülern und Schulaufgaben wird die Gewöhnung ans Wenigsein durchdekliniert. Vor allem die Gewöhnung an Erfolglosigkeit. Und wie das schmackhaft gemacht wird, das Erfolglosbleiben und das Wenigsein! Jakob erlebt, wie sie alle einander ähneln, die Erfolgreichen «in einer gewissen, rasch dahinsausenden Liebenswürdigkeit, und ich glaube, das ist das Bangen, das diese Leute empfinden». Jakobs Grunderfahrung: etwas entbehren: «Das hat auch Duft und Kraft.» Aber das geht nie eintönig vor sich. In sozusagen tausend Farben und Tönen teilt Jakob mit, wie weit er es bringt in der Verneinung der Hoffnung, der Sehnsucht, überhaupt der Zukunft, und wie er lernt, den Verlust nicht nur zu ertragen, sondern zu preisen. Immer wieder will sein Denken ihn verführen zum Hoffen und Sichsehnen, also zum Leiden, und Jakob: «... aber ich verachte im Grunde genommen mein ganzes Denkvermögen.» So weit muß man es bringen, um vor Enttäuschungen sicher zu sein. Aber nie ein für allemal. Immerzu ist er radikal beschäftigt mit dem, was er «Durch-Erfahrung» nennt. Zum Beispiel, wenn das in dieser Schule verbotene Lachen oder Weinen dran ist und auch gleich noch die Liebe. «Etwas nicht tun dürfen, heißt, es irgendwo anders doppelt tun. Nichts ist fader als eine gleichgültige, rasche, billige Erlaubnis ... Nicht weinen dürfen z. B., nun, das vergrößert das Weinen. Liebe entbehren, ja, das heißt lieben. Wenn ich nicht lieben soll, liebe ich zehnfach. Alles Verbotene lebt auf hundertfache Art und Weise; also lebt nur lebendiger, was tot sein sollte.»

Diese weit genug gehende Ausführlichkeit nennt Jakob Schwatzen. Literaturfreunde erinnern sich, daß Novalis in einem ‹Monolog› genannten Prosastück das Schwatzen als das am weitesten führende und ins Tiefste reichende Sprechen vorführte. Jakobs Erziehungsprozeß ist also die radikale Umwertumg aller bisher in Europa angestrebten Erziehungsziele. «So schätze ich an mir, wie ich eine Türe öffne.» Das ist der wahre Jakob. Mir, dem Laien in der Religionskunde, kommt das fast buddhistisch vor. Und ich höre in manchen Abschnitten dieses abschnittsreichen Romans zarathustrische Töne. «Du Tänzer, o ich durchschaue dich», solche Töne kommen da vor. Ich empfinde die radikale, aber mit nichts als Poesie erreichte Negation alles gesellschaftlich Anerkannten zarathustrisch, auch wenn sie so gegenwertig daherkommt: «Daran, daran halte ich ungebunden fest, daran, daß ich klein, klein und nichtswürdig bin.» Jetzt aber noch, die ebenso radikale Umwertung der Umwertung, und dagegen ist selbst ‹Zarathustra› fast eintönig: «Ich respektiere ja mein Ich gar nicht, ich sehe es bloß, und es läßt mich ganz kalt ... Wie glücklich bin ich, daß ich in mir nichts Achtens- und Sehenswertes zu erblicken vermag! Klein sein und bleiben. Und höbe und trüge mich eine Hand, ein Umstand, eine Welle bis hinauf, wo Macht und Einfluß gebieten, ich würde die Verhältnisse, die mich bevorzugten, zerschlagen, und mich selber würde ich hinabwerfen ins niedrige, nichtssagende Dunkel. Ich kann nur in den unteren Regionen atmen.»

Weiter ist bis jetzt noch keiner gegangen, keiner gekommen, weder erzählerisch noch theoretisch. Daß es sich um Ironie, reine Ironie handelt, ist in unseren Literaturgegenden nicht mehr zu begreifen, weil man sich traditionell so geblendet hat, daß man humoristische Meisterleistungen zu Ironiewerken gemacht hat. Ironie ist das Jakobsevangelium, weil kein Mensch wirklich so tendieren kann wie Jakob. Wir sollen durch Prosazauber verführt werden, etwas zu bejahen, was wir normalerweise bestreiten und bekämpfen, wir sollen sagen, die Welt habe recht, wenn sie uns nicht so schätzt, wie wir geschätzt zu werden wünschen. Jetzt radikalisiert das die Ironie zur sozusagen prinzipiellen Selbstunterschätzung, Selbstverneinung. Dann hat die Welt keine Chance mehr gegen uns. Es winkt auf der eisigen Scholle der Selbstlosigkeit die absolute Selbstherrlichkeit. Daß das nur als

Poesie geht oder als Musik, weiß ohnehin jeder. Daß dieses Meisterwerk unter uns eher unbekannt geblieben ist, sagt mehr über uns aus als über dieses Buch des reinen Zaubers.

Die menschliche Wärmelehre

Eine Phantasie

Seit wir ein Gespräch sind und hören können von einander.
Hölderlin

1.

Man kann Menschen besser beurteilen nach dem, was sie verschweigen, als nach dem, was sie sagen. Das ist der 1. Hauptsatz der menschlichen Wärmelehre. Dieser Satz macht es nötig zu behaupten, es sei leicht, in dem, was ein Mensch sagt, das festzustellen, was er verschweigt. Und wenn man sich angewöhnt hat, den Text eines Menschen Wort für Wort als die Mitteilung eines verschwiegenen Textes zu verstehen, dann werden auch die fadesten oder banalsten Sätze dramatisch interessant. Auch die farblosesten Politikerstatements werden, wenn man in ihnen das Verschwiegene entdeckt, abgründig attraktiv. Und es sind gerade die farblosesten Routinephrasen, die dann die spannendsten Kehrseiten offenbaren. Also ist der 2. Satz der menschlichen Wärmelehre: Je farbloser ein Text, desto mehr hat er zu verbergen. Und was er zu verbergen hat, das zeigt er um so krasser, je mehr er es zu verbergen sucht. Vielleicht wissen das die Linguisten längst und machen den profitabelsten Gebrauch davon, sagen es aber nicht weiter, weil sie dadurch vielleicht eine neue Dimension der Geheimhaltung provozieren würden, der sie linguistisch dann nicht mehr gewachsen wären.

Auf mich angewendet heißt das natürlich auch: Mit allem, was ich sage, verschweige ich etwas. Und ich bin in dem, was ich verschweige, viel mehr enthalten als in dem, was ich sage. Was ich sage, gehört immer schon zu dem, was man sagen kann, ohne allzu unangenehm zu wirken. Mit dem, was ich sage, will ich mich beliebt machen. Das, was ich verschweige, hätte meine sofortige Unbeliebtheit zur Folge.

2.

Der große Vorteil des Verschweigens: Man braucht keinen Menschen mehr, dem man mehr sagen kann als anderen. Es ist kein Mensch vorstellbar, dem gegenüber man nichts zu verschweigen hätte. Andererseits kann ich mir nicht einbilden, andere kriegten in dem, was ich sage, nicht mit, was ich verschweige. Das ist gut so. Was sie in dem von mir Gesagten als Verschwiegenes, als Geheimgehaltenes entdecken, erleben sie als ihre Entdeckungsleistung. Und was sie da entdecken, das hat immer soviel von ihnen selbst wie von mir. Sie können nie ganz sicher sein, ob in dem, was sie in mir entdecken, mehr sie selbst vorkommen oder mehr ich. Das hat gleich etwas mit Musik zu tun und Rembrandt und Wolkenbildung. Das, was man in einem Gesagten als Verschwiegenes wahrnimmt, hat nie die banale Deutlichkeit des Gesagten, sondern ist als Geheimgehaltenes, das man entdeckt, eine vieltönige Vielfarbigkeit. Wir könnten ja die unendliche Talkshow und den unaufhörlichen Medienandrang in all ihrer Nichtigkeit nicht ertragen, wenn wir nicht längst gelernt hätten, in dem ödesten Textband die verschwiegenen

Menschlichkeiten und die Reichtümer der von den Sprechern verheimlichten Schicksale zu entdecken.

Wir, die Entdecker des Verschwiegenen, machen die Welt erträglicher, als sie ist.

3.

Wenn ich unter Leuten bin, muß ich denen oft verheimlichen, daß ich lieber nicht bei ihnen wäre, sondern woanders. Ganz woanders. Jedes Wort, das ich hier sage, verheimlicht, was ich hier nicht sagen kann, aber woanders sagen möchte. Das ist die gewöhnliche Geheimhaltung. Und ich spüre, jeder und jede von den anderen wäre auch lieber woanders. Wir müssen vor einander verheimlichen, wo wir am liebsten wären, oder wir müssen wortlos, grußlos vor einander davonrennen. Diese Erfahrung setzt voraus, daß wir nie sind, wo wir am liebsten wären.

4.

Jeder weiß genau, was er sagen darf und was er verschweigen muß. Andernfalls wäre man ein unmöglicher Mensch. Das Verhältnis zwischen dem, was man noch sagen kann, und dem, was man verschweigt, sagt mehr aus über einen Menschen als ein noch so radikales sogenanntes Bekenntnis. Ich weiß nicht warum, aber ich höre in jedem Bekenntnis hauptsächlich das, was der Bekennende durch das Bekennen verheimlichen will. Aus eigener Erfahrung: Solange ich am Bekennen bin, halte ich mich für einen Bekenner. Nachher drängt sich mir auf, was ich durch dieses Bekenntnis verschwiegen habe. Ja, sogar verheimlicht habe. Wieder einmal.

5.

Erleben, daß der dir nächste Mensch dir soviel verschweigt wie du ihm. Daß das zu Verschweigende zunimmt proportional mit dem Zunehmen der Nähe, das sorgt für Dunkelheit beziehungsweise Abgrund in jeder Beziehung. Und die Ahnung, daß ohne Verschwiegenes die Beziehung spannungslos sein könnte.

6.

Unsere Höflichkeiten, unsere Angemessenheiten, unsere Verhaltenheiten sind Übersetzungen des Geheimgehaltenen, Übersetzungen des Ungesagten ins Sagbare. Der Geheimhaltung selber entspricht allenfalls das Selbstgespräch. Das Selbstgespräch ist allerdings für den erfahrenen Geheimhalter alles andere als eine offene Selbstbegegnung. Der 3. Satz der menschliche Wärmelehre: Vor mir verberge ich mehr als vor anderen. Aber anderes.

7.

Es muß nicht gleich eine Theorie des Verschweigens sein. Im Unterschied zu den Diskursfürsten bin ich zufrieden, wenn ich das Gefühl habe, das, was ich sage, entspreche mir. Ich sage es nur für mich. Der Ehrgeiz, eine Norm zu gebären, ist mir fremd. Ich sage, was sich nur um mich dreht, öffentlich, weil ich dadurch erfahren will, ob es anderen auch so gehe wie mir. Und wenn ich dann einmal etwas in der Form einer auf alle zutreffen wollenden Behauptung sage, dann nicht, weil ich glaube, ich wüßte etwas, was auch auf andere zutrifft; ich behaupte etwas allgemein nur, wenn ich mich nicht traue, den so behaupteten Sachverhalt als eine persönliche Erfahrung zuzugeben.

8.

Ich nehme an, andere müßten mir genau soviel mich Betreffendes verschweigen, wie ich ihnen über sie verschweige. Vielleicht bin ich im Verschweigen so gut, daß andere glauben, ich verschwiege ihnen wenig, sie dagegen mir sehr viel. Ich habe Routine im Michhinreißenlassen, aber eben gezielt. Dieser demonstrativ Hingerissene wirkt, weil er so genau zielt, wie ein total Hingerissener. Es geht dabei immer um das gleiche. Unser aller innerstes Motiv oder Thema oder Interesse bedienen wir mit einem unerschöpflichen, unendlichen Verheimlichungsaufwand. So kommen wir zum 4. Hauptsatz der menschlichen Wärmelehre. Jeder Mensch wird zum Dichter dadurch, daß er nicht sagen darf, was er sagen möchte.

9.

Wir Geheimhalter – wenn ich hier noch einmal den Plural riskieren darf – sind reizbare Leute. Und notwendigerweise rechthaberisch. Also unduldsam. Ohne daß wir das jeweils wissen, fürchten wir andauernd, entlarvt zu werden. Die Umwelt könnte draufkommen, warum wir so fleißig, zielsicher, energisch, mutig, aufrecht demokratisch, herzhaft republikanisch, universalistisch konsensverkündend, überstreng und unduldsam sind. Wir bemühen uns ein Leben lang, unsere Lieblingsmaske zu unserem Gesicht werden zu lassen. Den Unterschied zwischen Maske und Gesicht müssen wir immer mit Argwohn, Hochmut und Biegsamkeit vertuschen. Wir vermuten in jeder Nachfrage eine Verdächtigung oder gar schon Bezichtigung.

10.

Jeder ist der, der am meisten verschweigt. Du weißt nicht andauernd, wieviel du verschweigst. Du hast das Gefühl eines großen Reichtums. Du kannst nicht andauernd zählen und wiegen, wieviel du birgst. Du spürst das Verschwiegene wie eine Kraft. Eines schönen Tages, denkst du, dann werdet ihr Augen machen. Aber du spürst das Verschwiegene auch als Gefahr. Es gibt die Angst, du könntest plötzlich das Verschwiegene nicht mehr zurückhalten, es könnte aus dir herausstürzen. Zu früh. Jetzt schon. Zur Unzeit. Das wäre das Ende. Dein Ende. Es stürzte heraus vor den Zeugen, vor denen du es verschweigst. Öfter allerdings sucht dich die Vorstellung heim: Es wird nie herausstürzen aus dir. Du wirst es verschweigen bis zum Schluß. Mit dieser Vorstellung gehörst du sofort zur Menschheit schlechthin. Das ist das Übliche: verschweigen bis zum Schluß. Und wenn es genau umgekehrt wäre? Wenn die anderen dir über dich viel mehr verschweigen als du ihnen? Viel mehr, als du dir überhaupt vorstellen kannst? Kann sein, du bist der Naive, der glaubt, er verheimliche den anderen alles, die aber sagten ihm alles. Wenn du je an das stießest, was die anderen vor dir, nämlich dich betreffend, verheimlichen, würdest du wahrscheinlich ohnmächtig umfallen.

11.

Ich muß mir selber viel verschweigen. Immer mehr. Das, was ich um meinetwillen nicht denken darf, ist die höchste Stufe der Geheimhaltung. Schon im Auftauchen solcher Gedanken, die aus als unerträglich bekannten Erfahrungen stammen, spürt man, daß man, was da kommen will, abblocken muß. Nichts darf deutlich werden. Schon beim marginalen Herumgeistern des Unerträglichen erfolgt von selbst, seemännisch gesprochen, das Kommando: Schotten dicht. Dermatologisch: Poren dicht. Dieses das Schlimme bis zur Unempfindbarkeit schwächen nennt man seit Freud Verdrängen. Er ahndet diese feinste Fähigkeit der Seele, sich vor Unerträglichem zu schützen. Wie auch sonst wertet er auch hier moralisch und erfindet Strafen, wenn wir nicht so reagieren, wie es ein viktorianisch-bürgerlicher Anstandskanon vorschreibt. Der

5. Hauptsatz der menschlichen Wärmelehre: Das Vergessen, die ideale Form der Geheimhaltung.

12.

Eine Einschränkung: Wenn man sich für einen Menschen interessiert, drängt es sich einem deutlicher auf, was in seinem Gesagten verschwiegen wird. Das größte Interesse für einen anderen nennt man Liebe. Wer liebt, entdeckt in dem, was der oder die Geliebte sagt, am meisten. Am meisten Verschwiegenes. Bekanntestes Beispiel: Eifersucht. Und der Eifersüchtige ist der Entdecker schlechthin. Er sieht in allem etwas. In allem Erscheinenden, Gesagten, Geäußerten sieht er den Subtext, die Kehrseite, das Verschwiegene als Verheimlichtes. Und er entdeckt sogar, was dem, in dem er es entdeckt, noch gar nicht bekannt sein muß. Er entdeckt im anderen nicht nur, was ist, sondern auch, was sein wird. Der Eifersüchtige ist ein Prophet. Und im Grunde ist die Eifersucht unser Verhältnis zur Welt überhaupt. Auf jeden Fall zu allem in der Welt, woran wir interessiert sind. Das wird nur verstehen, wer die Welt liebt. Wer sie mehr liebt, als sie geliebt werden sollte.

13.

Der 6. Hauptsatz der menschlichen Wärmelehre: Wir unterscheiden uns durch das, was wir verschweigen, weniger von einander, als durch das, was wir sagen. Das hieße:

Wir verschweigen alle das gleiche; nicht stofflich, nicht konkret, sondern motivisch, thematisch, lebensbezogen.

14.

Das Verhältnis von Gesagtem und Ungesagtem ist nicht das von Lüge und Wahrheit. Das Verschwiegene ist nicht das Gegenteil des Gesagten. Das Verschwiegene ist nicht das Lichtscheue, Entlarvte, Ertappte, Überführte. Oder: Wenn es das ist, dann ist es nicht nur das. Es ist auch und, hoffe ich, vor allem das Ununterwerfbare, das Fassungslose, das Übermütige, das Schwermütige, das Verzweifelte, das Verletzte, das Traumsüchtige, Weltflüchtige, Weltgierige, das auf keinen Nenner zu Bringende, das jeden Begriff Sprengende, das Lebensverfallene, also das Sehnsuchtskranke beziehungsweise das Eigentliche, also der Reichtum schlechthin. Heißt also der 6. Hauptsatz der menschlichen Wärmelehre: Das Verschwiegene ist der Reichtum, für den lebenslänglich nach einer Währung gesucht wird.

Aber das kennt ja jeder. Oder?

Platonische Stimmbänder

Ein Nachtrag

Man darf sich wundern über die Ortlosigkeit des Selbstgesprächs. Da man bei allem Wichtigeren nie weiß, ob es anderen gehe wie einem selbst, muß ich mich einschränken auf mich. Ortlos, farblos, klanglos ist das Selbstgespräch. Es findet zwar im Kopf statt, aber wenn ich es da noch genauer lokalisieren will, merke ich, daß es eigentlich nicht im Kopf, sondern im Kehlkopf stattfindet. Dort aber mit platonischen Stimmbändern. Kein bißchen Intonation und doch ein Sprach- und ein Sprechgefühl. Die platonischen Stimmbänder sind kein Organ, sondern eine Erfahrung.

Es spricht in dir, ohne daß du irgend etwas Materielles brauchst oder gebrauchst. Die platonischen Stimmbänder sind nach aller Erfahrung Freiheitspotenzen. Gedankenfreiheit, das Wort sagt schon alles. Es wird nie Freiheit außerhalb der Gedanken geben. Das Wort tut so, als könne man denken, was man will, ohne bestraft oder geächtet oder verachtet zu werden. «Sire – geben Sie Gedankenfreiheit.» Ach ja. Man muß, wenn man in den Schulen (noch) ‹Don Carlos› übt, dazusagen, daß Schiller mit Gedankenfreiheit Redefreiheit meinte. Gedankenfreiheit als Freiheit, das zu sagen, was man denkt, hat es nie gegeben und wird es wahrscheinlich nie geben. Wir alle haben gelernt, aufzupassen. Jeder weiß, was er sagen darf und was nicht. Und je strenger die Sagbarkeit normiert wird, desto wichtiger wird das Selbstgespräch. Es gibt eine Art von Ersticken der Seele oder des Bewußtseins oder des Geistes, ein platonisches Ersticken eben, wenn man das Selbstgespräch nicht hätte, die platonischen Stimmbänder. Da formiert sich die Antwort auf das, was uns draußen passiert. Wer im Selbstgespräch das sagt, was er auch draußen im gesellschaftlich gegebenen Raum sagt, der kann sich als integriert beziehungsweise als gerettet vorkommen. Der kann Bundespräsident werden.

Wir sehen diese Bundespräsidentenreife jeder durch die Medien geisternden Figur an. Was man sagen soll, oder darf oder muß, wird in Deutschland am genauesten durch den Bundespräsidenten vorgemacht. Dazu haben wir ihn überhaupt. Wenn dir im Selbstgespräch Sätze begegnen, die ein Bundespräsident gesagt haben könnte, darfst du dich als gerettet betrachten. Dann kann dir nichts mehr passieren. Die Funktion Bundespräsident ist nicht auf ihn beschränkt. Er ist nur der Inbegriff beziehungsweise der Ausbund dessen, was Leitartikler, Dichter, Philosophen, eben Intellektuelle jeder Art mit einander vermögen: die Pflege der Sagbarkeit. Auf daß das Unsägliche verschwinde. Nie werde ich erfahren, ob die Damen und Herren der Sagbarkeit in sich ein Selbstgespräch erfahren, das sich unterscheidet von dem, was sie öffentlich pflegen. Ich halte schon die Frage, ob etwa ein Bundespräsident das normale wüste Selbstgespräch durchmachen müsse, für polemischen Atavismus. Der Bundespräsident ist oder sagt oder: ist und sagt immer so ziemlich das Gegenteil dessen, was gerade als Selbstgespräch der Gesellschaft oder der Nation im Schwange ist. Sonst müßte er sich ja nicht so streng und moralhoheitlich an uns wenden.

Um es klarzumachen: Jeder Schauspieler darf nach seinem Auftritt hinter den Kulissen fragen: War ich gut? Das ist bei einem Bundespräsidenten unvorstellbar. Das ist sogar beim Verfasser dessen, was die ‹Zeit› auf die Titelseite druckt, unvorstellbar. Lesen müssen das nur Leute, die irre werden am Richtigen. Wer etwa im Selbstgespräch das Gegenteil dessen erfährt, was in der ‹Zeit› auf der ersten Seite steht, der muß diese ‹Zeit›-Seite durch und durch lesen, sonst verwildert er noch vollends. Wenn ich dem Bundespräsidenten zuhöre oder diese Titelseite lese, blüht ein Frieden in mir auf, den ich von Herzen genieße. Ich fühle mich momentan erlöst von allem Wildwuchs, von aller geistig abschüssigen Abenteuerlichkeit. Ich erlebe, daß ich doch verstehe, was der Bundespräsident und die ‹Zeit›-Menschen mir sagen wollen. Schon die bis zur edelsten Langeweile gesteigerte Entspanntheit der Sprache! Kann es etwas Schöneres geben, als in einem Land zu leben, in dem es keinen Zweifel mehr darüber gibt, was GUT und was BÖSE ist! Sich selber als jemanden zu erleben, der durch und durch versteht, was ihm von den Repräsentanten des Guten gesagt wird –, das ist Lebensqualität. Mein Selbstgespräch wird da sofort zum Samisdat. Wenn ich Zeuge werde, wie der Bundespräsident seinen geprüften Ernst den getauften Kameras anvertraut, spüre ich, daß mein Innenleben ungetauft heißen muß. Verglichen mit den Pflegern der Sagbarkeit komme ich mir unvorzeigbar vor. Mein Selbstgespräch macht mich auch mir selbst verdächtig. Das verdanke ich den edlen Bemühungen derer, die jeweils wissen, was das Richtige ist.

Kafkas ‹Prozeß› müßte längst neu geschrieben werden. ‹1984› auch. Die Anklage wird nicht mehr in den proletarischen Vorstädten erhoben, die Überwachung wird nicht mehr ausgeübt von Staatsterroristen; die Normierung des Anstands, die Verkündigung des Richtigen, die Anstiftung zum Guten geschieht durch die Guten, die Besseren, die Allerbesten, und zwar fachlich, menschlich, also überhaupt durch die Guten schlechthin. Was da aus mir spricht, ist nichts als die Stimme der Angst, daß mir die Kehrseite wichtiger werden könnte als die Seite. Das Selbstgespräch wichtiger als das Gespräch. Einerseits gibt es kaum Schöneres als die, ich muß es so sagen, die wilde Vehemenz des Selbstgesprächs, andererseits merkt man, daß das Selbstgespräch eine blödsinnige Hoffnung hat, eines Tages hinauszukommen, Gespräch zu werden. Wenn es diese Hoffnung gar nicht mehr hat, gerät es, vorsichtig gesagt, in Gefahr. Ich glaube nicht mehr, daß die platonischen Stimmbänder je Laut geben dürfen, aber ich höre, was sie mir aufdrängen, immer ab und versuche, etwas von dem mir Aufgedrängten in einer bis zur Mitteilbarkeit verharmlosten Art anzudeuten. Wenn mein Selbstgespräch mitkriegt, was ich aus seinem bösen und herrlichen Wust draußen zum besten gebe, wird eine Zeit lang nur noch gelacht. Schrill gelacht. Dazu eignen sich die platonischen Stimmbänder ganz gut. Also frage ich blöde hinaus: Ist anderer Leute Selbstgespräch weniger eingesperrt? Daß die Repräsentanten des Richtigen wahrscheinlich nur eine Sprache haben, innen wie außen, eben die Sprache des Richtigen, ist mir verständlich, ist mir wichtig; ich brauche ja die Meister des Sagbaren, des Richtigen zur Selbst-Justierung. Aber wir, ich sage nicht die schweigende Mehrheit, ich sage, wir, die ins untaufbare Selbstgespräch Verstrickten, wir, die zutiefst Polyglotten, wir, die eher Unrichtigen –, wir haben wahrscheinlich für immer und unter wahrscheinlich allen Umständen, wenn wir uns selbst nicht ganz verlorengehen wollen, als Organ der Selbstvergewisserung nichts als die platonischen Stimmbänder. Mehr als daß wir sie haben, können wir nie mitteilen. Allenfalls können wir noch andeuten, daß mit den platonischen Stimmbändern Töne hervorzubringen sind, die es aufnehmen können mit dem Schönsten, was je auf Erden laut geworden ist. Die Schönheiten des Selbstgesprächs sind, glaube ich, die einzigen, bei denen Inhalt und Form nicht unterschieden werden können, also eins sind. Wie etwa beim Gesang der Amsel oder der Nachtigall oder wie bei einem Sonnenauf- oder -untergang. Die nie ganz glückende Selbstdisziplinierung bleibt das Problem. Eine der Wahrheit zum Verwechseln ähnliche Heuchelei kann von uns verlangt werden. Sonst droht der Prozeß, den Kafka noch nicht schreiben konnte.

II. Ums Leben schreiben

Ein Lebenskunstwerk

Zum Briefwechsel Rudolf Borchardt–Rudolf Alexander Schröder

1.

Es wird mir nicht gelingen, die Sprachenergie oder den Geistesglanz oder die Existenzintensität oder den Gedankenwirbel oder die Geschichtsmächtigkeit oder die Formulierungswut oder den Verantwortungsernst oder die Verachtungspotenz oder die Nervenbizarrerie oder die Hochmutsgesten oder die Einsamkeitsgloriole oder den Menschenstolz oder die Verletzlichkeitskultur dieses einen Briefschreibers Rudolf Borchardt darzustellen. Rühmen reicht nicht. Schröder kriege ich eher hin. Obwohl, auch Schröder überrascht. Da hat man so einen bremischen, eher besinnlich milde über die Halbbrille herlächelnden Dichterprotestanten im Sinn, und jetzt dieser Jugendstil-Salon-Ausmaler in Genf, Berlin, Hamburg und sonst wo, der Streichquartette komponiert, den Bremern ein «Ratssilber» designt, das der Kaiser dort frühstückend einweiht; und Reichskanzler Bethmann protegiert ihn, daß er nicht mehr auf Wangerooge Engländer abwehren muß, sondern in Brüssel die Flamen bei Laune halten darf; und wenn die Zeiten gar zu lyrikfeindlich werden und andere Lyriker hungern, kann er sich auch schon einmal ein halbes Jahr vom Aquarellmalen ernähren. Daß ich schlechtere Homer- und Horaz-Übersetzungen als die seinen gelesen habe, liegt an mir. Aber daß er eine solche Freundschaftsbegabung war und was das im anderen Briefschreiber für Funken schlug oder Blitze zündete, wie überhaupt aus Leben Literatur wird, das kann man erst jetzt erfahren in diesem Briefhinundher von 1901 bis 1944. Oder anders herum: Daß diese Freundschaft zwischen zweien, die ihre Ungleichheit nicht nur empfunden, sondern noch und noch formuliert haben, daß diese Freundschaft so ins Große gedieh, ist unwillkürlich eine Auskunft darüber, was Literatur vermag. Eine hoch fliegende Auskunft. Und ich sage nicht: was Literatur vermochte, sondern: vermag.

Aber verwünscht historisch ist das Ganze schon. Wunderbar historisch auch. Selig historisch. Das allerschönste Eswareinmal. Es waren nämlich einmal zwei Dichter. Die schrieben einander Briefe. Ab 1933 war der eine dann nach den rassistischen Gesetzen des Deutschen Reiches Jude. Emigrieren entfiel, da er schon seit 1907 in Italien lebte, einfach aus Freiheitsübermut oder weil er sich, trotz konservativster Gesinnungen, unfähig fühlte, Untertan zu sein, und auch weil es in Italien wirkliche Villen gibt, geschichtliche Schönheiten. Unterbrochen hat er seine lucchesische und pisanische Villenfolge nur, als er sich 1914 als Kriegsfreiwilliger meldete und Dienst tat von Mühlheim/Baden bis Schützengraben und Berlin (im Generalstab des Feldheeres). Ab 1933 war der andere, in Deutschland, Mitglied der Reichsschrifttumskammer, weil er sonst seine Schriften nicht hätte veröffentlichen können. Der eine, in Italien, stand übrigens im Verruf, Monarchist zu sein. Er empfing in seinen Villen offenbar den in der Toskana lebenden bayerischen Kronprinzen Rupprecht, den abgedankten Bulgarenkönig Ferdinand, die deutsche Kronprinzessin Cecilie und die

Königin von Italien. Dem Duce überreichte er schon mal seinen ‹Dante Deutsch›, ein Werk, das durch seine prachtvolle Verstiegenheit einem auch heute noch eine Gänsehaut riffeln kann. Dieses Freundespaar – Borchardts zweite Frau war dann Schröders Nichte Marie Luise –, dieses Dichterpaar also schreibt in dreiundvierzig Jahren unwillkürlich einen Roman in Briefen, aber eben doch einen, den das Leben schmerzlich genau inspiriert. So kommt ein Lebenskunstwerk zustande.

Borchardt schreibt einmal, es gebe Gedichte, denen sehe man an, daß sie sich selbst gemacht hätten, anderen, daß sie gemacht worden seien, und es ist geradezu heftig klar, daß er den Gedichten, die aussehen, als hätten sie sich selber gemacht, einen höheren Rang einräumt beziehungsweise daß er nur sie gelten läßt. Das Kernwort seiner Ästhetik ist deshalb Notwendigkeit. Woher ein Gedicht seine Notwendigkeit beziehe, sei ihm egal, nur, es muß vor allem die Notwendigkeit ausdrücken, aus der es entstanden ist.

Und das tut eben dieser Briefwechsel auch, Brief für Brief. Als Gedankenraum und Empfindungstiefe schaffende Begleitlektüre kann man noch die bis jetzt erschienenen fünf Bände Borchardt-Briefe mit Briefen an andere, an Nicht-Dichter also, zu Rate ziehen. Daß aber Literatur ein ganz besonderes Element ist, vielleicht das besonderste überhaupt, kann man sich dann wieder im Hofmannsthal-Borchardt-Briefband bestätigen lassen.

2.

Nichts ist zeitgeschichtlichen Bedingungen mehr ausgeliefert als die Vermittlung von Literatur. Einen Dichter, den man nicht zur rechten Zeit lesen kann, kann man eigentlich nie mehr lesen. Wenn ich Borchardts hochdisziplinierte Gedicht-Ausschweifungen heute, erst heute lese, dann ahne ich als erfahrener Leser, wie ich darauf reagiert hätte, wenn ich sie rechtzeitig zu lesen bekommen hätte. Als ich fünfzehn bis siebzehn war, habe ich Stefan George gehabt und ihn gelesen, als wäre er mein Zeitgenosse, seine Vorgänger bei mir waren ja Klopstock, Goethe, Schiller, Hölderlin und Nietzsche. Rilke kam nicht vor. Rilke war mir zu flüssig, und seine Sonette und Elegien hatte meine Freundin nicht. Also George statt Borchardt, statt Hofmannsthal. Daß mir Borchardt überhaupt erreichbar geworden ist, verdanke ich nach allen zeitgeschichtlichen Verhinderungen dem Freund Heribert Tenschert, der mit Borchardt seit Jahrzehnten jenen seelen- oder wesenssymbiotischen Umgang pflegt, der Literatur, ohne sie alltäglich zu machen, zur Lebenspraxis werden läßt. Jeder, der in Frage kommt, hat seinen Dichter oder auch zwei. Auch wenn Dichtern aus kritischer Entfernung Einzigartigkeitsfimmel nachgesagt wird –, daß einer neben sich keinen zweiten gestattet, kommt nur in Religionstexten vor, im Literarischen duftet alles nach Community.

Also ohne den Freund wäre Borchardt ein Literaturgerücht geblieben. Die Gedichte, die man nicht rechtzeitig liest, muß man sich dann ein bißchen erarbeiten, das ist ein kräftespendender Kampf, von Erobernwollen bis

Erobertwerden; aber für diese Briefe ist es nicht zu spät. Großspurig: nie.

3.

«Hochgeehrter Herr, ich werde vors erste allerlei Abhaltungen haben zu Ihren Gedichten zu gelangen und möchte den Dank für Ihre schöne und mich ehrende Gabe darum doch nicht hinausgezögert sehen …»

So schreibt ein Dreiundzwanzigjähriger am 1. April 1901 an einen anderen Dreiundzwanzigjährigen. So schreibt ein Dichter an einen Dichter. So schreibt Rudolf Borchardt an Rudolf Alexander Schröder. Rudolf Alexander Schröder war damals sicher eine attraktive Adresse: einer der drei ‹Insel›-Erfinder und -Gründer. Zeitschrift und Verlag wären ohne ihn vielleicht gar nicht entstanden. Rudolf Borchardt schickte ihm Gedichte und schloß seinen Brief (aus dem Kurheim Bad Nassau) so: «Ich bin leider schwer leidend.» Die mitgeschickten Gedichte waren Elegien. ‹Heroische Elegie›, ‹Pathetische›, ‹Saturnische› … Oder auch einfach ‹Bacchische Epiphanie›. Deren vorletzte Strophe – es ist die vierunddreißigste – fängt so an:

Zwischen Tod und Leben brausend
Meisternd das in Eins Geschloßne
Tanzt der Rosen Übergoßne
Ins Geschick der Welt.

Borchardt wird das in Poesie, Prosa und Brief beibehalten, zwei deutsche Hauptwörter, die jeder sonst zusammenschreiben oder doch durch Bindestrich an einander binden würde, einfach nach einander erscheinen zu lassen: der Rosen Übergoßne. Soll der Leser entscheiden, wie eng er die beiden Wörter zusammensehen will. Das ist keine mechanische Manier; oft genug verfährt er ja nach Gewohnheit; er schreibt, wenn er den Insel-Verleger Kippenberg auftreten läßt, von «Käseduft», «Lackstiefeln» und «genähten Ripsschlipschen», aber der Markusplatz in Venedig verursacht ihm «intellektuelle Glücks Schauer». Oder 1915, «im Felde», ist er «mehr bedrückt als erhoben von dem trostlos endlos willenlosen Vorbeizug dieser halb zerschmetterten Menschheits Procession».

Es ist spürbar, daß er durch das Auseinanderschreiben solcher Doppelwörter jedem Wort wieder eine Kraft, oder Deutlichkeit oder Würde, zurückgeben will, die es als Doppelwort-Teil nicht mehr hat. Pathossteigerung, das will er, wenn er «Morgen Brot» schreibt oder «Lebens Element» oder «Reise Verdruss». Aber weil er nach den rassistischen Einteilungen des Hitler-Regimes Jude ist und in Deutschland nicht mehr gedruckt wird, nennt er seinen Zustand «Weltabhandenheit». Solche Traditionsechos und Zitatfarben wie diese Verwendung der Friedrich-Rückert-Zeile («Ich bin der Welt abhanden gekommen») liegen ihm. Er ist sprachversessen. Aber gar nicht spielerisch. Jeder Satz sagt in erster Linie aus, wie wichtig es für den Schreiber war, gerade diesen Satz mitzuteilen. Also wieder: die Notwendigkeit des Gesagten als seine Form. Das bestimmt dann sozusagen den Inhalt, dieser auffallende Zugriff, diese immer aufs Äußerste drängende Sprache.

Zuerst hält man Borchardt vielleicht für einen Selbststilisierungsvirtuosen. Virtuos in der Selbstdarstellung ist Borchardt, aber eben keinen Satz lang nur virtuos, nie virtuos an sich, weil eben die Virtuosität immer ihre Funktion demonstriert: die Notwendigkeit, einen Lebensaugenblick so ausdrücken zu müssen. Und je länger dieser Briefwechsel stattfindet, desto weniger stilisiert sich Borchardt. 1901, in Göttingen, schreibt er seine Adresse noch so: 21 Burgstrasse. Also ganz englisch. Auch aus Berlin schreibt er noch: 5 Kronprinzen Ufer. Nach dem endgültigen Umzug nach Italien heißt es dann Villa Sardi di Vallebuja, Lucca, 5. April 07.

4.

Es war Borchardt, der immer wieder die Gesetzlichkeit dieser Freundschaft, ihre Fundamentalbedingung formulierte, und es war Schröder, der die bis zur gesetzmäßigen Gültigkeit gediehene Freundschaftserklärung dann mit Leben belieferte, mit dem unmittelbaren Gefühl. Ein bißchen schief ist diese Einteilung sicher, weil Borchardts immer glanzvolle Sätze über diese Freundschaft alles andere als empfindungslos sind, sie zeigen die Empfindung eben in ihrer geistigsten Version. Und zu unterstellen, geistig lasse sich nichts mehr empfinden, hieße zum Beispiel, die Sprachleidenschaften von Pascal bis Nietzsche nicht ebenso sehr erleben wie verstehen zu können.

«Mein Lieber», schreibt Borchardt am «22. Nov. 12» (mit Briefkopf *Villa Mansi Monsagrati Lucca*) an Schröder, der Brief reicht jetzt im Druck von Seite 477 bis Seite

493. Am 30. 11. 12 antwortet Schröder unter dem Briefkopf *Bremen Schwachhauser Chaussee 365*. Schröder braucht knapp drei Seiten. Borchardt schließt mit Dein RB, Schröder mit Rudi. Das dürfte typisch sein für alle dreihundertsoundsoviele Briefe. Hier nicht enden könnende Explikationen von gar allem und immer so, daß das WIE das WAS ist, hier immer Villa di Bigiano Candeglia oder Villa dell'Orlogio und dort immer Schwachhauser Chaussee 365 oder Hohenzollernstr. 98.

Oft genug schreibt Borchardt nur über sich und Schröder und kommt dann erst nach vielen Seiten ad rem. Schröder hat sehr viel mehr mit den Sachen zu tun, weil er immer nördlich der Alpen den Schaden begrenzen muß, den Borchardt anrichtet durch das, was er kurz vor seinem Tod in seiner letzten Schrift ‹Anabasis› «Furor zur absoluten Freiheit» nannte, jene «Manie der Unabhängigkeit, der ich von je alles geopfert hatte, was sie von mir verlangte. Ich war als Student aus dem reichen väterlichen Hause nachts geflohen um auf einem entscheidenden Punkte beim eigenen Willen zu bleiben und hatte harte Jahre gleichmütig auf mich genommen um mich nicht Befehlen haben beugen zu müssen. Nie hatte ich eine Autorität über mich zugelassen, nie gehorcht, nie compromitiert». Wozu eine solche Haltung im Umgang mit Verlegern führen muß, ist vorstellbar. Kippenberg, Rowohlt, Kurt Wolff, Samuel Fischer waren die prominenteren Konfliktpartner, daneben noch eine Unzahl weniger Namhafter, aber genau so von Borchardt-Gesten Getroffener.

Nicht nur körperlich erfüllen die beiden das Don-Quijote-Sancho-Pansa-Programm. «100 kg», meldet dieser Sancho gelegentlich. Aber sie gehen in diesem Programm nicht auf. Und doch eher in diesem als im Schiller-Goethe-Briefwechsel-Programm. Jeder zweite, der über Borchardt nachdenkt und schreibt, nennt ihn einen Don Quijote. Aber es ist doch nicht ganz unwichtig zu bemerken, daß er selber weiß und es wissen läßt, er sei einer. Im Sommer 1913 instruiert er in einem Elfseitenbrief den Freund, wie der ihn zu S. Fischer bringen könne, zu «Sami», dem «braven kleinen Mann». Er entwirft ein Handlungsprogramm für «conzentrische Bearbeitung» des Verlegers, unter Einschaltung Beer-Hofmanns und Hugos (= Hofmannsthal). Und so soll Schröder seinen Freund dort vorstellen: der «sei weder ein Schleicher noch ein Gegenseitigkeitsschmeichler, sondern furchtlos und an der rechten Stelle bis zur Unklugheit rücksichtslos ...» Ob das ein Verleger zu schätzen weiß? Auf dem Papier schon. Die Realität entscheidet eher die Gegenseitigkeitsschmeichelei. Borchardt läßt nun seine Pläne paradieren, daß Schröder dort etwas zu bieten hat: Für fünf Bände hat er Manuskripte, Inhalte kann er, sie preisend, nennen, und momentan arbeitet er an seinem ‹Lassalle›, der soll werden «ein vehementes Bekenntnis meiner innern Totalität, politisch, leidenschaftlich donquixotisch, Feuer, Ekel an der Moderne, Hass, Liebe, Klage, Anklage, Deutschheit, Geschichte, Drang nach Einer Frau, Sterben an Einer Frau. Wenn es so weiter rast und donnert, steht es in vier Wochen auf dem Papier, im Winter auf einer Bühne deren Gebälke es krachen machen soll, wie seit den Räubern die deutsche Bühne nicht mehr gekracht hat». Daß das seinen Sancho erschrecken muß, ist ihm klar, aber, sagt er: Ich gestalte «den Tumult der heutigen Welt mit dem Tumult meines Innern». Und wenn er es so hat toben lassen, dann zieht er sich, auch schriftlich, zurück in seinen Garten, zu seinen «Godelien von einer azaleenhaften Schönheit», zu «Digitalis nevadensis aus den spanischen Hochgebirgen, mit Blüten wie an einer Pavlonia», zu «Delphinium brunnorianum von der Kaschmirjanum Sektion mit geschlossenen Haubenblüten ...»

Ich kenne keinen Briefwechsel zwischen zwei Männern, der so sehr zum Roman wird wie der zwischen diesem donquijotesk Hochfahrenden und dabei eisig genau Empfindenden und Formulierenden und dem von einer Stimmung in die nächste tauchenden, «ewig liedbereiten» Hanseaten, der nach 1918 zusehends frömmer wird und sich auch mit Kierkegaard und Karl Barth rüstet. Das Romanhafte kommt einfach vom Unterschied, den beide andauernd gleich stark erleben, den sie aber, weil sie sich sozusagen schicksalhaft befreundet fühlen, nicht als Trennendes gelten lassen wollen und ihn deshalb ausdrücken müssen, damit aus dem Unterschied Sinn entstehe. In jenem sechzehn Seiten langen November-Brief formuliert Borchardt die «ungeheure Verschiedenheit des innern Ausgangspunkts, des Naturelles, des Ingeniums und der paideia ...» Aber zum Unterschied gehört das Gegenteil, nämlich die «... unwandelbare wie unschätzbare Vereinigung in gleicher Ebene alles Höchsten». Und Borchardt folgert, bei dieser Verschiedenheit «wüßte man sich ohne ein fast absolutes Geltenlassen des Andern gar nicht zu helfen».

Der Inhalt ihrer Differenz – und das erst macht ahnbar, was zwischen diesen beiden zu bestehen war – ist ihr

Schreiben, ihre Sprache, ihre Ästhetik oder, damalig ausgedrückt, ihr Dichtertum. Und da kann nicht nur Schröder von Borchardt lernen, davon möchte man uns alle andauernd lernen lassen. Ich wäre schon zufrieden, wenn ich durch das Lesen und Wiederlesen dieser Briefe mir «das fast absolute Geltenlassen des Andern» als erlernbar vorstellen könnte. Vorstellen nicht als Schwundstufe des Vitalen, sondern Geltenlassen als Lieben. Borchardt erzählt ja in diesem November-Brief ihre ganze Geistesgeschichte. Beide haben einander von Anfang an gelesen. Und wenn diese Geistesgeschichte einer Freundschaft zwischen so Selbstischen, wie es Dichter nun einmal sind (ohne daß sie blind und taub wären vor lauter Einzigartigkeitsfimmel), glaubhaft wird, dann ist das ein Zeugnis der wertvolleren Art: dann ist Freundschaft überhaupt möglich. Daran kann man nämlich, wenn man schon länger da ist, auch zweifeln. Eben deshalb ist mir dieser Briefwechsel zu einem so großen Roman geworden.

Wie aber reagiert Schröder, wenn ihm diese sechzehnseitige, nichts vertuschende und überaus atemreiche Borchardt-Prosa als Ausarbeitung ihres Wahrhaftigkeitsprogramms ins Haus kommt? Je hochfliegender Borchardt wird, um so praktischer reagiert der Hanseat. Zum Beispiel, indem er Borchardt als Antwort auf dessen Darstellung ihres Freundschaftsprogramms einen gerade geträumten Traum erzählt: Eine Art offizielles Diner im Haus seines Vaters, der Vorsitzende des Hansabundes, ein Herr Riesser, präsidiert, Borchardt ist auch da, in Reisekleidung, und steht auf und sagt, da von Herrn Riesser bekannt sei, daß er sich mit der Antike beschäftige, könne Herr Riesser doch jetzt aus seiner Pindar-Übersetzung lesen. Der Herr steht auf und liest: «Es kommen, es kommen mit einem Fürtuch angetan ...» Da hat der Pindar-Übersetzer Borchardt schon ein Exemplar in der Hand und sagt: *Badizonai* müsse mit «tief gegürtet» übersetzt werden. Der Vorsitzende des Hansabundes besteht auf «mit einem Fürtuch angetan». Darauf Borchardt: Um das zu entscheiden, müsse man sich zuerst über die «fünf Tuchwurzeln» der deutschen Sprache verständigen. Der Herr Vorsitzende will reden, Borchardt läßt das nicht zu, große Verlegenheit rundum, Borchardt sagt: Nichts für ungut, Herr College. Der dreht sich um. Schröders Schwester Lina ruft wütend, wie könne Herr Borchardt nur in diesem Haus eine so einflußreiche Persönlichkeit so brüskieren. Borchardt habe dann eine zerknüllte Reisemütze aus der Tasche gezogen und habe Saal und Haus tief verärgert verlassen. Schröder zur Schwester, wie könne sie Borchardt aus dem Haus treiben, mit dem er doch über das nächste ‹Hesperus-Jahrbuch› reden müsse.

Das ist Schröder! Was für ein Träumer!

Beide haben andauernd gelesen, was der andere schrieb, beide haben andauernd auf einander reagiert. Schröder hat sowohl seine Zustimmung wie seine Kritik eher im Stimmungshaften, im immer Herzlichen belassen. Borchardt konnte sich nicht äußern ohne die äußerste Ausdrucksanstrengung, aber eine Überanstrengung ist es nie.

Als Schröder im Jahr 1935 in einem Aufsatz auf seine Anfänge zurückschaut, erinnert er sich daran, daß Hofmannsthal ihm über seine «recht jungenhaften Verse» ein paar «großmütige Zeilen» gesandt hat. Borchardt deutet

1901 sofort «einige Bedenken meist formaler Natur» an. Aber dann, 1912, schreibt er, er habe «unbewußt die Gewohnheit» verloren, an Schröders «Produktionen mit détailliertem Krittel heranzugehn». Wenn er jetzt bei Schröder etwas treffe, worauf er kritisch reagieren möchte, erweitere sich sein «Einwand» «von der scheinbar ihn veranlassenden Wendung auf die Conception, von ihr auf den Kunstbegriff, und ich sehe mit einem Schlage, daß es nicht der Einwand des Kritikers ist, sondern die Differenz des Künstlers und des Menschen. Diese aber, ihrem Wesen nach, soll bestehen, und durch nichts aufgehoben werden». Und jetzt formuliert er, woran er künstlerische Hervorbringung von Anfang an und bis zum Schluß mißt: ob sie eben die Notwendigkeit ausdrückt, aus der sie entstanden ist. Und Schröders Gedichte seien «charmant gesagt» gewesen und hätten «auf tausend andere charmante Weisen gesagt werden können», aber Borchardt vermißte das «Eins ist not»: «das Gedicht – in dem – durch das – naturnotwendig, explosiv, der Zustand oder die Bewegung sich selber so ausdrückt, daß es mit den Geburtsmarken ... seiner Ausdrucksbedürftigkeit erschiene». Inzwischen aber habe er sich «zu menschlicher Duldung (der activen Form der Freiheit) entwickelt». Er könne jetzt sagen, er habe Schröders Gedichte geliebt, aber sie gefielen ihm nicht. «Sie thaten mir nichts an. Sie bemächtigten sich meiner nicht.» Er sei damals kein guter Mensch gewesen, aber er habe in sich soviel «Fähigkeit zum Guten» gehabt, daß er sich «von der Luft hoher moralischer Delicatesse», die jeder Schröder-Vers enthielt, «beschämt, und gerade weil beschämt», angezogen gefühlt habe. Aber er habe sich beruhigt inzwischen.

Und: Schröders «Conceptionsart» sei nerviger geworden. Jetzt kann er «ein Ganzes von vorneherein als Ganzes gelten lassen und etwas aussetzen, was ihm innerhalb seiner *eigenen* Struktur etwa fehlen möchte». Jetzt erst können sie «für einander fruchtbar» werden: «wachsende Berührung», «schöne Durchdringung»; er erlebt, was von Schröders Art mit der seinen fusionieren könnte, und ein «unzugänglicher Rest» werde «in einer Weise ehrwürdig», für die er schwer Worte finde. Wie er sich zuerst «aus Fremdheit» verhalten habe, so verhalte er sich jetzt «unwillkürlich aus *Vertrauthheit*». Heute sieht er die Differenz zwischen ihnen «als unendlich wertvoll» an. «Den Maßstab zur Beurteilung Deiner Kunst entnehme ich nicht mehr der meinen und auch nicht einem abstracten Canon, sondern Deiner Kunst selber und ausschließlich.» Jetzt kann er den «essentiellen Unterschied», der ihrer «dichterischen Produktion zugrundeliegt», formulieren. «Die Poesie, die bei mir durchaus Axt ist, ist bei Dir *Zustand.*» Er besitze nicht eigentlich «ein poetisches Naturell». Seine «innere Welt, in der organisierende und architektonische Kräfte alle anderen überwiegen, wird nur auf Augenblicke durch affektive Berührungen poetisch ...» «So bist Du locker, ich starr. Lücken bei Dir besagen nichts gegen die Conception ... Lücken bei mir wären tiefe unheilbare Gussmängel, und würden gegen die Spontaneität meines Aktes zeugen. So also sind Deine Fehler nicht meine Fehler. Du bist in viel ursprünglicherem Sinne des Wortes Dichter als ich; bist es wie das Volk, wo es singt ... wie der antike Dichter ... leierkundig, ewig liedbereit ... ich bin bacchisch, an die Feste meines Rausches gebunden ... immer anredend, streitend, mich wehrend, in drei geteilt, abgrundlustig, reinigungssüchtig, dramatisch. Ich ende besten Falles, womit Du beginnst, mit dem Gleichgewichte ... Und so ließe sich noch lange Das Eine am Andern messen.»

Kann man die Freundschaftsmöglichkeit ernster untersuchen, beschreiben, herbeischreiben? Der reine Literatur-Roman. Und zehn Jahre vorher, am Anfang dieses Briefwechsels, war es vielleicht eher das aktuelle Kalkül, das die beiden einander näherbrachte. Auf der einen Seite die immer noch szenisch mächtigen Naturalisten mit dem nicht nur imposanten, sondern auch aller Ehren werten Gerhart Hauptmann vornedran, auf der anderen Seite der sein eigenes Kunstreich inszenierende Stefan George. Hugo von Hofmannsthal ist deshalb für die zwei Jungliteraten das, was sie werden wollen. Er ist zwar nur vier Jahre älter, aber da er wunderkindhaft früh berühmt wurde, ist er ihre Galionsfigur. Auf sein Frühwerk läßt sich eine ästhetische Fraktion gründen, die einen neuen Namen verdient. Die Formulierung dessen, was jetzt ästhetisch, politisch und überhaupt fällig ist, ist viel mehr Borchardts als Schröders und Hofmannsthals Sache. Er will Schluß machen mit dem «lumpigen Begriffe der Neuromantik», schreibt er 1911 an Hofmannsthal, und dazu müsse jetzt begründet werden, «in welchem Sinne wir die geistige Führerschaft der Nation an uns zu nehmen gedenken ...» Antinaturalistisch. Aus der Tradition schöpfend. Antimodern. 1907 an seine Schwester Vera: «Daß Ihr Euch nicht ‹modern› eingerichtet habt, haben wir sofort mit großem Wohlgefallen festgestellt ...» Und an Schröder, programmatisch, gleich am Anfang, 1901: «Wir rechtfertigen uns vor den Toten, nicht vor den Lebendigen.» Er, Schröder und Hofmannsthal werden die Dichtersprache für Deutschland schaffen: aus der Tradition, aber mit dem schneidendsten Anspruch: «Ein Gedicht, von dem man nicht glaubt, daß es in zehn Jahren immer noch zu frühe veröffentlicht wird, soll man vernichten.» Das ist der Aufbruchston der konservativen Avantgarde. Aber hinter dem ebenso stürmischen wie drängerischen Programmdenker und Textkritiker darf der Freundschaftsfähige nicht verschwinden. Die vor nichts Halt machen müssende Geisteskraft ist einvernehmlich mit einer ebenso lebendigen Zuwendungskraft. Den anderen zu erleben und ihn spüren und wissen zu lassen, wie er ihn erlebt! Auch den Dichter! Ohne diese Erlebnisfähigkeit und ihr Aufblühen im Brief kann eine Dichterfreundschaft nur Zweckgemeinschaft werden oder Phrase. Borchardt verfällt in seinen Antworten auf Schröders Gedichte nie der bloßen Unmittelbarkeit. Er kann offenbar nicht empfinden, ohne daß die Empfindung ihren äußerst möglichen Ausdruck verlangt und sich mit weniger als dem sprachlichen Maximum einfach nicht zeigen will. Schröder kann schreiben, er habe Borchardts Gedichte «nicht gelesen, sondern verschlungen», und wenn ihm doch nach mehr Ausdruck als Empfindung ist, macht er Gebrauch vom Freund und sagt, was Borchardt selber sage, sei auch sein «höchst erfreulicher Eindruck … die Beruhigung des Mittels, ohne daß dadurch des Mitgeteilten oder Mitzuteilenden weniger würde». Und wenn Borchardt ihn mit seinen steigen und steigen könnenden Sätzen auf eine historisch intelligente Weise lobt – und das geht durch die andauernd hochdrängende Satzenergie bei Borchardt nie ohne eine Art inhaltlich gerade noch abgesichertes Pathos aus –, dann bleibt dem hanseatisch geübten Proportionswahrer nur noch der Rückzug ins Bescheidene: Das Buch möge «ganz ordentlich und schätzbar sein; aber Sie dürfen nicht soviel davon sagen». Wenn Borchardt ihn jetzt zu sehr lobe, werde er das nächste Mal um so enttäuschter sein. Weil Borchardt ihn als Dichter ins richtige Verhältnis zu den anderen «zeitgenössischen Hervorbringungen» setzt, ist er ihm dankbar – «abgesehen von der Beschämung über das Zuviel». Und was wäre das für eine Freundschaft, die nicht ZUVIEL will. Borchardt gibt es gar nicht ohne «Überspannung», ohne die Tendenz zum Zuviel. Und er hat das schon früh und wieder gesetzhaft, das heißt für alle vorkommen könnenden Fälle formuliert: «... für ein Ding *mehr* zu bezahlen als es wert ist, ist ... doch die einzige Möglichkeit zum Leben zu kommen; im allerwinzigsten und im allergrandiosesten könnte ich das Gesetz meiner Natur mit keinen anderen Worten aussprechen.»

Weil Borchardt eben nichts mitteilen kann, ohne es durch Ausdruck ins mehr als Mitteilende zu erheben, wird dieser Briefwechsel zum Roman. Schröder wird durch Borchardt sozusagen stilistisch provoziert, aber seine Natur ist zum Glück widerständig genug, er kann mit seinen norddeutschen Stimmungsbildern und den Feinfühligkeiten und Sarkasmen seiner dichterischen Ausstattung dem einsamen Sprachsüchtigen in den gemieteten Edelvillen Italiens durchaus Stand halten, weil er weiß, daß er nicht mit ihm konkurrieren kann. Er ist in der liebenswürdigsten Verlegenheit, wenn Borchardt «das wohlgerundete Kunstwerk» eines Briefs auch noch mit Entschuldigungen begleitet, was soll dann erst er tun! Und doch: Schröder ist der Umworbene, aber eben der aufs höchste Umworbene. Borchardt kann ja eine Empfindung nicht einfach hinsagen, bloß weil er sie hat, Schröder aber: «Borchardt, Du ahnst nicht, wie ich mich nach Dir sehne ...»

So kann man sich als Leser verrennen: Schröder, der nichts als Gefühlige; Borchardt, der Geist. Und schon liest man in den Briefroman diese Tendenz hinein oder heraus. Aber es war doch Schröder genau so, der Angst hatte, sie könnten einander vor lauter Verschiedenheit verlieren. Schon 1910 schreibt er: «Glauben Sie mir, mein Freund, wir *dürfen* nichts zwischen uns kommen lassen. Gerade die unendliche Verschiedenheit unserer Charaktere und unserer Produktion macht das nötig. Es gibt gewiß Niemanden der das Tragische Ihrer besonderen Lage stärker und inniger mitfühlt wie ich ...» Als «Litteraten» haben sie ein gemeinsames Schicksal, aber er fühle sich durch seine «größere Leichtigkeit und Anschmiegsamkeit in praktischen Dingen bevorzugt». Er lasse allzuoft «fünf grade sein», aber das gegen seine «eigentliche Veranlagung», deshalb verstehe er Borchardts «stetes «Entweder Oder». «... Wenn Sie nicht Rudolf Borchardt, d. h. personifizierter Eigensinn wären ...», heißt es da. Um eines «Höheren» willen werden sie, schreibt er, «immer zusammen finden».

Borchardt schafft Satzgebilde zum exzessiven Ausdruck seines Bedürfnisses nach Nähe. Borchardt formuliert, daß er bald in Schröders Motiven mehr zu Hause sei «als in seinen eigenen». Aber Schröder schreibt auch, daß er bei allem, was auf ihn zukomme, denke, wie würde Borchardt jetzt reagieren. Borchardt hat sogar richtig Angst, Schröder könne sich unaufhaltsam gegen ihn «verengen». Wodurch das bewiesen werden könnte, das zählt er nicht auf, die «Bedeutung überwiegt sein Faktisches». Und die Bedeutung, das ist seine Angst, der Freund könne die Freundschaft weniger ernst meinen als er. Schon ganz am Anfang gibt sich Borchardt bescheiden froh darüber, daß er seine philologische Ausbildung in Nutzen für Schröders Horaz- und Homer-Übersetzungen umsetzen kann. Und wie er darum wirbt, daß er Schröder auf dessen Italienreise nicht in Florenz trifft, sondern in Borchardts Villa Sardi di Vallebuja! Schröder soll jeden anderen benachteiligen, jedem anderen soviel Zeit stehlen und sie ihm geben, «alle, und alle auf einmal. Ich habe unendliches mit Ihnen nachzuholen, und wenn Ankunft und Abgang zu nah beieinanderliegt, ist alles mir beklommen und erstickt». Roman, Roman! Aber eben auch: geschehen. In Wirklichkeit.

Fast zwanzig Jahre später, im November 1930, hat Borchardt einmal offenbar nicht rechtzeitig auf Schröder-Gedichte reagiert und wird von Schröder gemahnt. Der erste Brief, den Borchardt darauf schreibt, trägt jetzt den Vermerk «Nicht abgesandt». Dann, am gleichen Tag, fängt er noch einmal an. Schröder ist inzwischen in der aktuellen Literaturszene kein Glanzwert mehr, er hat gebeten, daß Borchardt in den ‹Münchener Neuesten Nachrichten› über seine gerade erschienenen Gedichte schreibe. Borchardt weiß, daß er hätte schreiben müssen. Er weiß und schreibt es hin, Hugo (Hofmannsthal) (seit einem Jahr tot) hätte in einer solchen Situation auch schreiben müssen. Aber «Thatsache ist, daß wir alle drei in den meisten

Fällen es nicht gethan haben. Veniam petimusque damusque vicissim». Er habe auf keine seiner drei Gedichtsammlungen von den beiden ein Wort gehört, habe sich nie darüber gewundert oder gesorgt. Schröder habe jetzt ein Buch herrlicher Gedichte drucken lassen, er, Borchardt, kenne diese Gedichte seit Jahren aus Schröders Mund, aber über eine «ganze gedichtete Welt» könne man, wenn sie mit der Post ins Haus komme, nicht reagieren wie auf eine Schachtel Pralinés. In dem Augenblick hätte er nur sagen können, es seien sechs Gedichte in dem Buch, von denen er glaube, sie lebten so lange wie die deutsche Sprache lebe. Und schreibt ihm die Titel der Gedichte hin. Aber – und das ist der literaturvitale Borchardt schlechthin – eine Woche später hätte es doch sein können, «beim ersten Wiederinsbuchsehn», daß ein ihm bis dahin verschlossen gebliebenes Gedicht «plötzlich vor Augen geblüht» hätte, «schöner und tiefer in salomonischer Herrlichkeit als jene sechs oder acht». In dem nicht abgeschickten Brief hat er noch eine Erfahrung beim Gedichtelesen skizziert, die dürfte heute sowohl bei Dichtern wie bei Lesern als verschollen, unbekannt, obsolet oder verstiegen gelten. Er will erklären, daß man auf Gedichte schlechterdings nicht direkt reagieren kann, weil sich Gedichte gar nicht an uns wenden. Borchardt: «Es käme mir so vor als wollte die Rose durch ihren Duft meine Nase erreichen, oder die Nachtigall sänge für mein Ohr …» Das ist ganz schön genau. Und eben dadurch schön. Im abgeschickten Brief mahnt er Schröder dann heftig herzlich, daß der doch endlich und ernstlich an Borchardts Liebe und Treue glauben möge und daran, daß er ihn für immer habe. Roman, Roman.

5.

Der Erste Weltkrieg bringt die Verschiedenheit der zwei Briefschreiber zum Ausdruck, wie es kein Roman krasser könnte. Schröder muß zwar auch ein paar Wochen bei der Truppe verbringen, aber er ist doch ziemlich schnell «Telephonordonnanz», und fast noch schneller ist er dann eben bis zum Schluß in Brüssel, Flamenbetreuung. 1912, bei Gerhart Hauptmanns fünfzigstem Geburtstag, hat ihm Reichskanzler Bethmann Komplimente zu seinen Gedichten gemacht. Schröder nutzt die Beziehung, so erspart er sich den öderen, härteren, gefährlicheren Dienst bei der Truppe. Borchardt hat sich sofort freiwillig gemeldet, durchläuft die Grundausbildung in Mühlheim/Baden, wird «mit Du und Kerl angeredet ... wie im Zuchthaus». Schröder schickt ihm Kriegsgedichte, Kriegsbegeisterungsgedichte («Was an solchem Treiben frivol ist, weiß ich selbst», schrieb er, aber «viele Leute haben doch große Freude daran»). Borchardt reagiert maßnehmend, seine Geistesgenauigkeit ist kein bißchen begeisterungsgetrübt: «Durchweg von einer edelsten Volksmässigkeit» und nie das, «was Pöbel populär nennt» seien die Gedichte; «solche Produkte dürften so locker und improvisiert, auch formelhaft sein», müßten die Aktualität nicht überdauern. Er selber fühle sich stumm und nur zum «Durchdenken und Wiederdenken aufgelegt». «Du weißt», schreibt er, «ich vermag mir nichts abzuzwingen.» In einem Brief an Hofmannsthal drückt er genau aus, was jetzt zu tun ist: Seit langem habe der Dichter jetzt wieder eine Funktion. «Nicht die der Kriegsliederfabrikation, vor der mir ekelt; sondern die,

die Welt der Welt zu erklären, die aufgehört hat sich zu begreifen und daran fast zu Grunde geht.»

Borchardt zeichnet sich beim Schießen aus, wird an Kaisers Geburtstag zum Unteroffizier befördert, kommt auf einen Offizierskurs, muß zurück in die Kaserne, weil zuerst drei Monate Front zu absolvieren sind, bevor man Offizier werden kann. Er wird jetzt selber «Korporal», Drillvermittler, von den Oberen geschätzt, könnte bei einer Frontzeitung mitschreiben oder als «Tischgenosse» beim Stab Eindruck machen, aber er will «tausendmal lieber ins Feld ... ehe ich die schäbige Lebenssicherheit ... mit dem Verzichte auf Selbstachtung erkaufe».

Schröder wird durch den Krieg fromm und haßt England, wie es sich jetzt gehört, er weiß, «daß wir unter allen Umständen die Besseren sind und bleiben werden», aber das ungeheure Geschehen souffliert ihm auch einen neuen Ton: «Wer jetzt nicht die Gnade Gottes wirksam spürt, der ist ein verlorener Mann.» Diese schlichte Wendung ist Borchardts Sache nicht. Er bezieht den Krieg radikal auf sich; der Krieg ist «die natürliche Lebens- und Todesprobe auf alles, was ich im Leben gethan, gesagt und geschrieben habe und was ein Nichts wäre, wenn ich nicht jederzeit ... bereit gewesen wäre dafür zu sterben. Ich habe nicht Meinungen gehabt, sondern organische Überzeugungen». Er hat seinen Beruf nicht ausgedrückt gesehen in «Tint und Feder», sondern in «Feuer und Schwert». Dieser Krieg vollziehe den Untergang «des alten autonomen Europas», «seine kulturelle Übernahme durch das Deutsche Imperium». Trotz dieser sozusagen universalhistorischen Beleuchtung der Weltkriegsszene sieht er das elende Einzelne, die übel militaristische Praxis von der öden Kaserne bis hinauf ins Hauptquartier, in dem der Geist nicht durch seinesgleichen, sondern durch Ganghofer vertreten ist. Schröder übersetzt in seiner freien Zeit Homer, Borchardt arbeitet Vorträge aus über die Kriegsursachen (‹Der Krieg und die deutsche Selbsteinkehr›, zum Beispiel), spricht in Heidelberg, Leipzig und Berlin. Deutschland wird den Krieg gewinnen, davon sind beide gleichermaßen überzeugt. Aber Borchardt kriegt soviel deutsche politische Praxis mit, daß er weiß, er wird nach diesem Krieg nicht in Deutschland leben, er kann nicht werden, was er nie gewesen ist: Untertan. Er ist «nach Wesen und geistigen Bedürfnissen … Regent und nicht Regierter …» und der «Geist von frecher Seichtigkeit», der von Berlin her spürbar wird, ist ihm zuwider. Schröder will ihn in die «Politische Abteilung» nach Brüssel holen, er wäre schließlich einverstanden, aber in Berlin will man ihn auch. Aus Mühlheim/Baden hat er als Absender immer hingesetzt: «Rudolf Borchardt, Kriegsfreiwilliger.» Jetzt steht da: «Generalstab des Feldheeres, Berlin N:W.» Er soll ein Blatt schreiben und herausgeben: ‹Öffentlicher Geist›, einmal im Monat. Aber es ist schon zu spät. Für alles. Trotzdem übersiedelt er noch nach Berlin, das nur noch «ein amorpher Abenteurerhaufe» ist. Im April 1918 schreibt Borchardt: «Wie lange werde ich baden müssen, bis mir nicht mehr vor mir selber graut!»

Aber auch alles Deutsche ist ihm nach dieser vierjährigen Erfahrung gründlich zuwider. Er wird alles, was er da erfahren hat, «aus dem Gedächtnisse ausspeien müssen», bevor ihm «das Wort Vaterland wieder anders als gemein klingen kann». Schröder schickt weiterhin Gedichte, immer zeitgemäß:

Mein grauer Kahn
Verläßt den Strand
Und furcht die Bahn
Ins Totenland.

Osteuropa sieht er «dem Bolschewismus ausgeliefert», zu wissen, daß Borchardt lebe und an ihn denke, das sei der einzige Trost, nach dem er verlange. Borchardt jetzt doch: «An uns Geretteten, Festen hängt das Künftige, an uns, die wir uns sparten, als alle vergeudeten.» Schröder mobilisiert Laune und nennt ihn «emeritierte Kriegsposaune». Darin drückt sich aus, daß Borchardts Interpretationen des Krieges und die Herleitungen seiner Gewißheit des künftigen Sieges von festeren, historischeren Tönen getragen waren als der jeweils aktuell-dichterische Widerhall des «ewig liedbereiten» Schröder. Hofmannsthal, der eher auf eine melancholisch feine Art durch den Krieg kommt – oft genug sind seine Briefe an Borchardt im Hotel Adlon geschrieben –, dem Freund Hofmannsthal gesteht Borchardt 1916, daß er sich nicht freiwillig gemeldet hätte, wenn er gewußt hätte, daß man ihn «gar nicht zu gebrauchen weiß, sondern nur zu vergeuden».

6.

Schröders Traum von dem hanseatischen Großbürger, der in Schröders Vaterhaus durch Borchardt als Übersetzungsdilettant blamiert wird, zeigt, wie und auf welche Weise Borchardt in Schröder präsent ist. Als Übersetzungskritiker macht er Skandal! Das Übersetzen ist sicher ihr Gemeinsamstes; Schröder übersetzt Homer, Vergil, Horaz, Shakespeare, Corneille, Racine und Molière. Borchardt: Homer, Pindar, Platon, Tacitus, die großen Trobadors, Dante, Hartmann von Aue, Walter Savage Landor. In den Briefen ringen sie mit einander um Homer und Horaz, also um Schröders Projekte. Die ‹Odyssee› war 1910 übersetzt, die ‹Ilias› 1943, Horaz 1935. Borchardt urteilt nicht nur als studierter klassischer Philologe; durch seine, man darf fast sagen, Anfälligkeit für Tradition ist das Übersetzen für ihn viel mehr als Reproduzieren eines Kunstwerks in einer anderen Sprache. Übersetzen ist für ihn Dichten. Und das verlangt er dann auch von Schröder. Die Fachleute nennen Borchardts Übersetzerprinzip «sprachlich-stilistische Aequivalenz». So kommen extrem eigenartige (Dante) wie auch ganz und gar betörende (Die großen Trobadors) deutsche Texte zustande.

Die Briefe handeln aber mehr von den Problemen Schröders, Borchardt löst die seinen eher im Alleingang. Die Briefdialoge darüber, wie dem Hexameter Deutsch beizubringen wäre und wie der alkäischen Strophe ein deutscher Silbenfall abzugewinnen –, das wird in diesem Briefwechsel zur schönsten Versschule, in die man gehen kann. Und Borchardt ist der Gesuchte, der Gebetene. Nicht nur für Übersetzungen, sondern für alles, was Schröder in antiken Formen verfaßt. Immer schickt er noch eine Ode und fragt, ob der Freund «möglichst umgehend etwas darüber schreiben könnte». Und Hofmannsthal schickt ihm das ‹Ariadne›-Manuskript und schreibt dazu: «Denn zwischen uns ist es nun an dem, daß ich mir jedes Lob und jeden Tadel aus Ihrem Mund uneingeschränkt zu eigen machen kann.» Genau wie Schröder hat auch Hofmannsthal, den Schröder den «wirtschaftlich stärksten Faktor unseres Concerns» nennt, Rhythmus-, also Versmaßprobleme.

Festspiele wünscht man sich, wenn man liest, was da zwischen Schröder und Borchardt hin und her geht, über die Versuche deutscher Dichter, sich in antiken Maßen auszudrücken. Tagelang könnten zwei Dutzend poetisch Aufgelegter in stillstem Gelände einander Horaz-Oden in allen Übersetzungen vorlesen und dazu Borchardt an Schröder: Horaz sei «auf dem augenblicklichen Stande unserer Dichtersprache ‹flatly› unübersetzbar». Es sei zwar möglich – und Schröders Oden-Übersetzungen zeugten davon –, «irgend ein Gedicht ... ein dem antiken halbähnliches» herzustellen, «aber niemals, was doch der einzige Sinn des Übersetzens auf unserm Niveau ist, Stil durch Stil» wiederzugeben. Er sage – das ist im Jahr 1907 – seine Meinung unverschränkt, weil Schröder niemand sei, «den man schonen müßte, wo man nicht mit reinem Gewissen loben kann». Und schließlich ist es nicht Schröders Schuld, daß solche Oden deutsch noch nicht gedichtet werden können, das setzt «ein Kultur Erbe» voraus, «das wir noch lange nicht besitzen».

Dieser seligmachende Glaube, daß es mit der deutschen Sprache so hätte weitergehen können, wie es 1907 in einem Briefwechsel zwischen zwei jungen Dichtern angefangen hatte! Borchardt fragt gelegentlich an, ob sie nicht Xenien fabrizieren sollten, schlicht nach dem Goethe-Schiller-Muster. Als Schröder nicht zog, fragte Borchardt, ob Schröder diese gentle art of making enemies scheue! Borchardt ist immer in Gefahr, von jäh aufschießenden Projekten hingerissen zu werden. Aber er kann seinem Partner auch in sanftester Unermüdlichkeit dartun, warum «nympharum fugientum amator» nicht «so müßig wie in Ihrem hübschen Verse ‹Wenn Du Freund der flüchtenden Nymphe Faunus ...›» daherkommen darf, sondern doch eher so: «Faun auf stürmende Nymphen Entbrannter ...»

Das beim Vorlesen ALLES nachzuempfinden wäre festspielhaft geeignet, in Heutigen eine Ahnung zu wekken von einer Zeit, in der Literatur reichte von 700 vor bis zirka 1933 n. Chr., und Europa war die allen gleich vertraute und gleich nahe Geistesgegend. Im Nachwort zu seinen Trobadors-Übersetzungen schreibt Borchardt 1924, es handle sich bei seinen Übersetzungen um einen Beitrag, und er möchte, daß der «fortgesetzt werde, bis er gelingt». Eine so strenge Auffassung vom allmählichen Fortschreiten einer Disziplin zu immer besseren Resultaten kennt man sonst nur aus der Naturwissenschaft. Borchardt macht dem Freund für Homer mehr Mut, da liege ja «schon im Bestehen niederer Vorarbeiten wie Stolberg, Bürger, Voss eine Gewähr für das Weiterkommenmüssen». Seine Begründungen sind kühn, aber jeder Sprachmensch muß wünschen, sie träfen zu. Als er, 1909, auf die ‹Odyssee›-Übersetzung reagiert, kritisiert er eine «syntaktische Durchsichtigkeit» bei Schröder, die bei Homer nicht vorkomme. Eine prosamäßige Syntax, prosamäßige Gedanken –, das sei doch bei Versen «unleidlich». Seine eigenen Gedichte sind geradezu wild auf unalltäglichsten Sprachgebrauch. Ein Irrtum sei es zu glauben, eine reiche Sprache führe zu reichen Formen, vielmehr: «Das reiche Formprinzip bereichert die Sprache …» Beispiel: «Zwingen Sie eine Sprache 500 Jahre ununterbrochen zu reimen und sie wird so reich werden wie das heutige Englisch.»

Es ist eben ein Literatur-Roman, der da geschrieben wird. Wie andere Romane von Seefahrten und Steppenüberquerungen handeln, handelt der Literatur-Roman von Sprachabenteuern. Borchardt ist ein Sprachabenteurer wie Don Quijote, und Schröder ist sein realistisch leidender Sancho Pansa. Dieser Umgang mit Texten aus den europäischen Sprachen aller Jahrhunderte war für beide andauernd so aktuell wie das, was die Zeitgeschichte gerade aufdrängte. Schröder hat natürlich 1914 ff. auf Wangerooge und sonst wo in der Soldatenfreizeit an seiner ‹Ilias› weitergemacht, und Borchardt hat ohnehin kein Kriegsvorkommnis passieren lassen können, ohne es auf seine Geschichtlichkeit hin zu prüfen. Das öde, brutale, erbärmliche Militärische hat er nur ausgehalten, weil er es andauernd auf historischen Sinn befragte.

Im Sommer 1944 befiehlt Feldmarschall Kesselring, daß die Wehrmacht auf ihrem Rückzug aus Italien alle «Auslandsdeutschen» mitnehme. So geschieht es auch der Familie Borchardt: Eltern und vier Kinder. Sie landen schließlich in Brenner-Nähe in einem «Alpenhotel ‹Trinser Hof›», ihrer letzten Adresse.

Von 1940 bis 1942 hat Borchardt leidenschaftlich daran gearbeitet, den Nachweis zu erbringen, daß Homer eine historisch faßbare Persönlichkeit sei, faßbarer als Sophokles. Da findet dann kein Briefwechsel mehr statt, sondern ein über alle Ufer tretender Monolog, der von nichts mehr handeln will als von der «Materie der großen Homereruption». Die meisten dieser Briefe sind «Nicht abgesandt». Es sind die Seiten 464 bis 651 des zweiten Briefbandes. Borchardt sieht es als Fügung, daß das Schicksal gerade ihn zum «Kopernikus des riesigen Problems bestimmt hat». Die Entdeckung verdankt er einer «zufälligen Nachmittagslektüre»: Da liest er nämlich, daß Hesiod in seiner ‹Theogonie› gegen die ‹Odyssee› polemisiert, und er findet einen «delphischen Spruch», der Hesiod zum Sieger über Homer macht. Der Rest, schreibt er, war «gewissenhafte Durchführung». Die ist im Januar 42 abgeschlossen, das Manuskript bleibt, als er mitfliehen muß, in der zuletzt bewohnten Villa zurück. Aber Teile davon hat er auch noch an Schröder geschickt. Jetzt, im Spätjahr 44, schreibt er das Buch zum zweiten Mal, rekonstruiert es aus dem Gedächtnis, «fast wütend und seinem Pflichtgefühl fluchend», teilt dem Freund aber doch auch stolz erregt und genau mit, wie er die seit zweitausend Jahren schwebende Homer-Frage gelöst hat.

Vor 36 Jahren, schreibt er, habe der Homer-Streit zwischen ihnen begonnen. Schröder habe damals, als er Homer für eine historisch unterbringbare Person gehalten habe, recht gehabt, er, Borchardt, unrecht, aber jetzt sei er, Borchardt, der einzige, der Schröder sagen könne, warum Schröder recht gehabt habe. Er nämlich habe die ‹Odyssee› «datiert», ihre Einheit sei eine geschichtliche Tatsache «und ihr Verfasser eine klar umschriebene geschichtliche Persönlichkeit». Schröder ist ja inzwischen auf der anderen Seite der Berge untergekommen, im Bayerischen. Im Januar 43 hat er dem Freund noch geschrieben: «Sich unerschüttert halten, … mehr kann keiner …» Auf dieser grotesken, erzwungenen Flucht praktiziert er das dadurch, daß er literarisch existiert, also geistig, also sprachlich handelt. Einen ergreifenderen Schluß als die Briefe an Schröder im Herbst und Winter 44 kann ein Roman nicht haben. Im letzten, wahrscheinlich durch einen Boten über den Berg hinübergeschickten Brief reagiert er noch einmal auf Schröders ‹Ilias›-Sorgen, die sich seit dreißig Jahren hinziehen: «Das Problem kann nur – wenn überhaupt – nachtwandlerisch gelöst werden ... mit einer allerdings kaum vorstellbaren trunkenen Unbefangenheit, – oder gar nicht.» Er erinnert Schröder daran, wie «leichtsinnig unbefangen, spielend, scherzend» der die ‹Odyssee› übersetzt habe, und so sei sie «ein unsterbliches Werk» geworden. Wenn man aber auf das Publikum Rücksicht nehme oder gar auf «Kippenkamp und Suhrberg», dann sei man verloren.

Also auch hier wieder seine Poetik schlechthin, das Dichten eine passive Tätigkeit, bestimmt von einer Notwendigkeit, über die man nicht Herr sein kann. Das Übersetzen hat er immer verstanden als Dichten. Das ist keine Ermäßigung im Genauseinmüssen. Nichts ist ihm so fremd wie Kompromiß, und komme er daher unter so imponierenden Verbrämungen wie «Kippenkamp und Suhrberg». Jetzt, im Dezember 44, muß er aus dem Alpenhotel dem Freund, der gerade noch mitgeteilt hat, der Insel-Verlag liege in Schutt und Asche, muß er dem heftig erklären, warum *mänin* mit *Zorn* zwar, wie schon bei Voss, schulmäßig richtig übersetzt ist und daß trotzdem, auch wenn das triviallateinische *ira* legitimierend hinzugedacht wird, so der ‹Ilias› ein ganz falscher Auftakt beschert wird, weil *Rasen* das Richtige wäre! Der reine Literatur-Roman. Literatur unter gar allen Umständen. Borchardt schließt mit der Entschuldigung, daß Gott ihn nicht zum Professor bestimmt habe, «sondern zu der traurigen Figur, die sich über den Fluch des Approximativen aufregt, d. h. über die Welt selber, d. h. zum Dichter».

7.

Es sind aber schon zwei Dichter, die diesen Briefroman zustande bringen. Der sich mit den Zeiten entwickelnde und ihnen nicht mühelos entsprechende Schröder, der seit dem ersten Krieg ‹Geistliche Lieder› schreibt und nach 33 das Kirchenjahr mit Liedern begleitet, die er dann auch selber mit Tönen versieht. Nach 45 wird er dann den Ranke-Satz (daß die Geschichte unmittelbar zu Gott sei) ummünzen auf die Dichtung, genauer: auf die «christliche Dichtung». So religionsidyllisch ist aber sein Part im Literatur-Roman Borchardt–Schröder nicht. Es lassen sich zwar von Schröder keine Sätze zitieren, vergleichbar mit dem Äußerungsfuror Borchardts. Schröder war immer in der Situation, Borchardt immer in der Geschichte. Ranke auf Borchardt anwenden, heißt: Er war immer unmittelbar zur Geschichte. Schröder ist aber immer, also 43 Jahre lang, unmittelbar zu Borchardt.

Zum Glück (für den Leser des Freundschaftsromans) gab es Krisen zwischen ihnen, geistige, aus der Geschichte stammend und in Haltungen mündend.

Aber bevor man als Leser nicht eine sozusagen unirritierbare, gefühlsgenaue Vorstellung von dieser Freundschaft hat, kann man die Krisen nur mißverstehen.

In jenem Brief (November 1930), in dem Borchardt

Schröder auffordert, jetzt endlich ernstlich an Borchardts unverlierbare Liebe und Treue zu glauben, formuliert er auch, daß zwischen ihnen, mitten in ihren «heißen harten Arbeitsjahren», keine bloße Gewohnheit, Briefe zu wechseln, entstehen könne, beide müßten wünschen, daß «praktische Anlässe so dicht wie möglich» auftauchten. Am liebsten wäre es Borchardt, «wenn der Weltlauf es fügte», daß sie sich zu «gemeinsamem Thun oder Verhalten» zusammenschlössen. Das einzige, was ihm die Einsamkeit dort in den historischen Villen manchmal schwer mache, daß Schröder und er so weit von einander ihre Arbeit tun müßten. Als er einen heftigen Sehnsuchtsbrief an die zeitweilige Geliebte Christa Winsloe schrieb (1913), war Schröder gerade bei ihm, arbeitete mit ihm in einem saalartigen Raum der Casa Alessio, und Borchardt nennt Schröder eine «liebe und schickliche Gegenwart»: «Ich habe außer ihm nie ein Wesen in meiner Nähe vertragen wenn ich ernstlich bei der Sache war.»

Könnte man leichthin sagen, Schröder sei in diesem Briefwechsel der Nehmende, Borchardt der Gebende? Selbst wenn man alles aufzählen könnte, was Schröder für Borchardt zu dessen materieller Sicherung unternommen hat, wie oft er die jähen Borchardt-Gesten gegen Verleger durch geduldigste Friedensstiftung wieder ins halbwegs Schadlose wendet, wie er zum Beispiel 1928 für zwei Tage nach Zürich fährt, um mit Martin Bodmer einen Zehnjahresplan auszuhandeln, nachdem alles «irgend Geeignete» von Borchardt in der ‹Bremer Presse› für private Subscribenten zwei, drei Mal pro Jahr in 120 Exemplaren gedruckt werden sollte, das Honorar jedesmal sofort und so bezahlt werden sollte, als seien schon alle Exemplare verkauft, ein Jahr danach kann Borchardt wieder über die Rechte verfügen, und das will Schröder in Zürich so regeln, daß Borchardt in der Villa Bigiano nur noch unterschreiben muß – die Dankbarkeitsprosa Borchardts in den Briefen ist so heftig schön wie seine Niedermachungen der Verleger schön heftig sind –, trotzdem, man kann Schröders Wichtigkeit für Borchardt überhaupt nicht auf Nützlichkeit reduzieren. «Den geschäftlichen Rest erledigt mein Anwalt», mit solchen Formeln teilt er Schröder mit, wenn er wieder mit einem Verleger Schluß gemacht hat. Borchardts Vereinsamung und Rigorosität bedingen einander. Auch mit der eigenen Familie brach er nach dem Tod seines Vaters (1912), verzichtete auf das Geld, das er sich hätte erstreiten können, und es war Schröder, der ihm die «gequälte Übergangszeit» aus Rentengenuß in Selbsterhaltung «ertragbar machte». Borchardt drückt das auf seine Weise aus: «Dank ist unter Umständen so stumm wie Undank.»

Hingegeben an diesen Freund hat sich Borchardt schon vor dieser und jener Not. 1910: Schröder sei nicht nur der letzte Freund seit langer Zeit, sondern «wol der letzte überhaupt, den ich in meinem Leben gewinnen werde … Ich kann heute nicht mehr darauf verzichten Ihnen anzugehören». Das ist das makellos blanke Pathos des Anfangs. Das hat sich inhaltsreich entwickelt zu jeder Feinheit, ohne je zur Routine zur verkommen. Freundschaftsfähigkeit beiderseits. Der immer vollkommen ins Sprachliche gelangende Borchardt und der sein bloßes Gefühl kundgebende Schröder.

Als sie beide fünfzig sind, hat Borchardt alles von Schröder wiedergelesen und rühmt jetzt «diese Nüchternheit, diese Sparmündigkeit». Er habe, schreibt er, Schröders Poesie als eine «Proportion» immer neben seiner eigenen Arbeit gehabt, sie habe ihn «unablässig und unmerklich gerichtet». Und Schröder, als es im Sommer 39 keine Devisen mehr gab, um nach Italien zu fahren, er «würde sich ohne weiteres nen Arm abhacken lassen», wenn er den Borchardts damit helfen könnte.

Die Formulierung dessen, was Schröder als Freund vermochte, war auch Borchardts Sache. Schon 1912 liefert er eine genaue Studie darüber, wie Schröder auf Borchardts Bedürfnis, einmal alles zu sagen, reagiert habe: «Du hast mein Bedürfnis Dir im Augenblick der spontanen Teilnahme alles zu sagen ... nach dem Grade meines Affektes bemessen. Nicht nach dem Anlasse, und Ungeschicktes hingehen lassen, weil Du fühltest, daß ich es nicht verdiene daraufhin angesehen zu werden, ob ich Dir geschickt oder ungeschickt bezeuge, wieviel Du mir bedeutest, – und Deine Ruhe, Deine Freudigkeit, Dein Vertrauen.» Genauigkeit ist doch ganz von selber etwas Schönes. Und daß der Genauigkeitsfähige wiederum nur SEINEN Part ausdrückt, auch wenn er glaubt, er analysiere den des anderen! Schröder, dessen Gefühlsfeinheit sich in tausend Situationen oder gar Prüfungen bewährt, ist, und sei es vor lauter Empfindung, zu solchen Gedankengängen nicht aufgelegt: « Also – wir sind Freunde, lieber Borchardt, nicht wahr? Das Übrige erledigt sich damit von selbst.» Aber auch Borchardt kann einen Brief einfach mit «Tuissimus» unterschreiben oder sozusagen seufzen: «Ach Rudi ... es wäre schon recht, wenn man Dich einmal hier hätte ...»

Zwei Motive dieses Freundschaftsromans muß man

sich andauernd dazudenken, weil sie in den Briefen keine Rolle spielen: Schröder lebte, da er, nehme ich an, Männer Frauen vorzog, mit seiner Schwester Dora zusammen, Borchardt mit Schröders Nichte. Dieses Beziehungsklima führt zu nichts Ausgedrücktem, dürfte aber in allem, was ausgedrückt wurde, enthalten sein. Verwirren darf es einen, daß Borchardt in seiner von fast keiner Hemmung mehr gemilderten Polemik gegen Stefan George, 1936, Georges Homosexualität zum Anlaß nimmt, alle großen Homosexuellen der Kulturgeschichte von dem Makel, sie seien homosexuell gewesen, zu befreien. Das ist das Komischste, was ich von ihm kenne.

Jetzt also, die Freundschaftstemperatur als empfindbar voraussetzend, zu den Krisen. Schröder wird in München Doktor h. c. Äußerer Anlaß: sein fünfzigster Geburtstag. Schröder schreibt, ihm sei, als habe er diesen Titel Borchardt gestohlen, und wäre der Titel übertragbar, hätte er ihn schon los und Borchardt hätte ihn. Borchardt gratuliert stilvoll, endlich schmücke der «oft auf gemeinen Stirnen entweihte Kranz» wieder eine würdige, und fährt fort: «Ad rem»: Er sei seit langem durch sich selber emporgehoben über die Sphäre, «in der man glauben kann daß Andre uns Ehre zu geben oder zu nehmen vermöchten ...» Das ist sozusagen das heroische Motiv des Romans: Borchardts Einsamkeit. Ihre Gründe und ihre Folgen. Und wie er sie erlebt beziehungsweise dem Freund dargestellt hat. In seinen kreuz und quer aus ihm herausschießenden Plänen und Projekten erscheint einmal ein Memoiren-Buch, eine Autobiographie, die sein soll «eine Logifizierung seiner Bockbeinigkeit». Er will darstellen, daß er sich gerade nicht aus seinem Milieu entwickelt habe, sondern gegen sein Milieu. Er hat schärfste Sätze zugeschliffen, um sich seine Einsamkeit als einen gewollten, ihm angemessenen Zustand erträglich zu machen. Er sah sich ja der Geschichte gegenüber, und sein Denken und Schreiben erlebte er als historisches Handeln. Viel geringer läßt es sich nicht sagen. Er halte seine «Augen nur noch auf Ewiges gerichtet», 1913. Als er sich in den Zwanzigerjahren gezwungen sah, «nach einem in Ehren verbrachten Leben» in «Gazetten» zu schreiben, stellt er fest: Bei seiner politischen Stellung kommen «... die Judenblätter, Gott sei's geklagt, die bestgeschriebenen und bestbezahlenden auch am meisten für mich interessierten nicht in Betracht, und ich muß mit dem unsäglichen Minimum an Kultur, geistigen Interessen Leser Bildung und Kapital arbeiten, das in den sogenannten nationalen Parteien und ihren Pressen impliziert: Leuten, die meinen Namen nicht kennen, und mit meinen Sachen nichts anzufangen wissen». Grotesker oder elender oder gemeiner oder furchtbarer kann ein Schriftsteller nicht dran sein. Und er, der vor Geisteskraft sprühende Konservative in seinem subtilen Pflichtgefühl, will es auf sich nehmen, für «die nationale Presse» zu schreiben, damit die «vielleicht etwas besser geschrieben und interessanter wird». In solchen Momenten wird er dann noch mit einer Umfrage der ‹Neuen Zürcher› konfrontiert, liest die Antworten der befragten «Edelliteraten», findet, Schröders Beitrag sei «der einzige von einem gentleman geschriebene», aber «dieser Thomas Mann, mit seinen Seitenblicken auf die Konkurrenz, diese Angst, nicht zuviel und nicht zu wenig zu sagen und vor allem das krankhafte Bemühen sich so zu stellen als täte man etwas für ‹jemanden›, während man nur an sich selber denkt». Schröder dagegen, auch im Polemikfall, unmittelbar lebendig, als Rilkes ‹Malte Laurids Brigge› erschien: «Ein infameres Sauzeug ist mir noch nie vor Gesicht und unter die Nase getreten.» Die Relativierung der sogenannten Literaturgeschichte nach Maßgabe der direkten zeitgenössischen Erfahrung macht den Literatur-Roman immer wieder auch unterhaltsam.

Der mehr als einsame, der isolierte Borchardt also, der eine Zeit lang den Kronprinzen berät, erlebt in der Weimarer Republik, daß seinen Visionen nichts Politisches entspricht, daß dieses Volk die «geistige Führungswelt», die er ihm anbieten möchte, gar nicht will, es «will sich Götzen machen dürfen die von ihm abhängen, oder vor etwas kriechen, was mit dem Fuß nach ihm stößt». Er, der schon Hofmannsthal wegen seiner «Compromisse» tadelnswürdig fand, kündigte konservativen Zeitungen, die gegen seine Ansprüche verstießen, «umgehend» die Mitarbeit. Und das, obwohl seine Bücher sich nicht verkaufen ließen und er eher von Vorschüssen, die in der Verrechnung oft genug zu Streit und Abbruch führten, als von Einkünften lebte. Er muß also seine Einsamkeit, sprich Isolation, mit Sinn versehen, wenn seinem Freund Schröder in München das h. c.-Kränzchen aufs blankere Haupt gesetzt wird. Aber bei dieser Gelegenheit bricht es doch aus ihm heraus. Einerseits ist er hinaus über das Geehrtwerdenkönnen, andererseits gebe es, schreibt er, in keiner Fakultät die nötige Stimmeneinheit für ihn. Josef Nadler hat ihn in Königsberg nicht durchsetzen können. Jetzt also: «In welchem Elende und in welcher Schmach Deutschland seit Jahrhunderten seinen größten

Söhnen das Herz brechen lässt ...» Und zählt sie auf. Und Schröder, der weiß und es ausspricht, daß Borchardt der Würdigere gewesen wäre, windet sich förmlich vor schlechtem Gewissen. «Mein Guter, Lieber, Verehrter!» Aber Borchardt ist inzwischen schon geübt darin, seine Einsamkeit mit historischem Sinn zu versehen. Er hat ja schon vor dem ausbleibenden Markterfolg seine Unbedingtheit als Haltung ausgebildet. Das «ich habe nie gehorcht» in seiner letzten Schrift ist von Anfang an seine Haltung. In einem fast mittelalterlichen Sinn fühlt er sich zwar auch als Partei, das heißt: auf einer bestimmten Seite der Geschichte, aber nie würde er «der Clique» opfern, was Partei in ihm sei. Lieber erklärt er das Publikum zum Feind. Und schließlich, 1937, formuliert er seine Unabhängigkeitsleistung so: «Ich, das weißt du, habe nie etwas für mich verlangt oder erwartet. Was ich hätte verlangen oder erwarten können, hat keiner zu geben; oder zu verweigern ... Was man Ruhm nennt, teilen wir mit den Klopffechtern und Propagandagrößen des Tages, mit denen wir nicht gerne aus dem gleichen Glase trinken.» Dann zitiert er wie so oft Goethe: «Tiefe Verachtung öffentlicher Meinung.» So schreibt er an seinem Geburtstag und fügt hinzu, das einzige Geburtstagsgeschenk, das er sich selber gemacht habe, sei, daß er mit dem «schönen Schwunge», den man an ihm preise, Bodmer und Steiner aus dem Haus geworfen habe.

Nun noch zu sozusagen schwerer behebbaren Krisen. Ein Anlaß: sein ‹Dante Deutsch› und seine ‹Epilegomena zu Dante›, und zwar die Nummer zwei, die zur ‹Divina Comedia›. Seit 1904 dichtet Borchardt in Dante. 1929 gibt er Auskunft, wie er zu dieser Dante-Deutsch-

Sprache gekommen ist. Und dieser Sechzig-Seiten-Aufsatz verstört Schröder ganz und gar. Aber 1930 erscheint auch das, was er «mein armes Gedichtbuch» nennt, ihm kommt jetzt «alles luftlos, flavourless, ohne Hauch und Aura» vor, was er jahrelang für sein Bestes hielt. Und Borchardt soll doch, bitte, darüber schreiben, daß Schröder im Insel-Verlag, den er doch mitbegründet hat, nicht «geradezu als Bettler» dastehe; Borchardt hat dann eben jenen schönen Brief über das Reagieren auf Gedichte geschrieben, eine sehr feine Antwort auf die notgedrungene Schröder-Bitte, sie müßten jetzt «klug sein wie die Schlangen», falsch wie die Tauben seien sie ja sowieso. Und in eben diesem um Hilfe bettelnden Brief meldet Schröder, daß die ‹Süddeutschen Monatshefte› von ihm etwas über Borchardts Dante wollen. Er ist voller «Bewunderung für das Ungeheure Geleistete», aber «das Prinzipielle des ungeheuren Werks» kann er nicht billigen. Schon das auszusprechen kommt ihm «wie eine Art Treubruch» vor. Er will, was er darüber publiziert, sorgfältig mit Borchardt abstimmen. In seinem ‹Dante Deutsch› sieht er Borchardt als Opfer «der jesuitischen Ränke des Herrn Nadler». Nadler ist der berüchtigt berühmte Literaturwissenschaftler, der die deutsche Literatur auf die deutschen Stämme zurückführte, also letzten Endes auf jeweils Mundartliches. Und es war eben weniger der deutsche Dante-Text, der Schröder verstörte, sondern das, was Borchardt auf sechzig Seiten über die Entstehung seines ‹Dante Deutsch› mitgeteilt hatte. «Das sprachliche Schisma um 1500», heißt es da, hat den Deutschen «ihre eigene Vorzeit entwandt.» Luther! Luther und die meißnische Kanzleisprache als Mehltau auf die mit hohen und höchsten Werken aus dem Mittelalter herüberblühende Literatur. «Die neuhochdeutsche Dichtersprache ist ein Geschöpf des Flachlandes und der sinnenfremden Schreibstube.» Für Dante zu arm. So der zeitlebens in Italien lebende, aber immer unmittelbar zur Geschichte existierende Borchardt. «Neuhochdeutsch ist eine Kolonistensprache emporgearbeiteter Stände, und daher aus pedantischer Conservierung des vermeintlich standesgemäßen Herkommens geboren, mit dem Auge auf Korrektheit und uniformen Anzug ... mit der Todesangst vor dem popularen, aus dem man wider Willen stammt, eine Buchsprache ohne Ohr und ohne Stimme.» Also «Durchbruch gegen die uns rings bedingende Wand des Luther-Opitz-Gottschedschen Geschiebes, den Klassizismus». Das war zuviel für Schröder, der seit Jahr und Tag in seiner Sprache Kirchentöne weckte. Für uns hingegen, zumindest für mich liefert dieser Aufsatz eine Befreiungskraft, die in mir selber zu wecken ich mir immer schuldig blieb.

Und wie ging das bei diesem Königsberger in Italien? Er entdeckte, glorios konservativ, «Umkehr als den kürzesten Weg vorwärts». Nicht per Kopfgeburt, sondern durch Erfahrung. Winter 1905/06 in Arlesheim bei Basel, er erlebt das Alemannische, erlebt es als «Lichtstrahl» in sein «geschichtliches Gefängnis», «ein Wildbad» für seine «gesamte Sprachgewöhnung», mit einem «verzauberten Ohre» ging er daraus hervor, «wie die Menschen der Sage, die plötzlich die Sprache der Vögel verstehen». Jetzt also entwickelte er, entwickelte sich in ihm eine Sprache, gestützt «auf unsere älteste klassische, die alemannische Sprache ... wie die Dantische auf das zum Mitteltoskanischen gewordene Pisanisch der italienischen Kaiserhöfe». Er nannte das «Rückgebärung, rinascimento, der eigenen Nationalantike, des europäischen Mittelalters ...» Und wußte, was Schröder ihm dann bestätigte, daß sein ‹Dante Deutsch›, das ungeheure Werk, ein Werk sei für «vel duo, vel nemo ...» Echt Borchardtisch: «Was lag mir an Lesern ...?» Seine Schmerzen habe er heilen wollen, die Wunden seiner «Nationalbiographie lindern», seiner «ersten großen verschollenen Nationalliteratur ihren Tod nicht hingehen lassen». Er habe «unsern Volkssprachen, unsern ehrwürdigen Mundarten» aus dem «Verschmähtsein» helfen müssen. «Ein großer Mensch ist auf die ganze Summe seiner geschichtlichen Vorteile gestoßen, hat sie seinem Auftritt unter sich versammelt und erhebt sich auf ihrem Gipfel über seine Zeit.» Daß er das nicht nur über Dante und nicht auch ein bißchen über sich selber hingeschrieben hat, wage ich zu vermuten.

Aber Schröder sieht im Dante-Aufsatz einen «Angriff gegen die Grundlagen unsrer klassischen Poesie, d. h. die Lutherbibel ...» Auch noch eine Homer-Beschimpfung in Borchardts Pindar-Aufsatz und einen «Welfenartikel» wirft er ihm vor. Borchardt verrate seine eigene «Vergangenheit als Protestant und Preusse». Er habe immer gern in Borchardts Schatten gestanden, bleibe ihm «für unendliche Belehrung und Zurechtweisung zu lebenslangem Danke verpflichtet», jetzt aber habe Borchardt sich so geoffenbart, daß er, Schröder, dazu «eine unzweideutige Haltung» beziehen müsse. Den Dichter und den Freund Borchardt meine er damit nicht, aber eben den Denker: Borchardt müsse selber beurteilen, wie sie mit den zwischen ihnen «klaffenden Rissen» leben können.

Borchardt antwortet mit hoher Laune. Er treibe alle seine Teufeleien unter Ausschluß der Öffentlichkeit, niemand schere sich einen Deut um das, was er tue, denke oder drucken lasse, und: Er liebe Schröder, auch wenn der zur Rettung seiner Seele verkünden müsse, daß Borchardt auf schlechten Wegen wandle. Schröder ist froh, daß sie, nachdem sie sich jetzt ausgesprochen haben, «in neuer Liebe an einander teilnehmen, auch in dem Fremderen im andern». Er habe übrigens, als er einen bösen Brief an Borchardt geschrieben habe, nach dessen Gedichten gegriffen als «Antidotum», und noch nie vorher sei er von ihnen so beeindruckt gewesen.

Borchardts ‹Dante› ist sicher sein eigensinnigstes Werk – eine aus der Geschichte geschöpfte, aus der Geschichte gewonnene Kunstsprache, entwickelt zur Eingemeindung der ‹Göttlichen Komödie› ins Deutsche – für jeden Sprachmenschen eine Art Wildwasserkanufahrt im Dichterelement selbst.

Jetzt die Krise, die von der Weltgeschichte inszeniert wurde. Sie sind einander wieder gut, Schröder schreibt 1934, er und Borchardt seien «doch von beispielloser Einsamkeit umgeben», mit den gegenwärtigen Landsleuten hätten sie «nur den kurrenten Teil» der Muttersprache gemeinsam. Aber Borchardts Einsamkeit ist doch noch einmal eine ganz andere. Und Schröders Briefe sind nur noch dann wirklich mitteilsam, wenn sie in Genf, Zürich oder Wien geschrieben werden. Da kann er zu erklären versuchen, daß man sich «ins Unvermeidliche fügen» werde und versuchen müsse zu leben und «dem unglücklichsten aller großen Völker zu dienen soweit man es vermag». Eine erste Berührung mit den neuen Mächten sei nicht vermeidbar. Ein «völliges Beiseitetreten» sei für ihn wegen seiner Vergangenheit und auch wegen seiner «leidenschaftlichen Liebe für Deutschland» nicht möglich. Er wird Erfahrung sammeln, um zu sehen, «ob man mit dem kleinen Finger, den ich geben könnte, auf der Gegenseite was anfangen kann und will». Reime fallen ihm nicht mehr ein, seit man, wenn man Stiefelwichs kaufen will, Heil Hitler murmeln muß.

Öfter als je muß er in der Schweiz Geld für Borchardt organisieren, auch eigene Honorare an Borchardt überweisen lassen, oder wenn ein Münchener «Incasso-Bureau», das auch noch Germania heißt, Borchardt wegen einer «verbummelten Schneiderrechnung aus normalen Tagen bis aufs Blut quält», muß Schröder sofort fünfzig Mark einzahlen. Borchardts entwerfen eine Finanzierung durch paying guests, ein alles umfassendes Erziehungs- und Ausbildungsangebot für bürgerliche Kinder. Kein Erfolg. Er kann sich keine Samen mehr leisten für seine Gärten, er verspricht sogar, wenn er Schröder um Finanzhilfe bittet, daß er seine Gärtner-Passion bezähmen werde. Wenn Schröder im Ausland ist, kann er dem Freund gestehen, ihm helfe nichts so wie «das Schreiben einer Zeile» an den Freund, «wäre sie auch noch so inhaltslos, wie alles, was man gegenwärtig von Zellenwand zu Zellenwand sich mitteilen kann». Man lebe zwischen «verzweifelten ‹cui bono› gegenüber allem, was man unternimmt und dem ebenso verzweifelten Vorwurf, mit dem einen alles anblickt, was man unterlässt ...» Wer nicht nur überzeugt sein will, daß er damals alles besser gemacht hätte, wer sich dafür interessieren kann, wie einer existierte, ein Intellektueller, der nicht dazugehörte, der sich als Gegner empfand, aber im Land bleiben mußte –, aus Schröders Mitteilungen kann er es erfahren. Wenn er aus Deutschland schrieb, war es oft nicht viel mehr als: Haltet die Ohren steif! Oder: Bange machen gilt nicht! Allmählich hat er dann auch von Wien aus keine Lust mehr, «über die Pest, der man ja nur ‹sozusagen› entkommen ist, sich schriftlich zu ergehen». Aber er verlangt von sich, sobald er aus dem Ausland schreibt, daß er denen in Italien (und sich!) Hoffnung mache: «Die nächsten zwei Jahre überstehen ... Ewig wird dieser Zustand nicht dauern.» Und sie sollen, bitte, mit allen Fragen und Wünschen zu ihm kommen.

Borchardt bildet indes seine Einsamkeitskraft aus. Daß er, wie ihm von Besorgten mitgeteilt wird, in Deutschland allmählich vergessen werde, amüsiere ihn nur und kränke ihn gar nicht. Er verweist auf Horaz: Gehörte immer zur Weltliteratur, ohne je populär gewesen zu sein. Und subtilisiert das Verkanntsein so: Ihn habe die Natur gegen das, was Menschen uns geben können, «so constitutionell unempfindlich geschaffen», sonst hätte er längst das, was andere glücklich macht, und müßte das, was ihn glücklich macht, entbehren. Er reagiert auf die Gemeinheiten der Zeitgeschichte immer auf seine Weise: stolz oder jäh oder vulkanisch oder schlechterdings produktiv. Im September 33 erfährt er, daß er in Genf, wo er öffentlich lesen sollte – und daran mußte ihm um des Geldes willen dringend gelegen sein –, nicht auftreten dürfe, «Quertreibereien» der deutschen Juden in der Schweiz haben das vereitelt, sie haben ihn «als rabiaten Nationalisten angeschwärzt». Kann man diese Einsamkeit, diese Isolation noch steigern? Er darauf:

«... eine Abarth von Aborth ist bald das einzige wohin ich noch freien Zutritt habe.» (Und das in der geradezu ehrwürdigen Orthographie einer anderen, besseren Zeit.) Es ist, als reize jede Zumutung sein Entwurfspotential. Er will jetzt, 1933, sofort ein Buch in englischer Sprache schreiben, es soll heißen ‹Interregnum, being an Enquiry into the causes of german disorders past and present›. Daß er Schröder andauernd von den in ihm auftauchenden Projekten berichten kann, ist für ihn auch dann noch wichtig, wenn er sie in nicht abgeschickten Briefen entwickelt. Die unterschreibt er schon mal mit Heil Hitler. Und bringt seine Haltung, um sie zu haben, zur Sprache: Was ihm alles egal sei, könne er schon gar nicht mehr aufzählen, aber seine Spargel seien Ausstellungsstücke, der Gemüsegarten sehe «holländisch proper aus», auch haben sie siebenhundert Erdbeerpflanzen gesetzt. Schröder bildet sich indes zum Spezialisten für Choräle aus. Trifft sich aber doch «mit allen möglichen ‹Auch›-Dichtern bei Hans Grimm», der sich darüber freue, und Schröder hat das Gefühl, man dürfe in diesen Zeiten «niemandem, der einen mit guten Manieren um etwas bittet, nein sagen». Jeder zitiert schon mal den «alten Goethe»: «Wonach soll man am Ende trachten: die Welt zu kennen und nicht zu verachten.»

Dort der immer protestantischer Tendierende, der Zuflucht sucht im «Gemeindedienst», hier der Einsame, der seine Haltung, die auch seine Ästhetik ist oder fundiert, nur schafft, weil er sich unmittelbar zur Geschichte verhält. Aber in was für einen Projektewirbel gerät er, wenn er dem Freund von einem Besuch berichtet: Herr und Frau Hambuecher kommen in die Villa Bernardini Saltocchio, legen 20 000 Lire auf den Tisch und versprechen «bei allen künftigen verlegerischen Vergebungen main forte zu leisten». Sofort entwirft er eine Zweimonatszeitschrift, später monatlich, «europäisch, hohes Niveau aber lebhaft, keine Professoren, keine alten Jungfern, viel Zusammenarbeit mit Amerika und England, Conservatives Programm, Kritik, Grundsätzlichkeit, und die höchste Poesie der Zeit, keine Literaten ...» Und sofort auch ein Plan für neun Romane, deren Inhalte skizziert er gleich und ziemlich genau. Band 9: ‹Paulkes letzter Tag› ist gleichzeitig der der zweiten Hindenburg-Wahl ...» Jedes Buch ist in sechs bis sieben Wochen zu schreiben. Das Gartenbuch, ca. 350 bis 400 Seiten. Ein «bitteres Vergnügen» macht es ihm zu denken, daß er «dieser Nebenseite» seiner geistigen Person, die er entwickelt hat «gegen die grössten Beschimpfungen, Kränkungen und Verleidungsversuche», daß er der jetzt die «ganze wirtschaftliche Rettung» verdankt. Und gleich wieder gesetzmäßige Erkenntnis beziehungsweise Formulierung: «Man muß seine Beiläufigkeiten kultivieren und seine Hauptsachen Gott befehlen.» Das hat, ganz nebenbei, etwas Kierkegaardisches.

Daß alles, was die Freunde einander schreiben, jetzt der Zensur ausgeliefert ist und jederzeit kassiert werden kann, legt sich «wie ein Frost auf das keimende Mitteilungsbedürfnis», schreibt Borchardt in einem nicht abgeschickten Brief. Man kann finden, die Freunde schrieben jetzt an einander vorbei. Das ist sozusagen notwendig. Nicht nur wegen der Zensur, sondern weil ihre Situationen nicht mehr mit einander vereinbar sind. Wenn jeder ausdrückt, wie es ihm gerade geht, wie er gerade lebt, dann muß er das dem anpassen, was er dem anderen noch zumuten kann. Und da muß Schröder, der ja als Schriftsteller mit der NS-Diktatur leben muß, vorsichtiger sein als Borchardt. An Schröders reiner Treue zu Borchardt kann man keine Sekunde zweifeln, aber wieviel kann er von dem, was von ihm an Anpassung verlangt wird, dem Freund verständlich machen! Es kommt zu keiner Krise, aber es herrscht andauernd eine unterdrückte Krise. Während Schröder sozusagen kaum noch wagt, Verständnis für seine Situation zu erhoffen, geschweige denn zu erwarten, rumort es in Borchardt rein sprachlich (Sommer 1942): «Da ich mich meiner insistierenden Umgebung gegenüber nicht länger darauf hinausreden kann, dass ich Dir geschrieben *habe*, schreiben *würde*, zu schreiben anfinge, vorhätte, verschoben, aufgegeben, wieder in Betracht gezogen hätte, und ich Dir also schreiben *muss*, und hiermit *schreibe*, so schreibe ich Dir hiermit.» Einen Brief, der nicht abgeschickt wurde. Ein Tagebuch also. Eine reine Sprachhandlung. Ein Stück Literatur-Roman.

Obwohl Borchardt längst ein Meister ist in der Ausstaffierung seiner Einsamkeit mit Sinn, muß er jetzt manchmal doch zugeben, daß er Schröder als einzigen Leser braucht. Wenn ihm der Freund schreibt, daß er das Borchardtsche ‹Staufervorspiel› «wunderschön, grossartig und ergreifend» finde, dann hadert Borchardt mit sich auf Borchardtische Weise: Dadurch, daß Schröders Lob ihm einen glücklichen Tag gemacht hat, wurde ihm klar, «wie tief gebeugt mein Stolz schon ist». Roman, Roman. Er habe sich immer jedes ihm gespendete Lob «mit einer unwillkürlichen Gegenbewegung sofort aus dem Sinne geschlagen – aus Scham, aus schlechtem Gewissen, aus Demut, aus Hochmut» – er weiß es nicht. Und gleich wird es eine Abhandlung beziehungsweise ein Beitrag zur Gefühls- und Geistestransparenz der Einsamkeit schlechthin: Gegen das, was einem die Epoche antut, kann man sich nicht durch «Gegenschimpf ins Gleichgewicht setzen sondern nur durch solche Leistungen, durch die man sich über sich selber gewissermaßen erhebt». Wenn die Welt, was man ihr gibt, nicht gelten läßt, soll man nicht versuchen, es zur Geltung zu bringen, man soll es ihr schenken, tue sie damit, was sie will. Erst was man jetzt bringt, wenn Dank nicht mehr zu erwarten ist, erst das «opfert man in die Hände der Ewigkeit von der man Genugthuung erwartet». Und zählt auf, was alles von seinem Werk im nächsten Jahrzehnt «aus den Formen gestürzt werden muß» (ein Bild aus der Gießerei). Und dankt dann Gott, daß er in Schröder noch einen Leser hat: «instar omnium». Schröder möge ihm, bittet er, seine «grossmütige Empfänglichkeit» erhalten und sein «schönes, tiefes Herz», er schulde ihm als erstem und einzigem, «was man angeblich ‹seiner Zeit schuldet›».

8.

Aus der Villa Bernardini Saltocchio schreibt Borchardt Anfang 1935 einen Brief an «Rupprecht Kronprinz von Bayern». Der Entwurf zu diesem Brief ist im Briefband 1931–1935 nachzulesen. Er beginnt so:

Allerdurchlauchtigster König!

Allergnädigster König und Herr!

Eurer Majestät bitte ich alleruntertänigst, unter den unzähligen getreuen Bringern ihrer Wünsche zum Neuen Jahre auch mit den meinigen und denen meines Hauses zu bleibenden Gnaden befohlen zu sein.

Bevor jemand an dieser Sprache seinen demokratischen Abscheu mästet, noch eine Stelle aus einem Brief an Schröder (1910):

Wer sich in der Welt bewegt, hat sich nach so vielen Seiten hin menschlich mitzuteilen ... daß ihm bedingte Verhältnisse das eigentliche Lebens Element werden: und die Scheu gegen das Unbedingte ist allem Gesellschaftlichen auf allen Gebieten gemein. Ich finde mich ... immer einem Ganzen gegenüber, vor der Natur wie ... vor der Geschichte wie vor dem Volke ...

Das Unbedingte ist sein «Lebens Element», das Absolute sein Metier. So wie Goethes Wilhelm Meister Adelige beneidet, weil die ihr Selbstbewußtsein nicht durch Leistung erwerben müssen, sondern es eo ipso haben: und zwar unbedingt. Deshalb ist der «Allerdurchlauchtigste» kein Widerspruch zu dem Borchardt, der nie ein Untertan war und am Ende feststellt, daß er nie gehorcht habe. Er übermittelt dem Kronprinzen seine Wünsche und die seines «Hauses». Wenn er wieder einmal mit der «Wohnlichmachung» eines «riesigen Palastes» beschäftigt ist, den er sich «nur zu einem ruinös hohen Satze» hat sichern können, und zwar «wider Gewissen und Budget», dann winkt ihm dort dafür «ein Einsamkeits- und Hoheitsglück ohne gleichen, der Adel der durch die Geschichte geweihten Räume ...» Daß aber Herr und Frau Zeitgeist sich nicht unnötig sorgen: Die Geschichte, die die Räume geweiht hat, ist Literaturgeschichte. Vittorio Alfieri hat hier «lang und oft» gewohnt. Also ein ihm ganz Verwandter, eben ein fortschrittlicher Traditionalist.

Ich will keinem ein Borchardt-Bild einreden, ich will nur mir selber die Spannweite dieses Geistes nicht allzusehr auf Konfektionsgröße einschränken. Das «allerunterthänigst» ist für mich kein Kniefall, sondern eine aus dem Ästhetischen stammende Verbeugung unmittelbar zur Geschichte. Haltung und Ästhetik gehen bei keinem, von dem ich gehört oder gelesen habe, so in einander über wie bei Borchardt. Von der Poesie ein vollkommenes Kontinuum ins Politische. Die Poesie, das höchste Politische. Unmittelbar zur Geschichte. Und er ist Deutscher, Jude und Königsberger. 1913, an Schröder: «Mein Glaube an das Ewige des deutschen Geistes ist unerschütterlich.» Unmittelbar zur Geschichte! Und da kann er, auch wenn er europäisch und menschheitlich tendiert, und das tut er sozusagen prinzipiell, Deutschland nicht auslassen. Noch im Oktober 1944, in einem nicht abgeschickten Brief, verhält er sich wieder einmal zur Geschichte, und dies als Deutscher. Er formuliert, was Deutschland und der Welt nach diesem Krieg bevorsteht. «Die ganze Welt wird unter Wirtschaftsdruck entwaffnet und unter das Gold gebeugt, auch Rußland. Verteilt wird nur an Gehorsame ... und dann gewähren die Herren der Erde ihren Colonien stufenweise die Scheinfreiheit von Dominions, deren Handel ultimativ doch durch Londoner Bücher geht.» Das ist seine kapitalismuskritische

Voraussicht auf die Nachkriegszeit. Und wie immer gibt es dazu (aus viel früherer Zeit) eine persönliche Praxis, die auch Haltung genannt werden darf: «… und konnte nicht als Maxime von andern acceptieren, daß man mehr Geld verdienen müsse, als man eben brauche.» In der Einschätzung der Nachkriegszeit fährt er fort: «Wir selber sind verloren, scheiden für ein Jahrhundert aus der Geschichte aus … die Tschechei, Polen, Österreich werden auf unsere Kosten lebensfähig hergestellt … das Evangelium vom Reichtum und Wolergehen aller Artigen soll Weltmaxime werden …» Er schreibt von Deutschland und sagt *wir* und *unser*.

Herbst 1944. Man erinnere sich noch einmal an sein im edelsten Sinn donquijoteskes Projekt, die deutsche Sprache von den Schäden, die sie durch lutherischen und anderen Zentralismus erlitten haben könnte, zu heilen, die Reichtümer der mittelalterlich blühenden oberdeutschen Literatursprachen in einer «Rückgebärung … der eigenen Nationalantike» seinem ‹Dante Deutsch› dienstbar zu machen, und sein innerstes Motiv: «… mich wollte ich belehren, die Wunden meiner Nationalbiographie lindern oder schließen …»

Man frage sich nach all dem, ob wir über Jüdisch-Deutsches und Deutsch-Jüdisches wirklich genug wissen. Als ich am genau nacherzählten Herkunfts- und Berufsschicksal Victor Klemperers zeigen wollte, daß das deutsch-jüdische Zusammenleben nicht notwendig in Auschwitz enden mußte, haben mir die feuilletonistischen Wächter über den richtigen Sprachgebrauch «Verharmlosung von Auschwitz» vorgeworfen. Borchardt hat aus seiner zuletzt von deutschem Politwahn verfügten Einsamkeit und Not nicht den Schluß gezogen, nicht mehr dazuzugehören. Vom Kriegsfreiwilligen 1914 bis zum Alpenhotel 1944. Das, wozu Borchardt im Stande war, kann nicht vorausgesetzt oder gar erwartet werden. Nicht mehr. Nie mehr. Diese Haltung, also diese Ästhetik, ist Vergangenheit. Daß ein deutscher Jude noch einmal so erfüllt sein könnte von seinem ist gleich unserem «Kultur Erbe», ist unvorstellbar geworden. Das haben wir durch unseren Wahn vernichtet. Den Wahn haben wir hinter uns. Aber das Vernichtete auch. Als Vernichtetes.

Deshalb sollte der Heutige sich über Borchardts konservativen Radikalismus keine aktuellen, also keine bekenntnissüchtigen Sorgen machen, sondern historische. Was wir alles vernichtet und verloren haben, soll noch einmal aufscheinen aus einem Borchardt-Brief des Jahres 1910, an Schröder: «Wir sind volkstümlich und aristokratisch gleichzeitig weil wir den Volksbegriff vom höchsten Volkstypus abstrahieren, andererseits aber einen hohen Menschentyp ohne nationelle Bedingtheit weder zulassen noch begreifen.» Daß er «nationell» sagt wie Hölderlin, reinigt das Wort sofort von allem Mißbrauchsbehang.

Am Anfang und noch langhin hat Borchardt die «Differenz mit dem Leben» für seine Produktionsbedingung schlechthin halten können. Ein «volles Vertrauen in Glückliches und dies ganze Genughaben am Leben» bleibt «abseits von der Poesie stehen», bei ihm wenigstens. Poesie lebt von der Notwendigkeit, einen Mangel «auszugleichen», von kleinen «Unzulänglichkeiten … bis zu den ewig menschlichen Entgängnissen». Also aus Not bildet sich jene Notwendigkeit zu schreiben. Und dem

Geschriebenen anzusehen, daß es geschrieben werden mußte, ihm also seine Notwendigkeit anzusehen, das war immer sein Anspruch an alles Geschriebene. Dazu gehört unwillkürlich, daß das Schreiben mehr ein Entgegennehmen ist als ein Tun. So drückt er diesen Anspruch selber aus in einem nicht abgeschickten Brief (1930): «Was ich am meisten in Gedichten liebe, das unerwartete Wahnsinnigwerden des Sprechens in einem sich Losreissen von Bezeichnung und Ausdruck.»

Das gehört hierher, daß wir nicht meinen, er habe durch Geistes- und Sprachkraft und unerschütterbares Geschichtsvertrauen andauernd den von der Zeitgeschichte gelieferten barbarischen Unsinn gewissermaßen automatisch in für ihn erträglichen Sinn verwandeln können. Zuerst war er ein Sprachmensch. Er konnte polemisch zu- und zurückschlagen, seine Erfahrung: «Indignatio facit literas.» Oder: «Nur wer die Rachsucht kennt, weiß, was ich leide.» Aber alle seine Sprachgebärden und Sprachtaten gehorchen der Notwendigkeit, einen Mangel, eine Entgängnis auszugleichen. Prinzipiell läßt er keinen Satz zu, bei dem das Können das Müssen diktiert. Alles Können muß aus einem Müssen kommen und das vorweisen. Da er so viel kann, ist ermeßbar, wieviel er mußte oder wieviel ihm zugemutet wurde. Ohne die ganz selbstverständlich dienende Mitwirkung Schröders ist der historische Verlauf dieses Borchardt-Daseins nicht denkbar. Aber auch Schröder hätte sich doch nicht so ins Welthaltige entwickeln können, wenn er nicht den anspruchsreichen Freund gehabt hätte, der ihn belebte, dem er schreiben konnte: «Was treibst Du, was schreibst Du, wo bleibst Du?» Zu diesem geschichtsträchtigen Lebenskunstwerk bedurfte es beider gleichermaßen. Ich habe beide unmäßig zitiert, Borchardt noch unmäßiger als Schröder. Aber ich glaube, daß das, was Borchardt jeweils unter der von vielfacher Not gespeisten Notwendigkeit zum Ausdruck bringt, sein Eigentliches einbüßt, wenn man es auf den nacherzählbaren Inhalt reduziert. «Epiphanie der Sprache» hat Adorno bildungsfromm genannt, was ich Auffälligkeit der Sprache nenne. Die war als das eigentlich Mitgeteilte bekannt zu machen. Da das ohne Schröder nicht herausgekommen wäre, soll Borchardt ihn noch einmal vor uns allen nennen als das, was er für ihn war.

Tausend Gesellen erbat ich vom Ewigen eh mir
    Gott in Einem
Vergalt mit vollen Tausend die er mir weigerte
Liebreich Herz, Du Geber, ich danke dir,
    Rudolf Alexander
Verteidiger, Bestätiger, Besänftiger.

Ums Leben schreiben

Alles, was in diesem Buch geschieht, ist wirklich geschehen. Und doch wird wahrscheinlich mancher Leser beim Lesen dieses Buches unwillkürlich an etwas Romanhaftes oder Filmhaftes denken. Nicht was die erfahrungsverbürgende Gegenständlichkeit, die Situationsgenauigkeit angeht, aber wie das Ganze gefügt ist. Die Konstellation der Figuren, der Verlauf –, das ist so kraß demonstrativ, so schreiend grell, daß es mir immer wieder um meiner selbst willen lieber gewesen wäre, das wäre erfunden gewesen; von einem Autor oder Regisseur erfunden, um auszudrücken, wie entsetzlich es unter der Nazi-Herrschaft zugehen konnte. Also erfunden aus den anerkennenswertesten Motiven. Es wäre letzten Endes tröstlich, wenn man sich beim Lesen auf so einen Kunstvorbehalt zurückziehen könnte. Andererseits würde ich, wenn ich das als Roman läse, protestieren. Es sei denn, der Autor könnte in allem, was er erzählt, seinen persönlichen Anteil, Erfahrungsanteil, nachweisen. Daß sich einer nur diesen schlimmstmöglichen Stoff aneignet und dann handwerklich lobenswert damit umgeht, würde mich eher abstoßen. Ich würde nie den Stalingrad-Roman eines Autors lesen, der sich eingearbeitet hat. Die Ausgrabungen Walter Kempowskis aber schon. Der Anteil des persönlich Erlittenen kann, je schlimmer das Erzählte ist, um so weniger ersetzt werden durch Kunst.

Glaubwürdigkeit entsteht von selbst. Nicht durch Kunst.

‹Mein verwundetes Herz› ist ein Buch, in dem etwa 250 Briefe zu lesen sind, die von den Töchtern Ilse, Johanna und Eva und von dem Sohn Gerhard an ihre Mutter Lilli geschrieben worden sind. Dorothea, genannt Dorle, die vierte Tochter, geboren 1940, konnte, als das Schlimmste passierte, noch nicht schreiben. Die Mutter war von September 1943 bis März 1944 im «Arbeitserziehungslager» Breitenau (südlich von Kassel) und ab März 1944 in Auschwitz inhaftiert. Im Oktober 1944 wird den Kindern mitgeteilt: «Die Ärztin Lilli Sara Jahn geborene Schlüchterer – glaubenslos –, wohnhaft Kassel, Motzstr. 3, ist am 19. Juni 1944 um 11 Uhr 25 Minuten in Auschwitz, Kasernenstrasse, verstorben». Lilli durfte, solange sie Gefangene war, nur einmal im Monat schreiben. Sie hat im Lager Breitenau noch auf Packpapier oder auf die Rückseite von Medikamenten-Banderolen schreiben und das Geschriebene auf gefährlich illegalem Weg hinausbefördern können.

Lilli, Jahrgang 1900, Tochter einer Kölner jüdischen Kaufmannsfamilie, studierte Medizin, schloß 1924 ab, heiratete 1926 als Dr. Lilli Schlüchterer den gleichalterigen Ernst Jahn, auch Arzt, nicht promoviert. Von 1927 bis 1940 fünf Kinder, 1942 läßt sich der Ehemann Ernst scheiden, heiratet nach ein paar Wochen eine jüngere Ärztin, arbeitet als Lazarettarzt in Kassel und Umgebung. Als Ehefrau eines nichtjüdischen Deutschen war Lilli noch geschützt. Aber es gab eine Verordnung, daß auch geschiedene Partner aus einer «Mischehe», sollten die Kinder noch nicht achtzehn sein, vor Deportation geschützt seien. Lilli und die Kinder wurden 1943 durch behördliche Barbarei aus Immenhausen (nördlich von Kassel) vertrieben, zogen in Kassel in die Motzstraße. Als provisorisches Namensschild brachte Lilli an der Wohnungstür ihre Visitenkarte an: «Dr. med. Lilli Jahn». Damit verstieß sie gegen die 1938 erlassene Verordnung, daß jüdische Frauen ihrem Vornamen immer «Sara» zuzufügen hätten. Und sie hätte ihren Doktortitel nicht mehr führen dürfen, da den zu führen Juden pauschal verboten worden war. Jemand denunzierte, Lilli wird vernommen, darf wieder heim, Gestapobeamte durchsuchen die Wohnung, kein Ergebnis, Lilli wird noch einmal vorgeladen, ruft ihren Töchtern (Sohn Gerhard ist schon bei der Heimatflak) «Bis gleich, Kinder» zu, geht und kommt nicht mehr zurück. Nie mehr.

Dann also die Briefe. Mehr hin als her.

Daraus entsteht fast sechzig Jahre später dieses Buch. Ich habe mich gründlich beschäftigt mit der durch Victor Klemperer in umfangreichen Tagebuchbänden hinterlassenen Geschichte der Familie Klemperer. Das Prinzip Genauigkeit habe ich genannt, was diese Tagebücher zu einer einzigartigen Quelle macht für die deutsche Geschichte vom Ende des 19. Jahrhunderts bis 1945 und darüber hinaus. Victor Klemperer hat gewußt, daß er ein Geschehen mitnotierte, das wegen seiner Ungeheuerlichkeit mitnotiert werden mußte. Und er hat es durch seine rücksichtslose Genauigkeit zur vollkommenen Glaubwürdigkeit gebracht. Auf einem ganz anderen Weg hat Rudolf Borchardt als Briefschreiber auch einen solchen

Grad an Glaubwürdigkeit erreicht. Ich habe es bei ihm genannt «Sprachenergie», «Geschichtsmächtigkeit», «Formulierungswut», «Verantwortungsernst».

Jetzt also Lilli und ihre Kinder und dieser Verlauf. In keiner Zeile dieser Briefe gibt es auch nur die geringste stilistische oder literarische Ambition. Ilse, Johanna, Eva und Dorothea sind vierzehn, dreizehn, zehn und drei Jahre alt, wenn diese Briefe geschrieben werden. Gerhard, von dem die wenigsten Briefe sind, ist sechzehn. Und Lilli ist in ihren Briefen so von der Gewalt der Entwürdigung, des Leidens und von der Sorge und Angst um ihre Kinder gequält, daß sich alles Formulieren verbietet. Aber was ihr zugemutet wird, ist schon vor der Einweisung ins «Arbeitslager» und vor der Deportation nach Auschwitz schlimm genug. In ihrem Haus bringt die jüngere Kollegin das Kind zur Welt, dessen Vater ihr Ernst ist, den sie von Anfang an Amadé nennt. «Mein Amadé, mein lieber, kleiner Amadé.» Ihr Mann und sie leisten die Geburtshilfe. Weil ihr Amadé seine gutgehende Praxis in Immenhausen, nördlich von Kassel, nicht aufgeben wollte, wurde das durch Verwandte in England zugesagte Affidavit nicht in Anspruch genommen. Sie hätten, wie Lillis Mutter und Schwester, entkommen können.

Ein Freund und Rechtsanwalt warnt Ernst Jahn vor dem, was trotz aller Schutz versprechender Regelungen der nach der Scheidung ungeschützten Frau passieren kann. Amadé ist ein «Gottsucher», tendiert zum Katholizismus, den seine Mutter ihrem protestantischen Mann zuliebe heimlich pflegen mußte, den Sohn nahm sie mit in ihre verheimlichte Religiosität.

Lilli versucht einer Freundin zu erklären, warum

Amadé eine andere Frau finden mußte. Eine Frau, die ihn wieder zurückführte zu sich selbst. Lilli will nicht, daß ihre Freundin Amadé verurteile. Es sei ihm weder «Herzlosigkeit noch Schlechtigkeit» vorzuwerfen. Sie selber, gesteht sie, sei «im Innersten grenzenlos einsam und verlassen». Dagegen verblassen auch die edelsten Menschlichkeitsgesten eines Thoas, einer Iphigenie. Man darf das, ich weiß es, nicht an einander messen.

Dann die Verhaftung. Da verschlägt es Lilli das «innere Atemholen, weil die Schicksalsschläge» gegen sie «gar nicht abreißen wollen».

Als Ilse, die Vierzehnjährige, zum zweiten Mal bei der Gestapo erscheint, um zu fragen, wann die Mutter wieder heimkommen dürfe, kriegt sie zu hören: «Wenn du nochmal kommst, behalten wir dich auch hier.» Weil Lilli fürchten muß, daß sie ihrem «Dorlekind» am dritten Geburtstag den Geschenktisch wahrscheinlich nicht richten kann, schreibt sie, daß Dorles «große Geburtstagskerze und drei Taschentüchlein ... im vorderen Flurschrank im untersten Fach und ein paar Bonbons im Buffet (Mitte)» sind. Den Vati sollen die Kinder sehr lieb grüßen. Wie wohl täte ihr «ein gutes und tröstliches Wort von ihm, aber das wird wohl nicht gehen». Zeitungen sollen sie ihr schicken, ein Buch. «Vati wird schon was aussuchen», «vielleicht den ‹Nachsommer› von Stifter». Und vielleicht noch «vom Bücherbrett ein weniger wertvolles Buch» für ihre «Saalkameradinnen». So füllt, was ihr alles fehlt, allmählich die Briefe. Und was fehlt, wird zum Dokument unserer Schande. Nagelfeile, Pinzette, Vasenolpuder, Schlemmkreide, Pantoffeln, Puddingpulver. «Und sobald wie möglich Camelia.» «Und dann, wenn es Euch möglich ist, hin und wieder etwas Brot, ein bißchen Salz, vielleicht habt ihr ein wenig Käse übrig oder Marmelade, und legt mir eines von den alten silbernen Messern (rechte Schublade) bei. Und hättet Ihr vielleicht ein paar Äpfel, wir bekommen hier nur Suppe oder Pellkartoffeln.»

Warum, fragt man sich da, muß das vom Staat angerichtete Verbrechen an Ort und Stelle so grausam exekutiert werden! Dieser grauenhafte Erfüllungseifer ist das wirkliche Lehrstück. So sind wir, wenn man uns läßt. Wenn man uns auch einmal Macht haben läßt. Am Sonntag ist es am schlimmsten. «Da gibt es ½ 7 Uhr morgens ein Stück trockenes Brot und diese elende Kaffeebrühe, um 11 Uhr entweder dünne Suppe oder Pellkartoffel, Sauce und Gurke und um 4 Uhr wieder ein Stück Brot abwechselnd mit etwas Wurst oder einem Löffel Quark und dazu Kaffee und dann wieder nichts mehr bis zum anderen Morgen.»

Haarnadeln, Weckgläser, Mikado, Zahnpasta, schwarze Schuhcreme, Molton-Decke, Gamaschen-Hosen, Wintersachen, Stoffärmel, Strickkleidchen, Pflaumenmus, Honigkuchen, Faltenrock, Flickreste, Wollkleid. Das ist die Gegenständlichkeit dieses Elends. In dieses Vegetieren im «Arbeitserziehungslager» schreiben die Kinder ihre Briefe.

Ilse, die Vierzehnjährige, und Johanna, die Dreizehnjährige, Ilsemaus und Hannelekind sind es, die jeden Tag oder mindestens jeden zweiten Tag schreiben. Aber es ist ja viel mehr als Schreiben. Sie leben auf ihrem Briefpapier. Statt Auf Wiedersehen schreibt Ilse «Auf Wiederlesen bis morgen abend». Auch der sechzehnjährige Gerhard schreibt. Er ist Luftwaffenhelfer. Die Angriffe auf Kassel haben begonnen. Gerhard schreibt: «Wir haben sogar einen viermotorigen Bomber abgeschossen. Da kannst du dir sicher vorstellen, wie wir uns gefreut haben.» Zu Jungvolk und HJ war Gerhard als «Halbjude» nicht zugelassen, jetzt gehört er endlich dazu. Diese Dissonanz repräsentiert den Ton dieser Jahre vollkommen. Die Bomber, auf die Gerhard schießt, zertrümmen die Stadt, in der die vier Schwestern untergekommen sind. Hannele meldet ihrer Mutter, daß sie sich entschlossen habe, Hansi (ihren Wellensittich) oben zu lassen und die Geige mit runterzunehmen. Beides kann sie nicht tragen, weil sie noch die «Luftschutztasche» mitnehmen muß. Und schreibt: «Äußere Dich bitte mal darüber, wie Du das findest. Ich bin mir selbst nicht klar. Das Tierchen lebt doch, spürt und hat Angst. Die Geige ist aber auch so eine Sache. Sie ist mir auch sehr lieb. Na, ich will noch mal Vati fragen.»

Das Haus verbrennt, und Hansi mit ihm. Die Kinder müssen raus aus dem Keller, sie rennen, schreibt Ilse dann, durch einen «wahnsinnigen Funkenregen» in den nächsten Bunker. «Hannele und Eva tragen die Decken und Koffer ... und ich unser teuerstes Gut, unser Dorle.» Wann immer jetzt die Flak zu schießen beginnt, sagt Dorle: «Ilse, aber nicht wieder durch das Feuer laufen.» Und Gerhard ist stolz auf seine Beförderung zum «Luftwaffenoberhelfer». Ilse wird sozusagen von heute auf morgen die Mutter ihrer drei Schwestern. Wenn sie einmal durch «Einsatz» oder Schule ausfällt, wird Hannele «Vizemama». Die Vierzehnjährige schreibt auch die meisten Briefe, spendet der eingesperrten Mutter am spürbarsten Leben. Und was und wie sie berichtet, erzählt mir von der Wirklichkeit der Diktatur mehr, als je ein Historiker darstellen kann.

Wenn es schellt, denkt sie, Mutti stehe vor der Tür. «Mir war ein so seltsames Gefühl wie noch nie.» Aber: «Es war Frau Kunze.» Und am Mittwoch früh war sie mit Dorle «wieder bei Brandau, wegen der Einlagen für ihre Senkfüßchen. Dorles Zöpfe sind schon gewachsen, und Dorle fragt auch oft: Wann kommt Mutti?» In der Schule muß Ilse zur gleichen Zeit einen Aufsatz schreiben über das Thema: «Die deutsche Treu in Lessings Minna von Barnhelm». Jede Tochter erzählt der Mutter ihr Leben. Die zehnjährige Eva ist in ihrer freien Zeit am liebsten auf einem Bauernhof, arbeitet richtig mit, kriegt dann eine Wurst geschenkt, «für Dich, beste Mutti». Und unterschreibt: «Viele liebe Millionen Grüße und Küsse von Deiner Bauerntochter, Eva.» Dieses Komma einer Zehnjährigen zwischen den letzten zwei Worten darf man mit einer Art ästhetischer Rührung zur Kenntnis nehmen. Aber Ilse! Wie sie ihre Entwicklung von September 43 bis in den Sommer 44 dokumentiert, ausdrückt, spüren läßt! Spüren läßt, das entspricht wohl am meisten dieser Intensität durch Andeutung. Einerseits bleibt sie die innig grüßende und küssende, die das «Muttileinchen» «lieb festhaltende» «Ilsemaus»; andererseits schreibt sie: «Nun laß Dich so fest drücken und liebhalten, Dir einen festen Kuß geben von Deiner Dich nie vergessenden Freundin Ilsekind.» Was für eine Synergie der Zärtlichkeit. Das darf niemand riskieren, der es nicht ist. «Sei nicht gar zu traurig. Denk an meinen Brief von gestern, Schatz.» Und dann, spätabends, wieder ganz die

Mutter ihrer drei Schwestern: «Jetzt ist endlich Ruhe. Die drei schlafen. Gleich gehe ich auch ins Bett. Aber erst gehe ich noch ans Fenster und sehe in Richtung nach Breitenau zu Dir. Wann wird wohl der Tag kommen?» Und immer die Extra-Erwähnung der Kleinsten: Dorlekind. Nach dem Essen hat sie sich «erst einmal hingelegt und mit Dorlemäuschen zusammen geschlafen». Oder: «Das war heute morgen eine Hetzjagd.» Daneben: «nervenaufpeitschender Alarm», eine «Unmenge» zu tun für die Schule, die «Bezugscheine» für Gerhard, die Altstadt, inzwischen «ein großer Schutthaufen», und «Wo ist denn nun aber der Schlüssel für den Rohrplattenkoffer?» Und soll noch einen Aufsatz schreiben über das Thema: «Was bedeuten Dir die Umgangsformen?»

An die Schwägerin schreibt die Mutter so: «Könnt ihr denn bei der Gestapo nicht erfahren, wie lange ich noch fortbleiben muß? ... Das Haus ist auch noch nicht geheizt. Und überhaupt dies Eingesperrtsein. Das weiß keiner, was das heißt. Ob Ernst nicht mal ein Gesuch machen kann ... Er kann doch wohl noch einmal etwas für mich tun? Ich bin ohnehin so verlassen und zurückgestoßen!» Verhaftet wegen eines Verstoßes gegen die Polizei-Verordnung, darauf stehen vier Wochen, die sind längst um. «Vielleicht kann das Gesuch durch die vorgesetzte Militärbehörde unterstützt werden.» Und den Kindern schreibt sie, daß man einander sehen könnte, wenn Ilse und die Schwägerin in Malsfeld in den Zug einsteigen würden, mit dem sie jeden Tag zur Arbeit fährt oder von der Arbeit zurück. Zwanzig Minuten. «Aber ihr müßt sehr vorsichtig sein ... und Euch und mich nicht verraten.» Ilse könnte ihr im Tunnel vor Guxhagen ein Paket aushändigen, vielleicht mit Tabletten gegen ihre Schmerzen in den Armen und Händen. Daraus wurde, weil es zu riskant gewesen wäre, nichts. «Oh das war ein seltsames Thema», schreibt Ilse dann über die «Umgangsformen». «Ich habe über die Sitten: Hutabnehmen, die Dame rechts gehen lassen, das Alter achten und so weiter ... 4 Seiten lang geschrieben.» Und hofft, sie bekomme eine «annehmbare Note».

Tatsächlich darf Ilse ihre Mutter am 12. Dezember 1943 besuchen. Zehn Minuten lang! Mit Wärterin. Daß der Mutter ein Schneidezahn fehle, hat sie schon gewußt. Im Januar erfährt Lilli, daß Ernst ein Gesuch um ihre Freilassung eingereicht hat. Sohn Gerhard wird «gemustert» und meldet der Mutter: «Ich natürlich kriegsverwendungsfähig Ersatzreserve I, schnelle Truppe.» Und Ilse wiederum beschreibt der Mutter haargenau, wo alles liegt und steht im Zimmer. «Rechts neben der Kommode steht ein kleines Puppenbettchen mit einem Männlein und einem Weiblein. An dem Bettchen steht ‹Stilles Glück›. Aber sie meldet auch die erste Zigarette, die sie geraucht hat, und hofft, die Mutter schimpfe nicht. Über die Umgangsformen hat es nur zu einer Vier gereicht. Die Mutter schreibt: «Der Vati soll doch noch mal hingehen zur Stapo und darauf bestehen, daß ich endlich frei komme. Und er soll ganz bald hingehen! Bitte, bitte, bitte!»

Im März 1944: die Deportation. Nach Auschwitz. Der Brief, geschrieben am 21. März 1944 während eines siebenstündigen Aufenthalts im Bahnhof Dresden, ist schon Lillis Vermächtnis. Über Auschwitz kursieren Nachrichten. «Die Mitteilungen darüber, wie es dort sein soll, sind sehr widersprechend.» Sie werde weiter tapfer sein, es beruhige sie zu wissen, daß der Vati sich um die Kinder sorge und sie sehr lieb habe. Und dem Vati läßt sie bestellen: «Er selbst und niemand anders soll nochmals alles versuchen, und wenn er sich bis an die höchsten Stellen nach Berlin wendet.» Zuletzt nennt sie alle noch einmal mit ihren Zärtlichkeitsnamen: «Gerhard-Junge, Ilsemaus, Hannelekind, Evalein und mein Dorle-Schatz! Gott behüte Euch! Wir bleiben unlöslich miteinander verbunden. Seid herzinniglich gegrüßt und geküßt von Eurer treuen Mutti.»

Dann also die Sterbe-Urkunde.

Martin Doerry, Lillis Enkel und Ilses Sohn, hat dieses Buch herausgegeben und hat ebenso sorgfältig wie vorsichtig das dazugeschrieben, was die Briefe zeitgeschichtlich und ortskundlich ergänzt. Daß, zum Beispiel, der Sohn Gerhard später bei Willy Brandt Justizminister war.

Wer dieses Buch, wer diese Briefe liest, wird nicht anders können, als diese Geschichte mit der deutschen Geschichte überhaupt zusammenzubringen. Die Gegenständlichkeit, die durch diese Briefe entsteht, hat ganz unmittelbar einen historischen Rang. Und eine Wirkung, die ein Roman nicht haben kann. Und eine Aussagekraft, die eine Darstellung durch einen Historiker nicht erreichen kann. Der Historiker will in aller Regel beweisen, daß es so war, wie er es darstellt. Die Standpunktgebundenheit seiner Darstellung reflektiert er nicht; je deutlicher er sie ausdrücken würde, desto vertrauenswürdiger wäre er für mich. Ich weiß, es ist sozusagen unfair, dem Historiker den Glaubwürdigkeitsglanz dieses Briefbuchs vorzuhalten. Ich ziehe dieses Buch auch jedem Roman vor. Der letzte Roman, den ich als Geschichtsschreibung habe ernst nehmen können, war ‹Krieg und Frieden›. Tolstoi hat zu seinen Szenen und Details keine Meinung, die kann erst im Leser entstehen. Der Meinungsanteil in dem Buch der Briefe ist überhaupt Null. Die Sätze der Briefe entstehen aus Notwehr. Genauer kann eine Mitteilung über dieses Deutschland in den Zeiten des Nazismus nicht sein. Das Personal der Diktatur wird durch seine Wirkung auf diese Familie vollkommen deutlich. Es gibt keine Darstellungsabsicht, deshalb ist das Dargestellte so glaubwürdig. Alle schreiben aus nichts als persönlicher Not.

Ich habe noch nie von einem Buch gesagt, es gehöre in die Schule, hier muß ich das sagen. Das ist doch Geschichtsschreibung. Wenn ich das lese, kommt mir der Unterschied, den der Jargon macht zwischen Quelle und Schreibung, irreführend vor. Das ist Geschichtsschreibung, wie Klemperers Tagebücher und Borchardts Briefe Geschichtsschreibung sind. Die Darstellungen, die durch den Lauf der Zeit zu Quellen geworden sind, waren mir immer die liebste Lektüre für Geschichtliches. «Oh das war ein seltsames Thema», schreibt die vierzehnjährige Ilse, als sie in dieser Situation einen Aufsatz über «Umgangsformen» schreiben soll. Diese Kinder und ihre Mutter sind ganz unwillkürlich große Stilisten. Sie sind durch und durch fein. Sie sind, mitten im Grauen, zart. Und zärtlich. So kommen Sprachdenkmäler der Menschlichkeit zustande. Wenn diese Kinder, diese Erwachsenen nicht so hingebungsvoll, so liebevoll Buch geführt hätten, ohne zu wissen, daß sie das tun, wenn sie nicht Erleidende einer familiären Tragödie geworden wären, in der die politischen Bedingungen der Zeit zum Ausdruck kamen, unwillkürlich zum Ausdruck kamen, dann hätte dieses Buch nicht erscheinen können. Sie schrieben um ihr Leben; wir erkennen darin unsere Geschichte.

Streicheln und Kratzen

Der Dialog nach dem Interview.

W: Lieber Herr Luik, Sie sind hierhergekommen, wir haben neun Stunden geredet, das Geredete haben Sie mir dann schriftlich geschickt, ich war nicht einverstanden und habe vorgeschlagen, daß ich ein Interview schreibe. Stimmt das?

L: Das stimmt.

W: Also alles, was jetzt folgt, ist von mir geschrieben. Auch Ihre Antworten.

L: So ist es.

W: Ich will zur gegenseitigen Mobilisierung ein paar Sätze aus unserem Neun-Stunden-Gespräch zitieren, Sätze von Ihnen, Kernsätze sozusagen: «Sie haben sich ja immer wieder stammtischartig in die Politik eingemischt.»

Ich habe schon lange beobachtet und es gelegentlich auch gesagt, daß Intellektuelle, die sich für links halten, alles, was sie nicht mögen, als Stammtisch bezeichnen. Daß das eine polemische Formulierung ist, sehen Sie ein.

L: Ich gebe Ihnen dadurch die Gelegenheit, diese etwas aggressive Feststellung zu widerlegen.

W: Das heißt, Sie bringen mich in eine Verteidigungshaltung. Ich darf versuchen zu beweisen, daß ich mich nicht «stammtischartig in die Politik eingemischt» habe. Das heißt, ich bin angeklagt, «Stammtisch» heißt mein Vergehen. Ich habe mich tatsächlich ein paar Male provoziert gefühlt und mich dann, wie Sie sagen, eingemischt. 1961 für die SPD, dann in den Sechzigern ein paar Jahre lang gegen die deutsche Verharmlosung des amerikanischen Vietnamkriegs, dann in den Achtzigern gegen die Verharmlosung der deutschen Teilung durch unsere Politiker und Medien, dann in den Neunzigern gegen eine bestimmte Meinungsmache in den Medien. Nach so vielen Aufsätzen, Reden und auch Theaterstücken, nach jahrzehntelanger Arbeit fassen Sie zusammen: «stammtischartige Einmischung». Und wenn ich das widerlegen will, muß ich mich zitieren und zitieren, und das wirkt dann so, als wäre Ihr Stammtischsatz ein sinnvoller Satz. Einen solchen Satz widerlegen heißt, ihn veredeln. Und das hat er nicht verdient.

L: Aber Sie haben ihn jetzt ja schon zu widerlegen versucht.

W: Das täte mir leid. Der Satz verdient keine Widerlegung. So wenig wie Ihr anderer Kernsatz: «Sie sind schon stolz, ein Deutscher zu sein.»

L: Stimmt das denn nicht?

W: Herr Luik, ich habe in unserem Neun-Stunden-Gespräch gesagt, daß Sie sich informiert haben wie ganz selten ein Interview-Partner. Ich habe Ihre virtuosen Interviews mit Gore Vidal, Edmund Stoiber und anderen gelesen. Und nur darum habe ich nicht nach einer halben Stunde gesagt: Lassen wir's, es hat keinen Sinn. Aber nachträglich darf es mich doch wundern, daß ein Mann Ihres Wissensstandes und Ihrer Intelligenz dann bei so schlichten Sätzen landet wie: «Sie sind schon stolz, ein Deutscher zu sein.»

L: Sind Sie's etwa nicht?

W: Das Interview, das ich hier schreibe, ist die Fortsetzung unseres Gesprächs als Selbstgespräch. Also: Ein ganz und gar zurechnungsfähiger Intellektueller landet bei Sätzen, die überhaupt keinen wirklichen Sinn haben. Stolz, ein Deutscher zu sein, das war ein paar Wochen lang ein Medienspiel. Einem Politiker passiert dieser Satz. Dazu gesellt sich noch so etwas wie die «deutsche Leitkultur», die Medien freuen sich. Sie kommen sich vor wie die heilige Feuerwehr. Das geht ein paar Wochen lang. Jeder Spatz pfiff's von jedem Dach: Sind Sie stolz, ein Deutscher zu sein, gibt es eine deutsche Leitkultur. In den Talk-Shows hechelten sie diese Nullprägung durch, als handle es sich um einen historischen Lügendetektor, mit dessen Hilfe man jedem bisher verheimlichte nationale Gesinnungen nachweisen könne. Der Bundespräsident war sich nicht zu fein, diesem Spiel durch Teilnahme allerhöchste Amtshilfe zu gewähren. Mir haben Sie, Herr Luik, den, medienmäßig gesprochen, inzwischen längst verstorbenen Satz serviert, weil Sie auch hofften, mich als Rechten vorführen zu können. Sie haben dann ja auch gleich entdeckerisch gesagt: «Sie stehen in der rechten Ecke.» Und höchst sensibel haben Sie hinzugefügt: «Es ärgert Sie, daß Sie in der rechten Ecke stehen.»

L: Diesen Eindruck machen Sie aber auch.

W: Moment bitte. Zuerst sehen Sie mich in «der rechten

Ecke» – wenn ich etwas zu sagen hätte, würde ich sagen: Sie stellen oder schubsen mich in die rechte Ecke –, und nachdem Sie mich dort, wo Sie mich hingeschubst haben, sehen, sagen Sie dazu, daß ich mich ärgere, dort gesehen zu werden. Das ist doch eine richtige story: Deutscher Schriftsteller wird in der rechten Ecke ertappt, und wie ihn das ärgert.

L: Zumindest können Sie jetzt kommentieren, wie Sie sich fühlen in der rechten Ecke.

W: Wie oft müßte ich diesen Satz von der «rechten Ecke» an Ihnen vorbeischwenken, bis Sie bemerken würden, was sich in dieser Wortwahl verrät?

L: Sie werden es mir nicht vorenthalten.

W: Rechte Ecke, das klingt vorwurfsvoll oder bezichtigend. Begründen müssen Sie Ihre Bezichtigung nicht. Sie beziehen sich wieder auf ein mediengemachtes Fertigteil, auf eine Formel, die nicht mehr beweisen muß, daß sie einen Sinn hat. Man sieht der Formel sofort an, daß sie sich für links halten darf, also ist sie gut, wahr, legitim. Der, dem sie polemisch serviert wird, der muß sich verteidigen, mit Inhalten, ohne daß ihm Inhalte konkret vorgehalten wurden. So formelhaft wie die Polemik darf die Antwort darauf nicht sein. So ist es bei allen Ihren Kernsätzen: Stammtisch; stolz darauf, ein Deutscher zu sein; rechte Ecke …

L: Aber das kommt ja alles nicht von nichts.

W: Jetzt wollen Sie das Stichwort Paulskirche hören, das ist klar.

L: Zum Beispiel.

W: Was mit dieser Rede passiert ist, zeigt, daß der Zeitgeist sich einen Vorgang durch Simplifizierung so zurichtet, daß nur noch übrigbleibt, was der Zeitgeist zu seiner Selbstbestätigung braucht.

L: Das sagen Sie jetzt auch einigermaßen unbewiesen so dahin und meinen damit wieder einmal Ihren Feind, die bösen Medien.

W: In meinem Wortschatz für den Kulturbetrieb kommt das Wort Feind nicht vor. Ich habe keine Feinde. Aber ich habe mich mit den Medien auseinandergesetzt, das stimmt. Aus verschiedenen Anlässen, in sehr verschiedenen Jahrzehnten. Wieder: vom Vietnamkrieg, den unsere Medien legitimierten, bis zur deutschen Teilung, die unsere Medien verewigen wollten. So wurde ich von den Medien in den Sechzigern zum Kommunisten gestempelt und in den Achtzigern zum Nationalisten. Und jetzt kommen Sie und sagen, ich sei stolz, ein Deutscher zu sein. Und Sie sind nicht irgendjemand, sondern ein Hochqualifizierter.

L: Wenn ich mich auf Ihr Spiel einlasse, muß ich jetzt fragen: Gibt Ihnen das nicht zu denken, daß jemand, den Sie für zurechnungsfähig halten, Ihnen gegenüber zu solchen Sätzen kommt.

W: Der Zeitgeist.

L: Der große Manitu.

W: Wenn Sie's lieber indianisch haben, bitte.

L: Es muß in meiner Polemikbereitschaft Ihnen gegenüber mehr Walserisches zum Ausdruck kommen, als Sie jetzt zuzugeben bereit sind.

W: Ich liefere Ihnen jetzt schnell die Kurzfassung eines Vorgangs, einfach damit Sie sehen, ob ich mir das nur einbilde, daß der Zeitgeist alles zurichtet, wie er es braucht. Also: Ein Intellektueller (‹Frankfurter Rundschau›) entdeckt bei mir «heidnische Neuromantik». Die nächste Zeitung (‹Zeit›) nimmt das auf, reiht mich zusätzlich noch ein «in die Schar der Spätschüler Nietzsches» (rein satzbaumäßig steht da, ich hätte mich selber eingereiht). Und: Nie hat mich einer so verletzt wie der vom Liberalblatt, der meinem Roman-Johann übelnimmt, daß der bei der Firmung, als er das Chrisam kriegt, ans Sperma denkt, also die zwei heiligsten Liquiditäten in seiner Seele zusammenfließen läßt. Und so was kann einem Kirchensteuerzahler verargt werden von einem Liberalmönch. Aber bitte, schließlich formuliert ein Mitglied des Zentralrats der Juden in Deutschland bündig: «Es war Martin Walser, der, zunächst weitgehend unbemerkt, im Oktober 1998 mit seinen öffentlichen Aussagen in gefährliche Nähe zu jener neuheidnischen, naturverhafteten Ideologie geriet, von der auch der Nationalsozialismus Teile seiner Weltanschauung herleitet.» Das wurde gesagt bei würdigstem Anlaß: 9. November. Im Jahr 2000. Und gedruckt wurde das in der ‹Süddeutschen Zeitung›. Überschrift: «Gezündelt hat er allemal». Die FAZ findet zum Glück, daß es Neuheidentum gebe auch ohne mich. Zu spät. Ich hatte es schon geschafft, auf die Titelseite der Liberalzeitung zu kommen. Zu Recht sei ich, so Josef Joffe, vom Zentralrats-Mitglied wegen meiner «neuheidnischen Ideologie» «gegeißelt» worden. Sind Sie, lieber Arno Luik, schon einmal gegeißelt worden ? Na bitte, wer nicht gegeißelt ist worden, kann doch überhaupt nicht mitreden. Nachträglich habe ich bei Peter Sloterdijk, der voll ist des brauchbaren Wissens, gelesen, Goethe sei von reaktionär katholischen Kreisen des Neuheidentums bezichtigt worden. Und Sloterdijk selber ist auch des Neuheidentums bezichtigt worden. Die Bezichtiger «stehen» jetzt aber immer links. Die Kirche muß sich richtig glücklich schätzen über diese Scharfschützenhilfe von links.

Zurück zu Ihnen. Aber wir waren ja, da ich linke Gebetsmühlen zitierte, gar nicht weg von Ihnen. Sie haben also entdeckt, Nationalismus, rechte Ecke, Stammtisch. Ich frage mich, aber Sie frage ich auch: Ist dieses Heruntertransformieren von doch wohl differenzierterer Rede oder Essayistik zu Polemik-Schlagworten, ist denn nicht das Stammtisch schlechthin? Allerdings linker Stammtisch. Aber das ist ja für Sie unvorstellbar: linker Stammtisch! Da sei Gott vor beziehungsweise Adorno.

L: Jetzt haben Sie sich aber doch polemisch genug verteidigt. Das heißt, das, was Sie in meinen Sätzen als Bezichtigung bezeichnet haben, ich würde es eher Attacke nennen – und Attacke ist mein Metier –, das können Sie nicht ertragen, ohne Ihrerseits wieder zu attackieren.

W: Das ist das schlechthin Furchtbare, daß man auch auf etwas reagiert, das keine Reaktion wert ist. Das ist das Lebensgesetz der öffentlichen Meinung: Andauernd wird da Unsinn produziert, der dann von denen, die damit getroffen werden sollen, in Sinn verwandelt wird.

L: Lieber Herr Walser, umgekehrt ging's auch: Wir Journalisten merken, wenn sich in Äußerungen von Politikern, Schriftstellern u.s.w. Tendenzen abzeichnen, die nicht nur bemerkenswert, sondern auch alarmierend sind. Oder glauben Sie, die öffentliche Meinung sei nichts als ein Gesellschaftsspiel, man reizt möglichst hoch und scharf, nur um den Betrieb in Gang zu halten. Glauben Sie das?

W: Man reizt wegen der Quote.

L: Man reizt, weil es ein Recht gibt, wenn auch kein geschriebenes, aber es gibt ein gesellschaftliches Naturrecht, wenn Sie das Paradox gestatten, ein gesellschaftliches Naturrecht, euch öffentliche Figuren nicht nur so zu sehen und zu nehmen, wie ihr euch am liebsten zeigt, von eurer schönsten beziehungsweise unangreifbaren Seite, wir sind zuständig für eure Kehrseite, für das Unvorbildliche oder gar Desastreuse in aller Prominenz. Ihr seid versessen darauf, gestreichelt zu werden. Wir wollen wissen, was herauskommt, wenn wir euch kratzen, wenn der Lack weg ist.

W: Sie steuern zu auf meinen wichtigsten Satz, den ich hoffentlich nie widerrufen werde, der heißt: Nichts ist ohne sein Gegenteil wahr.

L: Eben deshalb mußte ich doch so negativ auf Sie losgehen. Auf daß Sie wahrer würden.

W: Aber – und das ist es überhaupt – Sie sind nichts als negativ auf mich losgegangen. Wären Sie so positiv auf mich losgegangen, wäre mir das schnell peinlich geworden und ich hätte mich selber ins Negativ-Exhibitionistische geflüchtet.

L: Ob Ihnen das gelungen wäre!

W: Probieren Sie's doch das nächste Mal.

L: Ich glaube nicht, daß Sie das ernsthaft versuchen könnten: das zu entblößen, was gegen Sie spricht.

W: Und ich behaupte: Mir fällt gegen mich mehr ein als Ihnen.

L: Darauf bin ich gespannt.

W: Ich natürlich auch.

Über ein Geschichtsgefühl

Eine Zugehörigkeit muß man erleben, nicht definieren. Auch die Zugehörigkeit zu einem Geschichtlichen hat man nicht zuerst als Erkenntnis parat, sondern als Empfindung, als Gefühl. So kommt es – wenigstens bei mir – zu einem Geschichtsgefühl. Frage sich jeder selbst, ob er, wenn er versucht, das Wort Nation zu definieren, nach dem Definieren mehr weiß, als er vorher durch Empfindung wußte. Ja, wußte. Man kann nämlich durch Empfinden wissend werden.

Als ich in der Zeit der deutschen Teilung davon gesprochen habe, daß ich diese Teilung in meinem Geschichtsgefühl nicht unterbringe, kam die Antwort des gerade zeitgeistdiensthabenden Intellektuellen im ‹Spiegel›, den man nennen könnte den «Focus» des Zeitgeists: «Denken konnte er ja nie.» Ich bestehe trotzdem auf meinem Geschichtsgefühl. Diese intellektuellen Intellektuellen, wie ich sie nennen möchte, machen zwischen Fühlen und Denken den Unterschied, den die Kirche zwischen Leib und Seele machte. Das darf man inzwischen komisch finden. In der als rational berühmten französischen Sprache hat Vauvenargues formuliert: «Les grandes pensées viennent du cœur.» Und Pascal prägte: «Raison du cœur».

Ich kann mir vorstellen, daß diese großbuchstabig sentenziöse Form einen praktizierenden Intellektuellen nicht beeindruckt, deshalb möchte ich, weil mir diese bei uns geübte Einteilung kritisierenswert erscheint, einen Helfer zitieren, der sich diesen Unterschied zwischen Denken und Fühlen in unserer Sprache vorgenommen hat, nämlich Nietzsche. In seinem Buch ‹Morgenröthe› sagt er, «daß all unser sogenanntes Bewußtsein ein mehr oder weniger phantastischer Commentar über einen ungewussten, vielleicht unwissbaren, aber gefühlten Text ist». Also, bitte, das Bewußtsein nur ein Kommentar zu einem gefühlten Text. Und ein paar Jahre später, in seinem Buch ‹Die fröhliche Wissenschaft›: «Es steht uns Philosophen nicht frei, zwischen Leib und Seele zu trennen, wie das Volk trennt, es steht uns noch weniger frei, zwischen Seele und Geist zu trennen ... Wir müssen beständig unsre Gedanken aus unsrem Schmerz gebären und mütterlich ihnen Alles mitgeben, was wir von Blut, Herz, Feuer, Lust, Leidenschaft, Qual, Gewissen, Schicksal, Verhängnis in uns haben.» So, darf ich jetzt wohl sagen, entsteht unter anderem auch ein Geschichtsgefühl. Übrigens: Schon in seinem ersten Buch, der ‹Geburt der Tragödie aus dem Geiste der Musik›, nennt er die Trennung von Körper und Geist eine «unphilosophische Rohheit». Wer als Intellektueller glaubt, er könne oder müsse gar über Nation gefühlsfrei denken, den darf man wohl, mit allem Respekt, einfältig nennen.

Mein Geschichtsgefühl, Deutschland betreffend, ist der Bestand aller Erfahrungen, die ich mit Deutschland gemacht habe. Mit dieser Nation. Wenn es sich um etwas geologisch Erfaßbares handeln würde, könnte ich von der Mächtigkeit eines Vorkommens sprechen. Naturnahe Metaphern bieten sich an, weil Geschichte wie Natur ein Prozeß ist, der der Zeit unterworfen ist. Nation wird es einmal nicht mehr geben. Der Zeitraum der Nationenbildung war das 19. Jahrhundert. Überall in Europa. Mit mehr oder weniger staatlichem Anteil und Glück. Man lese nach, wie die jüdische Nation sich bildete mitten im Exil und bis zu Herzl ohne jede staatliche Hoffnung blieb. Und wie die polnische Nation sich bildete durch alle Teilungen hindurch. Und wie abenteuerlich die tschechische Nation sich bildete. Und wie verwegen die italienische. Und wie pathetisch die deutsche Nation sich gebärden mußte, um sich selber empfinden zu können. Selbstbewußtsein ist das wichtigste Erlebnis bei der Bildung einer Nation.

Erstaunlich bleibt, wie verschieden wir dann dieses nationale Selbstbewußtsein empfinden, bewerten, beurteilen. Als es noch diese beiden deutschen Staaten gab, sagte mir ein Kollege, ihm sei es doch egal, wer den Paß ausstelle, den er an irgendeiner Grenze brauche. Er fand in sich keine Zugehörigkeit vor. Von den Karolingern zu den Saliern, zu den Ottonen, zu den Staufern, zu den Habsburgern, zu den Hohenzollern –, das sind nicht nur heraldische Daten, sondern historische Ströme, die ich erleben kann wie die Donau, den Rhein, die Elbe, die Nordsee oder die Alpen. Und lange vor unserer Staatlichkeit waren wir eine deutsche Nation und, bitte, nicht nur eine Kulturnation, sondern eine politisch tendierende Schicksalsgenossenschaft, die sich ihrer Zusammengehörigkeit bewußt war, ohne daß sie dafür schon die staatliche Fassung gefunden hatte. Wie durch dieses

19. Jahrhundert hindurch dann von 1823 bis 1888 der Kölner Dom komplettiert wurde, damit man sich auf eine große Tradition beziehen könne, so war auch die ebenso lang beschworene Einheit in einer ebenso vergangenheitsträchtigen Reichsgründung fast zeitgleich gelungen. Es war der Versuch, einer schwärmerisch geliebten Vergangenheit in einer zeitgemäßen politischen Handlung zu entsprechen. Das mag dem und jenem zu vergangenheitssüchtig ausgefallen sein, es war ja auch der Versuch, das Mittelalter mit Dampfmaschine zu betreiben.

Aber die Nation hatte jetzt eine Fassung und reagierte darauf mit Hochleistung. Die, verglichen mit England und Frankreich, zu spät gekommene Nation holte auf mit einem Eifer, der rundum zum Erschrecken führte. Ein Bismarck konnte diese pubertierende Nation gerade noch am Schlimmsten hindern. Seine Nachfolger ließen es zum Schlimmsten kommen. Golo Mann hat den Ersten Weltkrieg die Mutterkatastrophe des Jahrhunderts genannt. Ohne diesen Krieg kein Versailles, ohne Versailles kein Hitler, ohne Hitler kein Weltkrieg zwei, ohne Weltkrieg zwei nichts von dem, was jetzt unser Bewußtsein oder unser Gefühl bestimmt, wenn wir an Deutschland denken. Das wichtigste Glied in der historischen Kette bleibt: ohne Versailles kein Hitler. Daß Frankreich, das durch die deutschen Truppen verwüstete Frankreich, den Versailler Vertrag durchsetzte, muß man verstehen. Daß der Vertrag eine wirtschaftliche Katastrophe produzieren mußte, darf man auch verstehen. Ich zitiere einen, der dieses Geschehen als interessierter Beobachter von Amerika aus miterlebte. Der Ölmagnat Paul Getty schreibt in seinen Memoiren über den Versailler Vertrag:

«Dieser Vertrag war rachsüchtig, er legte Deutschland unbezahlbare Reparationen auf ... der dümmste Student der Wirtschaftswissenschaften sah sogleich, daß eine nur notdürftig funktionierende deutsche Wirtschaft auf diese Weise total zerrüttet werden mußte ... Die als Strafe gedachten Artikel dieses Vertrags mußten in Deutschland eine heftige nationalistische Reaktion in Gang setzen ... Ein vernünftigerer und gerechterer Friede an Stelle des Vertrages von Versailles hätte zwischen 1919 und 1932 in Deutschland ein demokratisches System befestigt.» Versailles ist nicht die einzige Ursache für 1933, Versailles entschuldigt nichts, aber erklärt einiges.

Bei uns wird heute jedes Buch akklamiert, das die Geschichte so darstellt, als sei sie immer schon auf Auschwitz zugelaufen. Weil wir eben so sind. Erinnern Sie sich, bitte, wer alles und wie laut und wo überall im Land Daniel Goldhagens Buch ‹Hitlers willige Vollstrecker› propagiert hat. Wenn man aber zum Beispiel aus der sorgsamsten Rekonstruktion der Geschichte der deutsch-jüdischen Familie Klemperer, also aus achtzig Jahren deutsch-jüdischer Geschichte, den Schluß zieht, das deutsch-jüdische Verhältnis hätte unter anderen Umständen nicht in Auschwitz geendet, dann wird einem «Verharmlosung von Auschwitz» vorgeworfen. Schon das Bestehen auf Erklärbarkeit wird verdächtigt. In der Kirchensprache nennt man diese Haltung dogmatisch. Das sehe jeder, wie er muß.

Jeder kann, wenn er will, auf Nation jetzt für immer verzichten. Ich kann das nicht.

Wortführende Intellektuelle haben die deutsche Teilung gerechtfertigt mit dem Hinweis auf Auschwitz. Als wäre die Nation ein Individuum, das man, weil es Verbrechen begangen hat, bestrafen könne. Die Teilung hat aber doch weniger die bestraft, die diese Verbrechen bewirkt haben, sondern irgendwelche Deutschen, die damit nichts zu tun gehabt hatten. Und die Argumentation: Deutsche Teilung nicht als Strafe für Auschwitz, sondern daß sich Auschwitz nicht mehr wiederhole! Das kommt mir wahrhaft grotesk vor. Auschwitz ist entstanden aus historischen Bedingungen; diese Bedingungen können sich niemals wiederholen. Wer die deutsche Teilung so oder so zu einem geschichtlich Vernünftigen machen wollte, der hat übersehen, daß diese Teilung keine Kriegsfolge war, in keiner Weise mit Auschwitz zu tun hatte, sondern ganz und gar eine Folge des Kalten Kriegs. Dieses Herbeschwören des Schlimmsten zu bestimmten Zwecken war immer absurd. Egal, ob damit die deutsche Teilung oder eine Kriegshandlung auf dem Balkan gerechtfertigt werden sollte. Und die, die sich solcher Instrumentalisierung bedienten, hätten sich genieren müssen, weil sie diesen Namen für einen Zweck nutzten, der es in keiner Weise wert war, mit diesem Namen bedient zu werden.

Auschwitz war ein Verbrechen, das singulär wurde durch seine grausame Ausgedachtheit und seine alles Menschliche vernichtende Perfektioniertheit. Aber wer nicht begreift, daß dieses Verbrechen nur möglich war unter den Bedingungen dieses Krieges, der wird nie begreifen, wie Auschwitz überhaupt möglich war. Und dieser Krieg war der allerletzte Krieg, den diese Nation angezettelt hat. Aber die Anzettelung hat eben nicht im Januar 1933 begonnen, sondern viel früher. Unter anderem eben durch die Mutterkatastrophe des 20. Jahrhunderts, den Ersten Weltkrieg. Und der Erste Weltkrieg hatte Ursachen, die man aufzählen kann. Man muß sie nicht billigen, aber man kann sie erkennen. Und wenn auch das Entsetzlichste, wozu es kommen kann, erkennbar wird als eine Folge, die aus erkennbaren Ursachen stammt, dann ist mehr getan, als wenn man einer Gesellschaft die Schuld als etwas Absolutes einbleut. Sorge jeder für sein Gewissen und nicht für das Gewissen anderer. Die Gewissenspfleger der Nation haben es, wie Salomon Korn es schon vor meiner Rede in der Paulskirche formuliert hat, zu einem «Jargon der Betroffenheit» gebracht; der macht, nach meiner Erfahrung, aus den Nachwachsenden keine gewissensempfindlichen Zeitgenossen, sondern eher Praktiker des Lippengebets. Aber ich habe neulich in einer kritischen Anmerkung gegen mich gelesen, Lippengebet sei besser als keins. Wer so etwas ernsthaft formuliert, hat keine Kirchenerfahrung. Ich habe zirka fünfzehn Jahre intensive Kirchen- und Gebetserfahrung, Auschwitz als Lippengebet –, nein danke.

Daß wir geteilt bleiben sollten, war wahrscheinlich die seriöseste Drohung, der diese Nation je ausgesetzt war. Durch die Schande, die die Nation auf sich geladen hatte, wollten wir mit dem Nationalen überhaupt nichts mehr zu tun haben. Es war nicht nur Mode, sondern verständlich, daß, was *Nation* heißt, bei feineren Geistern ganz mies notiert war. Ich habe zweiunddreißig Jahre gebraucht, bis ich zum ersten Mal gewagt habe, den Mund ein bißchen aufzumachen. Erst im Jahr 1977 habe ich in einer Rede gesagt, wir dürften die BRD so wenig anerkennen wie die DDR. Nur wenn das unser Wunschdenken bleibe, habe dieses Wunschdenken eine Chance in der Wirklichkeit, und ich habe leichtfertig dazugesagt «im Jahre 1999 oder 2099». Und dann ist es schon 1989 passiert. Und deshalb wiederhole ich, wenn davon gesprochen wird, daß das der glücklichste Moment in der deutschen Geschichte ist, dieser 9. November 1989, der Fall der Mauer. Aber was mich zum ersten Mundaufmachen und dann wiederholt zu Wortmeldungen brachte, war nichts Politisches, sondern ein Gefühl, das sich gebildet haben muß in Kindheit und Jugend. Thüringen und Sachsen, Schlesien und Ostpreußen waren mir durch Lektüre und durch Hörensagen zu Seelenlandschaften geworden. Karl May und Nietzsche durften nicht im Ausland geboren worden sein. Dann haben natürlich Besuche und Briefe drastisch darauf hingewiesen, daß wir eins waren, die drüben und wir herüben. Und diese Gefühle ließen sich irgendwann nicht mehr verschweigen. Wozu gehört man einer bestimmten Generation an, wenn man die Erfahrung dieser Generation dann verschweigt! Das muß ja zum Geschichtsverlust führen. Und den zu vermeiden sind Intellektuelle da.

Heute ist der 8. Mai.

Ein einfacheres Datum. Vom 8. Mai 1945 zum 3. Oktober 1990 oder doch, dem Geschichtsgefühl entsprechend, zum 9. November 1989, das ist, pathetisch gesagt, die Läuterungsstrecke der Nation. Und der 9. November müßte DER Tag der Deutschen sein. An diesem Tag hat die Nation sich, ihrem jeweiligen historischen Zustand entsprechend, benommen: 9. November 1918, Philipp Scheidemann ruft in Berlin die Republik aus. 9. November 1923, Hitlers Marsch zur Feldherrnhalle in München.

9. November 1938, die Reichspogromnacht. 9. November 1989: Die Mauer fällt.

Gebaut wurde diese Mauer durch die Welt-Politik. Überwunden wurde sie durch das Volk, das die manifest gewordene Illegitimität des DDR-Regimes mit den richtigen Handlungen beantwortet hat. Und die Kraft dazu kam aus dem Geschichtsgefühl dieser Menschen. Wenn aber sicher ist – und sicherer als das ist nichts –, daß wir in europäischer Aufgehobenheit vor gar allem, was uns je passieren konnte, bewahrt sind, dann ist nicht einzusehen, warum wir jetzt keine Nation mehr sein sollten. Wir sind eine. Keine europäische Nation muß jetzt noch hysterische Souveränitätstänze aufführen. Das Selbstbewußtsein, das nach wie vor unentbehrliche, muß jetzt nicht mehr mit Imperialismen jeder Art gefüttert werden, sondern kann sich bilden durch das Erlebnis der Zugehörigkeit zu einem noch größeren Ganzen: zu Europa. Europa ist überhaupt die Lösung der deutschen Frage, die es ernsthaft seit dem 9. 11. 89 schon nicht mehr gibt. Nationen wird es geben, solange es nationale Aufgaben gibt. Wir müssen da nicht lange suchen. Unsere erste und für lange Zeit allererste nationale Aufgabe ist die Heilung aller Schäden, die entstanden sind durch das, was man im Zeitungsstil die deutsche Teilung nannte, was in Wirklichkeit die Teilung Deutschlands war. Aber Deutschland war ein Unwort geworden.

Die Politik kann diese nationale Aufgabe – die Heilung der Teilungsschäden – wahrscheinlich nicht auf die parteibezogene Art lösen. Wir dürfen uns an die Folgen der Teilung so wenig gewöhnen, wie wir uns an die Teilung gewöhnen durften. Wenn Solidarität, dann zuerst mit denen, die immer noch die Folgen dieser Teilung zu tragen haben. Und diese Solidarität muß reichen so weit, wie dort die Not reicht. Ich messe deutsche Politik zuerst und zuletzt an dem, was sie tut, diesen Landsleuten aus der Misere zu helfen, in die sie unverschuldet geraten sind und die sie immer noch zu ertragen haben. Das sagt mir mein Geschichtsgefühl, das in diesem Fall auch ein Geschichtsmitgefühl ist.

(Die ‹Frankfurter Allgemeine Zeitung› vermerkte, als sie diesen Text am 10. Mai 2002 abdruckte, in einer von der Redaktion verfassten Einleitung u. a.: «So erweist sich Walser hier nicht als Apologet der deutschen Geschichte, sondern als Befürworter einer europäisch verankerten deutschen Nation.»)

Unter Unterstellern

Unterstellung darf man wohl eine Textoperation nennen, die aus dem Text eines anderen eine Bedeutung herausliest, die der andere nicht im Sinn gehabt hat. Es handelt sich nicht um Mißverständnis, sondern um die Entdekkung einer Bedeutung, die ihren Ursprung im Entdecker hat, nicht im Ent-deckten, der durch solche Operationen sogar zum Ertappten werden kann oder soll.

Die Praxis der Unterstellung bedient sich der Zitatendressur. Unterstellung kann man nur mit Unterstellung beantworten. Ich versuche also, Hans Mommsen zu unterstellen, daß er meinen Redetext zum 8. Mai 2002 mit einem Vorurteil gelesen hat, sonst hätte er nicht mit Rückgriff auf die Rede von 1998 bei mir eine «Hoffnung» entdeckt, «jenseits der Epoche des Nationalsozialismus eine heile Welt für die Deutschen bewahren zu können». Eine Hoffnung, die mir fremd ist. Hans Mommsen fährt fort, «jetzt wieder in Berlin» habe sich gezeigt, ich sei «ein Repräsentant überholter politischer Denkhaltungen geblieben, jedenfalls in Beziehung zu den historischen Ursachen der deutschen Katastrophe von 1933 bis 1945». Damit meint er, daß ich den Vertrag von Versailles zu den Ursachen für Hitlers Erfolg gezählt habe. «Nicht die militärische Niederlage des Wilhelminischen Deutschland und das Versagen der deutschen Diplomatie, sondern das alliierte Vertragswerk wird von ihm in den Vordergrund gestellt.» Bei mir hieß das so: «Golo Mann hat den Ersten Weltkrieg die Mutterkatastrophe des Jahrhunderts genannt. Ohne diesen Krieg kein Versailles ...»

Darf man sich darüber wundern, daß ein so besonnener Mann so tut, als hätte ich den Ersten Weltkrieg unterschlagen? Dann zitierte ich den neutralsten Beobachter, den ich finden konnte: Paul Getty. Der meinte: «Dieser Vertrag war rachsüchtig, er legte Deutschland unbezahlbare Reparationen auf ... der dümmste Student der Wirtschaftswissenschaften sah sogleich, daß eine nur notdürftig funktionierende deutsche Wirtschaft auf diese Weise total zerrüttet werden musste ... Die als Strafe gedachten Artikel dieses Vertrags mußten in Deutschland eine heftige nationalistische Reaktion in Gang setzen ... Ein vernünftigerer und gerechterer Friede ... hätte zwischen 1919 und 1932 in Deutschland ein demokratisches System befestigt.» Ich habe Versailles nicht schlechthin zur Ursache des Hitler-Erfolgs gemacht, aber Hans Mommsen folgert: «Aus dieser Sicht wird unter der Hand ein Großteil der Verantwortung für die Errichtung der NS-Diktatur den westlichen Alliierten und dem von ihnen geschaffenen System der Pariser Vorortverträge zugeschrieben, die Deutschen aber werden für die Katastrophe von 1933 indirekt entlastet.»

Jetzt sind wir bei der Sache. Die berührt der Historiker dann kaum noch. Es folgt die Belehrung über die Weimarer Republik. Ich aber war damit beschäftigt, an diesem 8. Mai historische Bedingungen aufzuzählen, die zu Auschwitz geführt haben. Ich habe gesagt: «Und wenn auch das Entsetzlichste, wozu es kommen kann, erkennbar wird als eine Folge, die aus erkennbaren Ursachen stammt, dann ist mehr getan, als wenn man einer Gesellschaft die Schuld als etwas Absolutes einbleut.» Ich habe an der Singularität des Verbrechens von Auschwitz keinen Zweifel gelassen. Aber ich habe gesagt, «wer nicht begreift, daß dieses Verbrechen nur möglich war unter den Bedingungen dieses Krieges, der wird nie begreifen, wie Auschwitz überhaupt möglich war. Und dieser Krieg war der allerletzte Krieg, den diese Nation angezettelt hat. Aber die Anzettelung hat eben nicht im Januar 1933 begonnen, sondern viel früher». Dann habe ich noch angemerkt, daß Europa überhaupt die Lösung der deutschen Frage ist, keine Souveränitätstänze mehr. Und, habe ich gesagt, die Nation wird es nur so lange geben, wie es nationale Aufgaben gibt. Und die gibt es noch: nämlich durch die von der Teilung Deutschlands hinterlassene Misere in den Ländern der ehemaligen DDR.

Das alles interessierte den Historiker nicht. Und es interessierte offenbar die Redakteure, die den Mommsen-Aufsatz druckten, auch nicht. Im Redaktionstext steht: «Für Walser begann die deutsche Katastrophe mit dem Vertrag von Versailles. Das ist ein altes Argument. Damit hat seinerzeit die nationale Rechte schon die Weimarer Republik gestürzt.» Bei mir heißt das, Versailles sei EINE der Bedingungen des Hitler-Erfolges. Gehöre ich damit zur «nationalen Rechten», die die Weimarer Republik gestürzt hat? Mommsen und andere enden, wenn es um die Bedingungen für das Verbrechen in Auschwitz geht, immer bei *den Deutschen*. Es gebe keinen hinreichenden

Grund, schreibt er jetzt, den Vertrag von Versailles als Ursache für die wirtschaftliche Zerrüttung zu betrachten. Er skizziert die Geschichte der Reparationszahlungen. Wurden doch, schreibt er, «die Reparationsleistungen durch das Einströmen ausländischer Kredite mehr als kompensiert». Ich kann einem versierten Historiker das Wasser nicht reichen, aber ein paar Nachrichten schon. Sie stammen aus der ‹Weltbühne› von 1925 bis 1933. Die kennt der Historiker natürlich, aber ihm sagen sie etwas anderes als dem Laien, der, «ohne Kenntnis der neueren historischen Forschung», sich von diesen Nachrichten aus der damaligen Zeit glaubt, auch eine Kenntnis erwerben zu können. Ein Gerald Hamilton, der sich als «linksstehender Engländer» bezeichnet, berichtet am 7. März 1933 (!) in der letzten Nummer der ‹Weltbühne›: «So sehen wir heute, daß die einzige Zeit, in der Deutschland tatsächlich größere Geldbeträge geleistet hat, mit den Perioden zusammenfällt, in denen es die schwersten Schulden im Ausland gemacht hat.» Beim Historiker wird daraus, daß «die Reparationsleistungen durch das Einströmen ausländischer Kredite mehr als kompensiert» wurden. Aber Gerald Hamilton: «Im gleichen Augenblicke, in dem Deutschlands Zahlungsfähigkeit durch Auslandsanleihen nicht mehr gestützt wurde, trat auch als unvermeidliche Folge der Zusammenbruch des ganzen Schuldensystems ein.» Der «linksstehende Engländer» war natürlich im Jahr 1933 auch «ohne Kenntnis der neueren historischen Forschung». Noch ein solcher auf bloße Zeitzeugenschaft Angewiesener: Leo Trotzki. Schon 1925 über den ersten Reparationsplan, den Dawes-Plan: «Kein Dokument, das Moskau je in die Welt gesetzt hat, kann die gleiche revolutionäre Bedeutung beanspruchen wie der Dawes-Plan, der das gesamte industrielle Leben einer großen Nation an die eherne Kette der amerikanischen Kontrolle legt.» Und Carl von Ossietzky, der Trotzki so zitiert, schreibt dazu: «Das ist die finanzielle Allmacht der Vereinigten Staaten, gleichermaßen verwünscht von Demokrat wie Bolschewik.» Dann, im Juli 1929, Carl von Ossietzky: «Es gibt überhaupt nur einen Ausweg: die Einigung aller europäischen Schuldnerstaaten gegen Amerika.»

Ich gebe zu – und werde mir meiner Außenseiterei bewußt –, daß ich die Nachrichten aus der ‹Weltbühne› mit Vergnügen zitiere. Trotzki! Ossietzky! Ich hoffe, diese Nachrichten werden nicht wieder gebucht als ein Versuch, Deutsche «indirekt» zu entlasten. Aber eines darf ich nahezu kritisch bemerken. Der Historiker hat Versailles konkret relativiert durch Hinweise auf Ökonomisches, er hat aber nicht erwähnt, daß die Agitation der Rechten und Rechtsextremen das Wirtschaftliche, also die Reparationsdebatte, immer verknüpft hat mit der Frage der Kriegsschuld. «Erfüllungspolitik» hieß das Schlagwort im Kampf gegen die Republik. In der ‹Weltbühne› schreibt der «linksstehende Engländer» im März 1933, bevor sie von den Nazis verboten wurde: «… daß der Hauptgrund für die Deutschland auferlegten ungeheuren Lasten doch in der Kriegsschuld zu suchen ist … Erst auf Grund dieser von allen in Versailles versammelten Staatsmännern geteilten Ansicht wurde Deutschland angehalten, die ganze Rechnung zu begleichen.» Heute, fährt er dann fort, «wird offen zugegeben, … daß Deutschland nicht nur am Ausbruch der Feindseligkeiten nicht die alleinige Schuld trägt, sondern daß es geradezu einer der am wenigsten verantwortlich zu machenden kriegführenden Staaten gewesen ist». Und kommt zu dem Schluß: «Ganz Europa trägt die Schuld, sich in konkurrierende Staatenbündnisse hineinorganisiert zu haben.» Hat der linke Engländer alles falsch gesehen? Vielleicht hat die ‹Weltbühne›, die genug gedruckt hat gegen die Ausschlachtung von Versailles zur Generalentschuldigung, vielleicht hat sie solche Stimmen publiziert, weil sie überhaupt gegen simple Zuweisungen war.

Höchste Zeit zu bemerken, daß ich mit den Reaktionen auf die Rede in Berlin zufrieden sein kann. Außer dem, was dann, glaube ich, in der ‹Süddeutschen› «Alarmismus» genannt wurde und was sich durch seine Heftigkeitshektik dem Gespräch, in dem wir doch sind oder sein sollten, verweigert, ist meinem Geschichtsgefühl eine Art Toleranz, ja Verständnisbereitschaft nicht vorenthalten worden. Hans Mommsen, ein Gelehrter jenseits aller Heftigkeitshektik, muß ich, finde ich, antworten, weil ich, bei aller Hochachtung vor seiner Zuständigkeit, eine erklärungsabweisende Stimmung unterstelle (!), einmal abgesehen davon, daß er mir ein «Nationalgefühl» andichtet, das ich nicht habe. Geschichtsgefühl, ja, Nationalgefühl, nein. Geschenkt. Unser Dissens bleibt: Der Historiker wertet in seinem Aufsatz alles so lange um, bis die historischen Bedingungen so unwichtig werden, daß alles an *den Deutschen* hängenbleibt, als gäbe es *Deutsche* überhaupt. Es gibt sie doch nur jeweils. Als historisch so und so bedingte Deutsche. Und wer das als *indirekte Entlastung* bucht, der soll es tun und alles mit den Stammzellen erklären oder mit den Sternzeichen. Ich kann nicht leben, wenn ich nicht zu verstehen versuche, warum das, was geschehen ist, geschehen ist. Ich weiß längst, daß sich das Schlimmste dann wieder jedem Verständnis entzieht. Aber ich kann mir weder durch Hohn noch Herabsetzung verbieten lassen, Geschichte verstehen zu wollen.

Nach Siegfrieds Tod

Eine Klage

Eine Klage soll sich fassen. Mit einem Verlust soll umgegangen werden. Erträglichkeit soll garantiert werden. Um wen geht es überhaupt, um ihn oder um dich? Ich habe zu melden den Mangel, der spürbar wird, wenn jemand stirbt, mit dem man unendlich viel zu tun gehabt hat. Zuerst die trivialste Erfahrung: Man hat zu viel aufgeschoben auf ein SPÄTER, das es jetzt nicht mehr geben wird. Das wirkt wie ein Kältestoß, der sich buchstabiert als: Nichts geht mehr. Und die ganze Beziehung zu dem Gestorbenen häuft sich zuerst einmal als Versäumnis. Man hatte ein Leben lang Zeit, und jetzt herrscht dieses Gefühl: Versäumnis.

Zuerst haben wir drauflosgelebt, das hieß: Ski fahren, Tennis spielen, Schach spielen, schwimmen. Durchflochten von Schreiben und Verlegen. Alles schien möglich zu sein, schien so sehr möglich zu sein, daß nicht aufgepaßt werden mußte. Die Augenblicke genügten sich vollkommen. Mir kam zwischen uns nichts problematisch vor. Ich dachte weder an Zeugen noch Zukunft. Offenbar füllte mich das bloße Dasein so aus, daß ich keine Sekunde daran dachte, unserer Gemeinsamkeit eine den Augenblick überlebende Bedeutung zu sichern.

Am Anfang konnte ich dazu beitragen, ihn denen zu

verdeutlichen, die jemanden wie ihn nicht zu erleben wußten. Sie hatten wohl geglaubt, Peter Suhrkamp müsse als seinen Nachfolger ein Suhrkamp-Imitat gewählt haben. Aber Suhrkamp hatte einen Unseld gewählt. Und der paßte manchen so und so getönten und tönenden Kulturmenschen nicht ins Suhrkamp-Bild. Das war eine schöne Rolle, diesem Siegfried Unseld dann und wann Wesensdolmetscher zu spielen. Dann war er plötzlich jedem bekannt und den meisten angenehm. Und dann war er nicht nur bekannt, sondern anerkannt, bewundert. Seine öffentlichen Rollen zogen ihn weit fort von unseren Spielplätzen. Da er immer alles vehement erlebte, erlebte er dann auch seine Großrollen vehement. Es verschlug ihm manchmal vielleicht sogar selber den Atem. Aber er ließ die Freude an sich selber nie untergehen im puren Bedeutendsein. So wurde er der freudigste Mensch, den ich erlebt habe. Alle Gesten, die er erlernen mußte, waren durch die Freude, mit der er sie exekutierte, davor bewahrt, förmlich zu werden. Es gibt diesen einschneidenden Unterschied in jedem Menschen, der nicht mehr ausschließlich ein Naturwesen ist: das bloße Tun und die Verwaltung dieses Tuns. Und wir alle müssen befürchten, als Verwalter unseres Tuns komischer zu wirken, als wir als bloß Tätige sind. Bewahren kann uns nur eine Art Substanz oder Lebensnotwendigkeit, auf jeden Fall etwas Unwählbares, eine Kraft, eine Begabung, die in keinem Anpassungsformalismus ganz und gar untergeht.

Die ursprünglichste Begabung Siegfried Unselds, die ich erlebte, war seine Begabung zum Lesen. Und ich habe Lesen und Schreiben immer als innig verschwisterte Talente gesehen. Leser, behaupte ich, schreiben ihre Bücher lesend. Siegfried Unseld war ein Leser von Anfang an. Und das, was ihn zum Leser gemacht hat, ist bis zum Schluß lebendig und ausschlaggebend geblieben. Der Verleger Unseld hat vom Leser Siegfried Unseld gelebt, gezehrt, profitiert. Seine ihm eigene, seine ursprüngliche Lebensfreude stammte wahrscheinlich aus dieser Quelle: das Lesen als ein unerschöpfbares Sichselbstbegegnen. Wenn er Sätze von Philosophen, die er verlegte, pflückte und zu Weisheiten erhob, die ihm dienen konnten und an denen er sich freuen konnte, dann hat er dadurch diesen Philosophen eine Funktion zurückgewonnen, die alle Philosophie, bevor sie sich im Theoretischen verstieg, gehabt hat. Er hat gezeigt, was er anfangen konnte mit einem Buch, mit einer Schrift, mit einem Satz. Er war der untheoretischste Mensch, den ich in diesen Kulturgefilden getroffen habe, also war er praxisreich, wirklichkeitsreich. Aber voller Bewußtsein. Sein Bewußtsein erlebte er als Freude an der Sache. Es war Tätigkeitsfreude, Daseinsfreude und es war Sinnbedürftigkeit. Daher doch der unaufhörliche Leser von Hesse bis Kertész. Er mußte sich durch sein Lesen und Verlegen mehr Sinn verschaffen, als es gibt. Das hat ja etwas Musicalhaftes, dieser szenenschaffende, gestenreiche, zielsichere Sinnhunger, der sich andauernd freudenreich ernährt. Mit so vielen Autoren beziehungsweise Tonarten beziehungsweise Seinsweisen konnte er nicht nur auskommen, sondern jedem Autor durch seine untrübbare Erlebnisfreude vermitteln, daß er ihn und wie er ihn als einzigen, nämlich Unverwechselbaren, erlebe. Und er hat sich da, soweit ich das durch eigene Erfahrung beurteilen kann, immer auf seine Leseerfahrung bezogen. Er ist nie ins Abstrakte oder bloß

Wertende ausgewichen. Das ließ seine Lebendigkeit nicht zu. Der Lebendige will sich nicht auf Begriffliches reduzieren und nicht ins Urteilen retten. Der Lebendige ... das ist, was ich an ihm hatte. Und das darf wohl auch sein, daß einer nicht durch Gedanken imponiert, sondern durch Lebendigkeit. Seine unstillbare Sinnbedürftigkeit, was war sie, wenn nicht Lebendigkeit! Was ihm als Verleger recht sein sollte, mußte zuerst seiner Lebendigkeit entsprechen. Und das war eine Erwartung, das war ein Bedürfnis, das ihn als Leser empfindlich machte für Sprache und Sprachliches.

Ich darf ihn auf nichts einschränken, auf das er vielleicht nicht hätte eingeschränkt sein wollen. Deshalb dieses ebenso allgemeine wie hohe Wort: Lebendigkeit. Und seine Lebendigkeit Vitalität zu nennen hieße, eine Wiesenblume in Plastik nachzumachen. So nehme ich, ohne es beweisen zu wollen, einfach an, daß er die unendlich vielen Entscheidungen, die er zu fällen hatte und die er mit so viel irdischem beziehungsweise gesellschaftlichem Glück fällte, daß er die immer ganz von selbst in unwillkürlicher Besinnung auf sein Lebendiges gefällt hat. Man konnte ihn beraten, ihm raten konnte man, glaube ich, nicht. Seine Tendenzen bildeten sich aus seiner Lebens- und Leseerfahrung.

Ich will ihn weder verrätseln noch verraten, verklären schon. Ich will den Mangel einkreisen, der spürbar wird, wenn ich mir vorstelle, daß er jetzt gestorben sei. Ich kann nicht davon absehen, daß er mir bis zum Schluß der Leser geblieben ist, den ich von Anfang an an ihm hatte. Bis zum Mai 2002. Es wäre dieser Beziehung nicht würdig zu sagen, wir hätten keine Schwierigkeiten zu passieren gehabt. Behauptung und Selbstbehauptung im jähen Hin und Her, ob auf dem Schachbrett oder auf dem Tennisplatz – am wenigsten beim Skifahren – oder in der Diskussion der Strategie des Verlegens. Aber so gut wie nie in der praktischen, auf das jeweilige Manuskript bezogenen Begegnung. Wenn wir gerade von einander widersprechen müssenden Meinungen besetzt waren, haben wir einander das nicht vorenthalten. Da war er kein bißchen vernünftiger als ich. Glaube ich. Aber ich habe durch den Umgang mit ihm erfahren, daß mir, wenn ich jemanden mag, seine aktuelle Meinungsmelodie so ziemlich egal ist. Ich brauche da nicht einmal Toleranz. Und unser Öffentliches und zu Veröffentlichendes betreffend, bedurfte es zwischen uns regelmäßig keiner Toleranz. Wir waren da eines Sinnes. Er hat die Paulskirchenrede rechtzeitig gekannt und ihr ganz und gar zugestimmt. Er hat mich erst kritisiert, als ich mich, nach seiner Meinung, in der dann stattfindenden Debatte zu wenig umgänglich erwies. Ich hatte während einer Schwierigkeitsphase nie das Gefühl von Endgültigkeit. Jedesmal war das nächste Manuskript der Frühling, der das meinungsgemachte Wintereis wieder aufbrach, wegschmolz und uns der nächsten Blütenillusion fähig werden ließ.

Das ist also der Mangel, der jetzt herrscht: Du hast keinen mehr, der mit dir zusammen noch einmal und noch einmal und noch einmal einen weiteren Frühling veranstaltet. Ein Verleger und ein Autor – das ist doch nichts anderes als ein Gespann, das ein weiteres Mal mit frühlingshafter Unbedachtheit in eine Szene sprengt, die zuerst einmal von Frühling überhaupt nichts wissen will. Und dann tritt eben Siegfried Unseld auf und gibt Laut –

rein jahreszeitlich findet's im Herbst statt, ist aber in Wirklichkeit der reine Frühling – gibt also Laut, das heißt: Er spricht über das neue Buch seines Autors, der dann gleich daraus lesen wird in der Deutschen Bibliothek oder in der Schirn, und Unseld spricht so, daß man hört und sieht, was er als Leser dieses Buches erlebt und erfahren hat. Und das wird es, zumindest für mich, so nicht mehr geben.

Eine seriöse Freude ging von ihm aus und bildete eine Atmosphäre des Angenommenseins, des Inderweltseins. Der Autor mußte nur noch die Arme ausbreiten, ein paar Andeutungen des Flügelschlagens machen, den Mund öffnen und seine Sache vorlesen; die von Siegfried besorgte Atmosphäre war ein Element, das den Autor trug, als wäre er von Anfang an zum Schweben und Fliegen geboren.

Das ist das, was ein Verleger können muß, ohne daß er wissen muß, daß er es kann. Das Lesen muß ihm zu einer freudenreichen Erfahrung geworden sein, die ihn befähigt, sich für diesen Augenblick der konkreten Veröffentlichung rückhaltlos eins zu fühlen mit seinem Autor. Wer dazu keine Lust in sich spürt, der soll das Verlegen lassen. Sage ich im namenlosen Verlustgefühl, das mich beherrscht, wenn ich an die besten Siegfried-Augenblicke denke. Aber das fordert er heraus: Denke nur an meine besten Augenblicke. Es gibt keinen, den ich kennengelernt habe, der so strikt diese Forderung an mich stellt wie dieser Siegfried: Du darfst mich nur an den besten Augenblicken messen, die ich mit dir zusammen hatte. Also: Miß mich nur an unseren besten Augenblicken. Es gibt Menschen, die könnten und möchten so etwas nie fordern, die wollen vielleicht an ihren besten Sätzen oder ihren mutigsten Entscheidungen oder an ihren klügsten Büchern gemessen werden. Siegfried Unseld will an seinen besten Augenblicken gemessen werden. Das waren die Augenblicke der vollkommenen Gegenwartsintensität, des Nichtsalslebendigseins, der vollkommenen Ausgeschlosssenheit von Bösem oder Üblem. Also, darf man sagen, schöne Augenblicke. Daß sie Illusionen genannt werden können, gehört hier nicht her. Sie waren wie für immer gewonnen. Sie waren eine reine Freude. Daß man sie einem Verleger verdankte, der zuerst ein Leser war, machte sie eben für den Autor zur reinen Freude. Keine Spur Machtausübung, keine Spur Politik oder Meinungshaftigkeit, aber ein Text, ein Verleger, ein Autor. Das habe ich, hoffe ich, schon damals und damals und damals als reine Freude empfunden, aber sagen kann ich es erst jetzt. Und das tut mir leid. Und ist als Versäumnis das schwerwiegendste unter meinen Versäumnissen gegenüber Siegfried Unseld.

Was über alle Erwartbarkeit und auch weit über alle Erhoffbarkeit hinaus sich gut machte in diesem Verhältnis, das war seine letzte Reaktion auf mich: auf das Manuskript von ‹Tod eines Kritikers›. Er hat es in zwei Lieferungen bekommen. Die erste Lieferung etwas mehr als die Hälfte. Am 7. April (Sonntag), bringt ihm um neun Uhr vormittags Günter Berg das Manuskript, am späteren Nachmittag ruft er an und sagt: «Ein Meisterstück.» Am Sonntag, 5. Mai, reagiert er auf die zweite Lieferung. Er habe die vergangene Nacht schlecht geschlafen, da hat er dann gelesen. Und sagt: «Wir werden das machen, in die Vorschau nehmen, es in unserer Weise anbieten.» Die befürchtete Gefahr einer Verspottung Reich-Ranickis sei nicht gegeben. Er habe Schwierigkeiten mit dem Schluß. Es sei schwierig, die Frauen auseinanderzuhalten. Und bat mich, das noch einmal zu überprüfen. Das waren seine letzten beiden Reaktionen. Und was dem Buch danach in einer, wie ich finde, willkürlich organisierten Öffentlichkeit passierte, wäre, wenn nicht die Krankheit Siegfried Unseld so jäh entzogen hätte, diesem Buch nicht passiert. Mit seiner Leseerfahrung versehen, wäre das Buch nicht Objekt einer solchen Meinungsmache geworden. Der Höhepunkt dieser Mache war dann der Ausspruch des im Austeilen geübten Kritikers, daß der Suhrkamp-Verlag durch dieses Buch «besudelt» sei. Soweit kann es kommen, wenn ein Autor ohne seinen Verleger in die saisonale Hysterie der Szene gerät. Das ist also der Mangel in seiner krassesten Erscheinungsform. Das ist der gravierende Mangel, der, was mich betrifft, herrschend geworden ist durch den Tod meines Verlegers Siegfried Unseld.

Abschiedsbrief

Liebwerte Damen, werte Herren,

ich möchte mich von Ihnen verabschieden. Der Suhrkamp-Verlag, das waren für mich immer Sie. Sie in der Herstellung, in der Buchhaltung, in der Abteilung für die Presse, fürs Ausland, für die Lesereisen, fürs Theater, im Archiv, im Lektorat ... Für mich war der Verlag nicht das kulturelle Etikett, das er sich gern geben ließ und das natürlich, auch von Ihnen, gepflegt werden mußte.

Im Anfang hat man es als Autor nur mit zwei, höchstens drei Menschen zu tun. Das sind sozusagen die Türhüter oder Tempelportiers, die darüber befinden, ob du hineindarfst. Sie schmecken an einem herum, nehmen Witterung auf, geben einem zu verstehen, daß man es ihnen zu verdanken haben wird, wenn man aufgenommen werde. Andererseits wollen sie, daß du kommst. Einen Lebensmoment lang ist man genau so Bewerber wie Umworbener. Ich hätte mich geniert, mein Umworbensein merken zu lassen oder gar auszuspielen. Ich habe, obwohl ich auch bei Luchterhand hätte anfangen können und eigentlich durch die helle Aufmerksamkeit des Luchterhand-Lektors schon bei Luchterhand angefangen hatte, ich habe Herrn Suhrkamp gegenüber sofort und ausschließlich den kulturell Dankbaren gegeben. Ich glaubte gespürt zu haben, daß er es so am liebsten hatte. Und mir, reich an vor mir liegenden Jahren, war es auch recht.

Dann die Praxis: Schaumainkai. Grüneburgweg. Lindenstraße.

Was und wie ein Autor mit einem Verleger beziehungsweise seinem Verleger zu tun hat, gehört jetzt nicht hierher. Ich verabschiede mich nicht von einem Verleger, sondern vom Verlag, also von einer andauernd in Vergangenheit übergehenden Gegenwart. Und diesen Übergang besorgen eben Sie, die sogenannten Mitarbeiter. Man liefert beschriebenes Papier ab oder, bitte, jetzt die Diskette, man ist einer unter Hunderten, und die hundert und aberhundert Textlieferungen werden im Verlag verwandelt in Bücher, Bilder, Ansehen, Bestätigung jeder Art, zum Beispiel Geld. Und doch ist, was da durch viele Hände zustande kommt, kein bißchen Fließbandarbeit. Wer immer an der Verwandlung eines Textes in die möglichst feine Ware Buch mitmacht, tut es höchstpersönlich. Tausendundeine Reaktion habe ich empfangen aus diesem Verlag. Alles betreffend. Die Lesung in Brunsbüttelkoog, die Papierqualität für ‹Brandung›, den Kontostand im Frühling und den nach dem Herbst, das Umschlagbild fürs ‹Fliehende Pferd› und für ‹Seelenarbeit› … Und jetzt das einigermaßen Wunderbare: Sie in den vielen Zimmern haben mich immer und, wie ich glaubte, anstrengungslos behandelt, als bestünde der Verlag nur aus mir, als sei ich überhaupt der einzige Autor. Das war und ist eine Illusionsglanzleistung. Spitze. So etwas wissen Autoren zu schätzen. Autoren sind halt illusionssüchtig. Vielleicht nicht nur Autoren. Aber der Unterschied zwischen Ihnen, dem wirklichen Verlag, und den zwei, drei Tempelportiers weiter oben war manchmal schon beträchtlich.

Sie haben mich immer behandelt, als sei ich ich selber. Und das jahrzehntelang. Und ohne Gedöns. Einfach spürbar.

Zuerst ist man in Ihren hundert Zimmern mit mir umgegangen wie mit einem Sohn, von dem man sich etwas verspricht, dem man einfach alles leichter machen möchte, also in eine illusionsfördernde Fastzärtlichkeit wird man da getaucht. Dann allmählich war man gleich alt beziehungsweise erwachsen, es konnte auch von dir erwartet werden, zu der hier generell betriebenen Illusionsproduktion einen Beitrag zu leisten. Liebend gern gibt jeder mehr, als er bekommen hat. Das ist die Rücklagenbildung. Der Fonds für die Krise. Dann sind Sie immer jünger, bin ich immer älter geworden. Die Herzlichkeit, die man zuerst dem Sozusagen-Sohn erwies, spendete man jetzt dem, der mindestens der Vater sein könnte. Dieses andauernde Geltenlassen erfindet immer wieder Gesten des reinen Einvernehmens, unkomplizierte Eintracht herrscht da.

Ich bleibe vorsichtig, will nicht noch kassieren, aber gestehen muß ich, daß ich mit vielen Empfindungen hineinverwoben bin in diese hundert Zimmer. Also gestehe ich auch, daß es leichter ist, sich von einer Verlagsleitung zu verabschieden als von einem Verlag. Eine Verlagsleitung, das ist immer ein Prinzip, ein Wappen, eine Kultur. Ein Verlag, das sind Menschen. Von denen sich zu verabschieden, das ist, sich vom Leben verabschieden. Na ja. Zum Teil halt. Aber zum Teil schon. Zu einem guten Teil sogar. Und das Verabschieden wäre, wenn es nur nach Ihnen und mir gegangen wäre, liebwerte Damen und werte Herren, gar nicht nötig geworden. Sie haben genug darüber gehört, glaube ich. Ich auch. Ich bin dreimal ins Blitzlicht einer Zeitgeistfraktion geraten, die sich auf die Aufklärung beruft und nach Autorität trachtet. Zum ersten Mal 1996 (Laudatio auf Victor Klemperer: ‹Das Prinzip Genauigkeit›), dann 1998 (‹Erfahrungen beim Verfassen einer Sonntagsrede›) und 2002 (‹Tod eines Kritikers›). Ich habe den Eindruck – andere mögen das, weil sie andere Erfahrungen gemacht haben, anders sehen –, ich habe den Eindruck gewinnen müssen, Toleranz sei für diese heutigen Aufklärer zum Fremdwort geworden. Beim dritten Mal wurde von außen, unter Verletzung geltender Regeln, ein Skandal angezettelt, und ich wurde Zeuge, wie die Verlagsleitung vor dieser Autorität in die Knie ging. Siegfried Unseld wäre nicht in die Knie gegangen. Er war ja mit den angefochtenen Arbeiten von mir, 1996 und 1998 und auch mit dem Buch, zu dem dann der Skandal inszeniert wurde, ohne Einschränkung einverstanden. Er war zwar noch da, konnte aber nicht mehr handeln. Und die zwei Mitarbeiter, die anno 2002 versucht haben, mir das Bleiben zu ermöglichen, sind nicht mehr im Verlag.

Wenn ich jetzt noch bliebe, hieße das, ich wolle trotz allem bleiben. Das liegt mir nicht. Sie alle wissen, daß die sogenannte *Suhrkamp-Kultur* nie nur eine literarische war, sondern immer auch die Kultur einer bestimmten Denk- und Verhaltenstugend. Das soll sie bleiben. Ich aber möchte nicht vorgedachten Ansprüchen entsprechen müssen, sondern die Welt auf meine Art ausdrükken, in einer sozusagen ungetauften Sprache.

Ihnen wünsche ich alles Gute! Ihnen allen bleibe ich dankbar!

Sie grüße ich ganz herzlich:

Ihr
Martin Walser.

Textquellen

I. Die Verwaltung des Nichts

Mehrere Vorreden zur Verwaltung des Nichts
Vortrag gehalten im Literaturhaus Stuttgart am 24. 9. 2003.
In ‹Stuttgarter Zeitung›, 25. 9. 2003 (gekürzt)

Menschliches Ermessen
In ‹Wendelin Wiedeking. Das Davidprinzip›.
Hrsg. von Anton Hunger, Frankfurt 2002

Vokabular und Sprache
Vortrag gehalten an der Universität Heidelberg am 13. 1. 2003.
In ‹Die Zeit›, 16. 1. 2003 (gekürzt)

Frauenstimmen
Vortrag gehalten am 17. 6. 2003 bei den Richard Strauss-Tagen in Garmisch-Partenkirchen.
In ‹Süddeutsche Zeitung›, 5./6. 7. 2003 (gekürzt)

Lesen und Schreiben oder Viel auf einmal
Vortrag gehalten am 14. 10. 2002 in Frankfurt, Anlaß: «Preis der Kritik».
In ‹Tagesspiegel›, 16. 10. 2002

Aufgeschriebene Zeit
In ‹Süddeutsche Zeitung›, 7./8. 6. 2003

Die Stimmung, das Wissen, die Sprache, das Selbstbewußtsein.
Vortrag beim 10. Würzburger Symposium.
In ‹Weltwunder Sprache›, Stuttgart 2000

Das Jakobsevangelium
In ‹Welt am Sonntag›, 7. 12. 2003

Die menschliche Wärmelehre
In ‹Cicero›, Mai 2004

Platonische Stimmbänder
In ‹Neue Zürcher Zeitung›, 23./24. 12. 2000

II. Ums Leben schreiben

Ein Lebenskunstwerk
Über ‹Rudolf Borchardt und Rudolf Alexander Schröder. Briefwechsel 1901 bis 1944›, München 2001.
In ‹Frankfurter Allgemeine Zeitung›, 6. 11. 2001

Ums Leben schreiben
Über ‹Mein verwundetes Herz. Das Leben der Lilli Jahn 1900 bis 1944›. Hrsg. von Martin Doerry. Stuttgart 2002

Streicheln und Kratzen
Der Dialog nach dem Interview. Ein Selbstgespräch.
In ‹Spiegel›, 13. 8. 2001

Über ein Geschichtsgefühl
Vortrag gehalten zu einem Gespräch mit Bundeskanzler Schröder am 8. 5. 2002 in Berlin.
In ‹Frankfurter Allgemeine Zeitung›, 10. 5. 2002

Unter Unterstellern
In ‹Focus›, 13. 9. 2004

Nach Siegfrieds Tod
In ‹Süddeutsche Zeitung›, 2. 11. 2002 (gekürzt)

Abschiedsbrief
In ‹Spiegel›, 1. 3. 2004